인도 비밀의 서

# 우파니샤드

인도 비밀의 서
# 우파니샤드

김영 옮김

씨아이알

"(우리는) 어디에서 생겨났을까?

무엇으로 살아갈까?

그리고 어디에 기반을 두고 있을까?

브라흐만(진리)을 아는 이여, 말해주시오.

무엇에 속박되어

(저마다) 행복과 고통 속에

정해진 궤도를 도는지를."

— 슈베타슈바타라 우파니샤드(1. 1)

—

# 들어가는 글

"**일체유심조**(一切唯心造)"

이 말을 처음 들었을 때, 나는 불교를 전공하는 대학원생이었다. 곱씹으면 곱씹을수록 화가 나는 말이었다. 매 순간 굶어 죽는 아이들은 대체 어떤 빌어먹을 마음이 만들었을까? 무릎 연골이 끊어지는 고통을 내 마음이 제멋대로 지어냈다고? 수많은 죽음을 하릴없이 지켜본 뒤 불교로 피신한 내게, 모든 것이 마음(의식)의 조화라는 말은 큰 배신감을 안겨주었다. 삶이 꿈이라는 소리였기 때문이다. 유심이라는 말은 휴대폰 가게에서조차 듣고 싶지 않았다. 나는 학교를 자퇴하고 인도로 떠났다. 내 마음이 이 세상에서 대학을 없애버렸다.

일체유심조의 참뜻을 알게 될 때까지, 나는 14년을 푸네에 머물러야 했다. 그 말은 깨뜨려 부수는 해머일 뿐, 두드려 만드는 망치가 아니다. 세상은 꿈이 아니다. 평범한 우리에게는 딛고 살아갈 땅이 필요하다. 우파니샤드는 그 땅이 브라흐만, 유일한 궁극적 실체라고 주장한다. '그것(실체)'은 의식이자 에너지다. (정신과 물질의 이분법은 지나치게 낡았다.) 철학적으로 우파니샤드는 객관적 관념론(Objective Idealism)에 속한다. 인간의 의식 밖에 독립적이고 보편적인 실체(브라흐만)가 있다고 보기 때문이다. 8세기 철학자 샹카라는 불교 유식학파의 유심론을 비판하며, 우파니샤드 위에 불이론 베단타 철학을 구축했다. 이 성자에게는, 의식이 지어내는 세상일 뿐이라는 유심론이 우리가 살아가는 세계의 실체성을 부정하는 것처럼 들렸나 보다. 자신이 실제 세상이 아니라, 꿈(마음)속에서 허우적거린다고 믿고 싶은 사람은 없다. 사람인지 나비인지 스스로를 의심하고 싶지도 않을 테고.

　사람은 애벌레처럼 의미의 고치를 만든다. 그리고 그 안에 갇힌다. 고치를 찢고 나와야 나비가 될 수 있다. 자신만의 세계를 벗어나지 못하면 말라 죽는다. 밖에 있는 하늘(실체)을 갈망해야 우화를 견딘다. 애벌레로서는 닿을 수도 없는 하늘을 나는 것이 깨달음이다. 기어다니던 벌레가 문득 하늘을 나는 것. 하지만 자신의 세계를 전부 녹여 없애지 않으면, 날개를 빚을 수 없다. 우파니샤드는 우화를 견디는 소수를 위한 가르침이다. 호접몽은 아무나 꾸지 못한다(대중적인 가르침을 원한다면, 『바가바드 기타』를 따르자).

마침내 올 봄을 기다리며,
애벌레 1

# 차례

들어가는 글 • vi

**시작하는 이야기**  의미의 탐색 • **3**

마음은 세상을 창조한다 3 / 게임 세계관 5 / 세 개의 관문 6 /
진실이라는 표지 8 / 에고와 참나 10 / 신성과의 연결 12 / 두 가지 길 13


## 제1부 오래된 미래

**첫 번째 이야기**  땅에서와 같이 하늘에서도 • **17**

예나 지금이나: 물질적 풍요에 대한 갈망 17 / 또 다른 나: 불멸을 꿈꾸는 인간 19 /
삶이라는 중독 21

**두 번째 이야기**  우파니샤드의 전환 • **25**

세계에 참여하는 희열 25 / 안과 밖의 연결 26 / 환영의 세계 28 / 언어 너머 30

**세 번째 이야기**  새롭고 오래된 가르침 • **35**

삶의 두 가지 태도 35 / 삶의 네 단계(아슈라마) 38 / 희열 없는 종교 39 /
업: 위험한 사상 41 / 부활한 가르침 44

# 제2부 불멸을 향하여

네 번째 이야기 　닿을 수 없는 실체 • 49

존재의 근원 49 / 보이는 것과 보이지 않는 것 52 / 존재·의식으로 드러나는 브라흐만 55 /
브라흐만의 현현 60 / 영원의 보리수 64 / 모든 것에 깃든 신성 65 / 낮은 브라흐만과
높은 브라흐만 67 / 본질은 없다 68

다섯 번째 이야기 　진리에 다가가는 법 • 71

세 가지 접근 71 / 부정의 가르침: 아니야, 아니야! 74 / 단계적 가르침: 그것 말고 그 옆의
것 75 / 도약의 가르침: 함축 78 / 비밀의 대체법 79 / 손가락이 가리키는 것 80

여섯 번째 이야기 　존재의 희열 • 89

집중이 겨누는 목표 89 / 내가 신이다 90 / 세계라는 꿈 93 / 브라흐만의 희열 95 /
존재의 층위: 어떤 차원의 세상을 믿는가 96

# 제3부 내면의 길

일곱 번째 이야기 　죽음 너머 • 101

소멸하는 세계 102 / 업은 의도다 104 / 염라대왕의 집에 간 소년 106 / 죽음의 가르침 110

여덟 번째 이야기 　'나'라는 현상 • 117

의식의 분류 118 / 마음이라는 통합 기능 118 / 자아의 네 가지 의미 124 / 자아에 대한 견
해 127 / 두 자아와 에고 130

아홉 번째 이야기 　비밀의 가르침 • 135

의식의 빛 135 / 아트만은 의식이 아니다 137 / 의식의 네 가지 상태 138 / 온 세상을 얻는
가르침 142 / 지켜보는 자 148 / 범아일여(梵我一如): 비이원성 150 / 인드라의 그물 151 /
두 개의 길 156

## 제4부 내 세상의 창조

**열 번째** 이야기   **내면의 창조 • 159**

인격화: 드러내기 160 / 집중 163 / 의미화 167 / 긍정 확언 178


**열한 번째** 이야기   **의미로 쌓아 올린 세계 • 183**

세상이라는 유희 184 / 은밀하게 위대하게 184 / 회전목마를 잘 타는 법 198


**열두 번째** 이야기   **매 순간 신성한 삶 • 201**

감정이 빚은 세상 201 / 일상 속 의례 203 / 일상에 의미를 담는 법 205
리추얼, 신 없는 신성함 206 / 루틴에서 리추얼로 209


**마치는** 이야기   **'나' 외에 어떤 신도 없다 • 213**

우파니샤드의 정의 214 / 『베다』의 끝이자 정수 214 / 우파니샤드의 성립 연대 215 /
우파니샤드의 저자들 215 / 통합을 열망한 우파니샤드 218 /
우파니샤드의 신비: 연결 221 / 우파니샤드의 한계 222


미주 • 225
참고문헌 • 248
산스크리트 개정 표기원칙 • 252

# 일러두기

1. 이성은 항상 이원성의 틀에 세상을 끼워 맞춘다. 그 틀을 벗어나면 해석 자체가 불가능하다. 이원성에서 자유로워지라고 설파하는 우파니샤드라도 해석하지 않을 도리가 없다. 언어가 닦아놓은 길의 끝까지 가야, 손에 쥔 이성을 놓아버려야 하는 절벽이 나온다. 이성은 영성으로 나아가는 길을 안내할 뿐 영성과 대립하지 않는다. 다만, 이성의 표지판은 직관이라는 절벽이 나오는 곳까지만 유효하다.

2. 인도에서 철학은 결코 종교의 울타리를 벗어난 적이 없다.

3. 우파니샤드뿐만 아니라, 초기불교와 『바가바드 기타*Bhagavad Gītā*』의 견해를 이 책에 실었다. 우파니샤드가 어떤 입장에서 무엇을 고민했는지 이해하려면, 우파니샤드의 대척점에 있는 초기불교와 우파니샤드를 계승한 『바가바드 기타』를 함께 보아야 하기 때문이다. 우파니샤드를 천칭 한 편에 올리면, 다른 한 편에는 초기불교가 올라간다. 우파니샤드는 사제 전통을, 초기불교는 사문 전통을 이었기 때문이다. 사람마저 희생제의 제물로 바치는 공희종교(사제 전통)를 지켜본 초기불교로서는 철저하게 제사를 배격할 수밖에 없었다. 한편 우파니샤드의 무신론을 측량하려면, 몇백 년 뒤의 유신론 경전 『바가바드 기타』가 저울에 올라간다. 무색의 우파니샤드 철학에 만족하지 않고 『바가바드 기타』는 삶에 신이라는 다채로운 색을 입히려고 애썼다. 해탈의 여정을 함께하는 동반자로 신을 자리매김한 경전이다.

4. 본유의 영성이 빠진다면, 우파니샤드는 무의미한 암호문에 지나지 않는다. 영성과 학술적 입장을 타협한 결과가 이렇게 어정쩡한 책으로 완성되었다. 신비로 넘어가는 문지방에 발만 걸친 셈이지만, 그래도 문이 닫히지 않도록 막았다는 데 의의를 둔다.

5. 우파니샤드를 과학의 용어로 설명한 것은 비유에 지나지 않는다. 의미의 영역과 과학의 영역은 다르기 때문이다. 과학 역시 수많은 의미의 장 가운데 하나일 뿐이다. 영성은 과학으로 증명되지 않는다. 다만, 과학의 용어를 쓰는 것이 이해를 도울 수 있다고 판단했다.

6. 브라흐만(아트만)을 가리키는 산스크리트 지시대명사는 모두 고유대명사 '그것'으로 옮겼다.

7. 산스크리트를 본토 발음에 가깝게 표기(외국어 표기)한다는 원칙을 깨고, 외래어로 표기한다. 검색에 잡히지 않는 외국어 표기보다는, 로마자 원형을 가늠하기 쉬운 외래어 표기가 AI 시대에 더 적합하다고 판단했기 때문이다.

# 의미의 탐색

# 의미의 탐색

결국 존재론의 핵심은 존재의 의미다.

가브리엘, 『왜 세계는 존재하지 않는가』 한 구절

## 마음은 세상을 창조한다

모든 것은 마음이 지어낸다(一切唯心造).[1] 마음이 세상을 창조한다. 태어날 때부터 인간은 누에처럼 실을 자아내어 고치를 만든다. 그리고 자신만의 고치에 갇힌다.

"일체유심조(一切唯心造)." 이 화엄경 구절을 헛되게 하지 않으려면, 모든 것은 마음먹기에 달렸다고 해석해야 한다. 한밤에 깬 원효대사가 달고 시원한 물을 마시고 다시 잠든다. 아침에 스님은 간밤에 해골에 고인 물을 마셨다는 것을 알고 토하고 말았다. 이렇게 마음은 대상에 프레임을 씌우는 역할을 한다. 우선 대상을 (나와는 별개의 것이라고) 객관화한 뒤 감로수 혹은 해골물이라고 개념화한다. 단지 인식을 달리하는 것만으로 감로수가 해골물로 바뀐다. 인식은 세상을 보는 창이다. 하지만 창틀처럼 세계를 나누는 것만이 인식의 역할은 아니다.

　비밀의 가르침 우파니샤드에서는 거미가 거미줄을 자아내듯 인식이 세상을 지어낸다고 암시한다. 관찰이나 측정 행위가 물리적 세계에 영향을 미친다는, 양자역학의 관찰자 효과처럼 들리는 가르침이다. 관찰이 세계에 영향을 준다는 관찰자 효과보다 관찰(의식) 자체가 세상을 창조한다는 가르침이 한 수 위일 뿐이다.

　세상은 거대한 거미줄이다. 한쪽 끝을 당기면 그물망 전체가 출렁인다. 신들의 왕 인드라의 궁궐을 덮은 그물에는 코마다 보주가 달려있는데,[2] 구슬 하나하나가 세상을 낱낱이 비춘다고 한다. 낱개의 구슬이면서도 온 세상을 비추는 전체로서 존재하는 것이 바로 너다(Tat tvam asi!).

　우파니샤드는 '나'가 세상을 창조할 도구(마음)를, 세계를 움직일 힘을 지니고 있다고 선언한다. 오늘날 자기계발서는 심원한 경전의 가르침에 '끌어당김의 법칙'이니 '진동의 법칙'이니 하는 이름을 붙여 판다. 엄마 품에 안겨 울기만 하면(사실은 엄마가 다 해주는데), 세상이 내 뜻대로 굴러간다고 믿는 아이가 되라고. 자본주의에서는 인도의 지혜가 비전보드에 원하는 것을 올려두기만 하면 다 이루어주는 주술로 팔린다. 확언이나 시각화 따위의 잔기술로, 부자로 만들어주는 비법으로. 간절히 원하면 온 우주가 도와준다는 주술적 자기계발에 참된 가르침이 동원된다.

　인도의 가르침이 겨냥하는 것은 '인격'이다. 자기계발서의 용어를 빌리면, 개인의 고유진동수 혹은 주파수를 내는 것이 인격이다. 인간은 다양한 감정 상태에서 온 가지 공명을 만들어내지만, 개인의 메인 주파수(정서)는 크게 변하지 않는다. 다채로운 감정의 음역에서도 고정된 진동수를 만드는 것이 인격이다.

자기계발은 언제나 실패할 수밖에 없다. 있는 그대로의 자신을 받아들이는 것이 인격 조율의 시작인데, 자신에게 불만을 품고 자기를 개조하려 들기 때문이다. 주어진 대로 살라는 뜻이 아니다. 자기계발이 아니라 자기창조가 필요하다. 악기를 다시 만들면 되는데, 자꾸 뜯어고치려고 한다. 악기를 해체하는 것이 두렵기 때문이다.

새롭게 창조하기 위해서 먼저 악기의 구조를 알아두자.


## 게임 세계관(Lila : play)

　　　　　　　'MMORPG'와 같은 이 세계에 당신은 이미 '접속'했다. 접속한 순간 자신이 누구인지를 잊는 게임이다. 우선은 게임을 망치지 않는 것이 중요하다. 그러기 위해서는 게임의 서사(이야기)를 따라가야 한다. 이야기는 늘 이 세상과 자신에 대해 말하는 규범집이다.

> "신화(이야기)는 우리의 존재에 의미를 부여해주는 이미지 장치다. 우리의 마음은 언제나 의미를 추구한다. 그래서 어떤 규칙을 이해하거나 만들어내기 위한 노력을 포기하지 않는다. 이런 우리에게 신화는 뭔가 의미 있는 것을 하고 있다고 믿도록 만드는 게임을 제시한다. 우리는 그 게임에 참여함으로써 의미 있게 살고 있다는 긍정적인 경험을 한다. 사람들은 게임을 하는 것으로 산다. '이런 것들이 다 무슨 소용이야?'라고 진지하게 묻는다면 게임을 망칠 수 있다."[3]
> ─조지프 캠벨, 『블리스, 내 인생의 신화를 찾아서』 중에서

주어진 조건과 환경(이것을 대충 '업'이라고 한다) 속에서 경험하고 싶은 아바타를 고르고 게임에 접속한다. 게임의 각 단계를 클리어하면 더 높은 스

테이지(인격)로 올라갈 수 있다. 더 높은 스테이지는 더 높은 자유도를 보장한다. 높이 올라갈수록 NPC[4]에 불과했던 아바타가 점차 자유의지를 획득한다. 게임(삶)을 잘하는 것은 중요하다. 하지만 게임의 목적은 경험을 즐기는데 있다. 아바타를 자기 자신으로 착각하지 말자.

## 세 개의 관문

심리학자 칼 융(Carl Gustav Jung)은 인격의 도약을 인도의 차크라에 비유한다. 이 시스템에 따르면 인격 발달에는 대략 일곱 단계가 있다. 그 가운데 첫 번째, 네 번째, 여섯 번째 단계를 관문[5]이 가로막고 있다. 인격의 도약을 위해서는 세 관문을 넘어야 한다. 첫 번째는 '나(에고)'가 되는 관문이다. 우리는 태어날 때부터 나 자신이었다고 착각하지만, 자신을 인식하는 것은 후천적 사건이다. 융은 엄마와 나를 분리하고 거울 앞에서 '나'의 이미지를 창조하는 사건을 '창조신화'라고 불렀다. 태어남은 심해에서 화산이 터져 섬으로 솟아나는 것과 같다. 망망대해 가운데 자그마한 섬이 머리를 내민 사건. 다른 사람이 보아주지 않으면 내 이름도 존재도 알려지지 않는다. '있음' 자체를 타인에게 의존하기 때문이다. 자기 존재를 인식하기 위해, 내 세상을 창조하기 위해 어린 시절부터 우리는 방파제를 짓기 시작한다. 바다(환경)와 섬(개별 자아)의 경계를 확정지어야 '나'라는 섬이 생긴다. 역설적이게도 그 경계를 긋는 것은 쉴새 없이 섬을 때리는 파도(경험)다. 우리는 외부세계를 경험하며 '나'로서 단련되지만, 감당할 수 없는 해일(사건)에 무너지기도 한다. 대홍수 신화는 내 존재를 삼켜버릴 쓰나미(트라우마)에 대해 경고한다. 사회에서 인정받는 존재가 되기 위해 방파제를 쌓는 과정이 에고의 구축이다. '나'가 되는 첫 번째 관문이다. 이제 내가 누군지 말할 수 있게 된다. 나는 학생이다, 과학자다, 여성이다…… 이로써 사회가 호명하는 주체가 탄생한다. 더불어 방파제를 지키기 위한 투쟁도 시작된다. "이것이 내 것이다, 이것이 나다, 이것이 나의 자아다."[6]라고 규정짓는 투쟁이다.

두 번째 관문은 '나'를 넓히는 과정이다. 섬과 섬을 연결하여 '우리'를 잇는 에고의 확장을 말한다. 타인에게 나를 열어젖히는 것은 위험하다. 내 섬을 훼손하고 파괴할 수 있으니까. 하지만 영원히 고립된 존재로 살 것인가? 용기 있는 사람만이 자신과 타인을 믿고 다리를 놓는다. 방법은 사랑(자비)뿐이다. 세상 모두가 연결된 존재라는 확신으로 두 번째 관문을 넘어선다. '나'와 '내 것'을 기꺼이 내주면 방파제는 문으로 바뀐다. 융은 에고를 넓히는 두 번째 관문을 '영웅신화'라고 불렀다. 영웅적 용기가 필요한 영혼의 담금질이기 때문이다.

마지막 관문은 쌓아올린 방파제를 무너뜨리는 것이다. 에고를 초월하는 과정이다. 이제 섬은 다시 바다와 하나가 된다. 파편이었던 '나(의식)'가 영혼의 반려(무의식)와 결혼하여 온전한 하나가 되는 것으로, 운명(깨달음)은 완성된다. 이것이 융이 말한 '신성혼'이다. 하지만 융이 착각한 사실이 있다. 섬은 바다와 재결합하지만, 바다로 돌아가지는 않는다. 의식(섬)이 무의식(바다)과 하나된다는 융의 신성혼은 섬이 다시 바다가 되는 '회귀'로 이해된다. 그러나 신성한 하나됨은 '기화'에 가깝다. 섬이 바다와 하나가 되어, 허공으로 사라지기 때문이다. 물(정신)과 흙(육체)이 물성을 버리고 어떻게 승천할 수 있냐고? 그것이 깨달음이다. 하늘은 늘 그 자리에 있다. 자신을 물과 흙으로 분리하여 생각하는 것은 언제나 '나'의 오류다. 깨달음은 기화되어 온 세상 사람이 호흡하는 공기가 된다.

# 진실이라는 표지

힌두교 전통에서 상위 세 계급[7]에 속한 사내아이는 8~12세 사이에 스승의 집으로 가야 했다.[8] 인도 전통은 배움을 두 번째 탄생으로 간주한다. 어머니는 내 몸을 낳지만 스승은 내 정신을 낳는다. 배움은 나를 구축하는 데 필수다. 제자를 받을 때 스승은 아이의 가문을 확인했다. 어른을 모방하는 아동기의 특성상 환경이 거푸집이나 다름없기 때문이다. 계급사회에서 신분을 확인하는 것은 당연한 절차였다.

십 년 안팎의 배움을 마치면, 아이는 어느덧 청년으로 성장한다. 아마도 스승의 가르침을 자신의 정체성으로 삼았으리라. 이제 자신이 무엇을 원하는지 들여다보아야 한다. 집으로 돌아가 평범한 욕망을 채우며 살 것인가, 스승의 집에 남아 금욕하며 배움을 계속할 것인가. 자신에 대한 탐색이 본격적으로 시작되는 시기라고 볼 수 있다. 자신의 욕망을 알지 못하면 자신의 참모습을 알지 못한다. 부러움에서 비롯된 욕망인지, 자기 마음 깊은 곳에서 올라온 욕망인지조차도 구별하지 못한다. 자신을 증명하고 인정받으려는 욕망은 청년의 것이다.

사티야카마 자발라(자발라아의 아들)가 어머니 자발라아를 불렀다.
"어머니, 학생이 되고 싶어요. 전 무슨 가문(태생)인가요?"
그러자 그녀가 말했다.
"네가 무슨 가문 태생인지 나는 알지 못한단다. 젊었을 때 여러 곳을 돌아다니며 하녀로 일하다가 너를 가졌지. 그래서 네가 무슨 가문 태생인지 알지 못해. 허나 내 이름이 자발라아이고 네 이름이 사티야카마이니, 사티야카마 자발라라고 말하려무나."[9]
그러자 그(사티야카마)는 하리드루마타 가우타마[10]에게 가서 말했다.

"존귀하신 분이시여, 학생이 되고 싶습니다. 존귀하신 분의 문하에 들도록 해주소서."

그(가우타마)가 말했다.

"얘야, 너는 무슨 가문 태생이냐?"

그(사티야카마)가 말했다.

"제가 무슨 가문 태생인지 알지 못합니다, 선생님. 어머니께 여쭤보았더니, 그분께서는 이렇게 말씀하셨어요. '젊었을 때 여러 곳을 돌아다니며 하녀로 일하다가 너를 가졌지. 그래서 네가 무슨 가문 태생인지 알지 못해. 허나 내 이름이 자발라이고 네 이름이 사티야카마이다.'라고요. 그래서 선생님, 저는 사티야카마 자발라입니다."

(가우타마는) 그 소년에게 말했다.

"브라만이 아닌 자는 이렇게 (진실하게) 말할 수가 없다. 얘야, 장작을 가져오너라.[11] 너를 제자로 받을 것이다. 네가 진실을 떠나지 않았기 때문이니라."[12]

아버지가 누구인지도 모르는 소년이 성스러운 경전을 배워야겠다고 결심한다. 배우려는 욕망이 얼마나 간절하든 하녀의 자식에게는 어려운 일이다.[13] 인도의 대서사시 『마하바라타』에도 배움을 위해 신분을 속인 영웅이 나온다. 아무리 영웅이라도 천한 마부의 아들 카르나에게는 신분을 속이지 않으면 배울 방법이 없었다. 하지만 사티야카마는 태생을 감추지 않는다. "신분 따위를 자신으로 아는 자는 고귀한 가르침을 배울 자격이 없다."[14] 현명한 스승 가우타마는 소년의 신분이 아니라 자질을 본다. 어린 나이에도 불구하고 사티야카마는 이미 독립적인 에고를 구축했다. 자아를 구축했다는 표지가 되는 것은 진실함이다. 진실함은 자신의 내면과 외면이 일치하는 상태다(자기 자신에게 진실한 것과 남에게 진정성을 강요당하는 것은 엄연히 다르다).[15]

진실만이 승리하나니, 거짓은 그렇지 않도다.

신성한 길(깨달음의 길)은 진실의 길을 통해 뻗어 나가노라.[16]


## 에고와 참나

마음이라는 심연에는 내가 아는 나[小我]가 아닌 참된 나[大我]가 있다. 전자가 에고이고 후자가 참나다. 참나가 힘을 숨긴 진짜 '나'다. 참나가 지닌 힘, 즉 인간 내면의 힘은 자비, 진실, 지혜와 같은 가치를 타고 흘러나온다. 인도에서는 참나의 힘을 끌어내는 통로로서 진실함을 강조한다.

인도의 가르침은 첫 번째 자아의 구축에 그다지 관심이 없다. 인간이 '나'를 갈망하는 것은 당연하기 때문이다. 자신을 무엇이라고 규정하는 계기와 방법이 사람마다 다를 뿐이다. '나'의 구축은 언제나 섬을 둘러싼 바다(사회)가 결정하기 마련이지만, 같은 경험이라도 섬의 지형(기질)에 따라 의미가 달라진다. '나'를 만드는 것은 사실 파도(경험)의 깊이가 아닐까.

두 번째 자아의 확장 단계에서는 배움의 중심이 점차 이성에서 직관으로 바뀐다. 물론 한계에 이를 때까지는 이성의 발달이 매우 중요하다. 이성은 방향타 역할에 충실하다. 나침반의 바늘처럼 이성이 늘 확신 없이 흔들리기는 하지만, 흔들리는 동안은 방향을 잃어버릴 염려가 없다. 확신이라는 자력에 붙잡혀 이성이 고정되는 순간, 이성은 우리를 파멸로 이끈다.

이성은 그저 들은 것을 기억하는 것으로 만족한다. 이성을 넘어 배움을 몸으로 체현하는 사람은 드물다. 이성의 논리가 차근차근 밟아 올라가는 계단과 같다면, 직관은 층을 건너뛰는 엘리베이터와 같다. 점진적 앎(점오)과 갑작스러운 앎(돈오)의 차이다. 단번에 깨달음을 얻는 것이 점진적 배움(수행)보다 빠를 것 같지만, 이성의 기반 없이 곧바로 깨달음으로 도약하기란 몹시 어렵다.[17] 이성의 앎이 다 했을 때, 말로 할 수 없는 가르침을 몸소 전해주는 존재는 스승뿐이다.

세 번째 자아의 초월 단계에서는 에고가 사라진다. 참나에 흡수되기 때문이다. 우리는 밖(외부세계)을 향한 의식을 내면으로 돌려야 참나로 가는 긴 여정을 시작할 수 있다. 그 여정 위에서 보게 되는 것은 마음속에 숨어있던 괴물(그림자[18])과 영혼의 반려(심혼[19])다. 무의식의 심연으로 들어가 마음 깊은 곳에 있는 것을 마주할 때 껍데기에 불과한 에고가 해체되기 시작한다. 마침내 에고는 참나 속에서 녹아 없어진다.

우파니샤드에 따르면, 몸 밖에 세계가 있는 것이 아니라 몸 안에 세계가 있다. "나아가 나는 세계, 세계의 일어남, 세계의 중단 그리고 세계의 중단에 이르는 길이 여섯 자짜리의 몸뚱이 그리고 그 지각과 마음 안에 있다고 단언한다. …… 세계의 끝에 닿지 않고는 고통에서 벗어날 수 없다."[20]라고 붓다는 선언한다. 참나는 바깥을 헤매는 에고를 내면으로 불러들이려고 한다. 그 부름에 응답하지 않으면, 예외 없이 우리는 근원적인 갈망에 시달리게 된다. 집으로 돌아가려는 본능과도 같다. 내면으로 향할 때, 인도의 가르침은 상세한 지도가 되어준다. 물론 인도에만 있는 가르침은 아니다. 그러나 깨달음으로 가는 이정표인 수양·수행 전통이 거의 사라진 지금, 유일하게 인도에만 지·덕·복(배움, 인격, 행복)이 하나인 가르침이 고스란히 남아있다. 인도에서 중요한 것은 누구에게나 중요하다.

## 신성과의 연결

진리(실체)로 가는 길은 감추어져 있지 않다. 뻔히 보이는 길인데도 따르는 사람이 적기 때문에 좁을 뿐이다. 우파니샤드의 신비는 나(아트만)와 세계(브라흐만)를 잇는 연결(bandhu)에 있다. 우파니샤드는 연결 자체에 대해 말하기보다는(설명하기도 어렵다) 어떻게 연결해야 하는지를 설명한다. 제대로 연결되었는지 어떻게 알 수 있을까? 신성과 연결되면 전기처럼 희열이 흘러나온다. 연결된 전선이 얇으면 잔잔한 기쁨으로, 두꺼우면 벼락 같은 전격으로 우파니샤드에서는 에고의 죽음을 불멸로, 영원을 찰나로, 신성을 희열로 표현한다. 인간의 수준에서 온전한 진리는 모순과 역설로만 모습을 드러낸다.

### 에고의 구축

나와 세계를 연결하려면 에고라는 지반이 그 무게를 버틸 수 있을 만큼 굳건해야 한다. 토대(에고) 없이 지으면, 다리가 무너지기 쉽다(헤엄쳐 건널 수는 있다[21]).

### 에고의 확장

교량 공사 초기에는 이성이 중요하다. 다리를 고정하는 앵커리지가 이성이기 때문이다. 배우고 숙고하는 기초 없이 피안으로 건너갈 수는 없다. 또한 현수교의 주탑(가치)을 높여야 케이블이 물에 휩쓸리지 않는다. 현실은 늘 이상을 끌어올리려는 노력을 끌어내린다. 가치를 높이지 않으면, 삶이 바닥에 질질 끌린다. 높은 가치는 삶을 아름답게 할 뿐만 아니라 삶의 하중을 더 많이 견딘다.

### 에고의 초월

나와 세계를 잇는 현수교의 중간에는 상판이 없다. 건너려면 허공으로 도약해야 한다. 다리를 지탱해온 이성에서 발을 떼야 한다. 그 간극을 넘어서도록 등 떠미는 힘은 믿음이다. 신이든 스승이든 자기 자신이든 신뢰해야, 두려움을 딛고 공(空)에 몸을 던질 수 있다.


# 두 가지 길

인격을 성숙시키는 방법에는 두 가지가 있다. 삶 속에서 시나브로 배워가는 성숙의 길과 수행으로 깨달음을 얻는 도약의 길이다. 성숙의 길을 우파니샤드에서는 조상의 길, 『바가바드 기타』에서는 행위의 가르침(달의 길[22])이라고 한다. 도약의 길을 우파니샤드에서는 신의 길, 『바가바드 기타』에서는 지혜의 가르침(태양의 길[23])이라고 한다. 보통은 성숙의 길 위에서 에고를 구축하고 확장하다가, 도약의 길로 넘어가서 에고를 마침내 초월한다(깨닫는다). 힌두교에서는 두 길을 합쳐 네 단계(아슈라마)로 정리했다.


### 성숙의 길(행위의 가르침)

인생은 학교와 같다. 살면서 자연스레 알게 되는 것이 있다. 하지만 나이 든다고 인격이 절로 성숙하지는 않는다. 내면을 돌보지 않으면(정신 연령과는 상관없이) 에고는 우는 아이로 남는다. 출생에서 죽음까지, 매 시기 주어진 발달 과제를 해내는 것이 성숙의 길이다. 열심히 인격을 닦아 공자가 이룬 경지[24]에 도달해야 한다. 점진적인 수양이기 때문에, 불교에서는 점수(漸修)라고 부른다.

| 성숙의 길 | **행위의 요가**<br>아슈라마의 앞 단계<br>조상의 길(달의 길) | 브라만교<br>유교 | 심리<br>발달 |
|---|---|---|---|
| 도약의 길 | **지혜의 요가**<br>아슈라마의 뒤 단계<br>신의 길(태양의 길) | 초기불교<br>도교 | 수행 |

## 도약의 길(지혜의 가르침)

성숙의 길이 바로 깨달음으로 이어지기도 하지만, 대개는 도약의 길을 거친다. 해탈을 목표로 하는 수행 없이 깨닫기란 쉽지 않기 때문이다. 인도에서는 다채로운 명상법과 요가 기법이, 중국에서는 내단·기공 등 도교의 수련법이 도약의 길을 안내한다. 이성과 이원성의 한계를 뛰어넘는 도약이 일어나기 때문에, 불교에서는 이 길을 '돈오(頓悟)'라고 부른다. 갑자기 깨닫는다는 뜻이다.

성숙의 길과 도약의 길은 서로 제약하지 않기 때문에, 무르익지 않은 인격을 지닌 사람도 도약해서 지혜를 얻을 수 있다. 도(道 : 지혜)는 높지만 미성숙한 스승은 늘 도덕적 문제를 일으킨다. 높은 지혜로 가기 전에 자비와 연민을 닦지 못했기 때문이다. 에고의 확장 넓이가 충분하지 않으면, 에고의 초월은 지반이 좁아 쉽게 무너진다.

제1부

오래된 미래

STAGE
01

# 01

# 땅에서와 같이 하늘에서도

뿌리째 뽑힌 나무는 다시 자라나지 못하나니
죽음에 의해 잘린 필멸자는 어느 뿌리에서 (다시) 자라날까?

브리하다란야카 우파니샤드(3. 9. 28. 6)

## 예나 지금이나 : 물질적 풍요에 대한 갈망

약 4000년 전부터 인도 서북부에는 거센 이민의 물
결이 들이닥쳤다. 오랜 기간 수차례 이란을 거쳐 인도로 이주한 유목민은 스
스로를 '아리야(고귀한 자)'라고 불렀다.[1] 광대한 인더스 도시 문명이 쇠망
한 땅에 들어와 아리야인은 서서히 동쪽으로 나아갔다. 그리고 농사꾼이 되
어 인도에 정착했다. 보는 그대로의 세상을 믿은 순박한 사람들이었다. 사제
브라만, 전사(왕족) 크샤트리야, 평민 바이샤로 구성된 세 계급에 새로운 땅
의 토착민을 노예계급(슈드라[2])으로 더해, 인도인은 사성계급(카스트)을 완
성했다.

아리야인은 원래 신성한 불에 제물을 바치며 신에게 소원을 비는 공희종
교(베다교)를 믿었다. 당연하게도 유목민은 소와 양 같은 가축을 신에게 바

**17**
.

첬다. 드물지 않게 사람도 제물이 되곤 했다. 인도 땅에 정착하여 농사를 지으면서도 아리야인은 목축을 그만두지 않았다. 하지만 농경을 위해 목축은 제한할 수밖에 없었다. 농사를 지을 땅에 소를 풀어놓을 수는 없지 않은가. 쟁기를 끄는 소를 희생시킬 수는 없었기 때문에 소를 신성한 존재로 전환하고 소고기 식용을 금했다. 반농반목의 삶을 이어온 인도 사람들에게 소는 여전히 숭배 대상이다. 인더스 문명의 정신적 유산인 불살생(아힝사)은 수천 년 뒤 힌두교에 흡수되어 상류층의 식습관마저 바꾸었다. 인간의 욕망을 누를 수 있는 사회적 장치는 '신'뿐인지도 모른다.

사람들은 변함없이 부와 권력, 건강과 장수 따위를 기원한다. 덧붙이자면, 죽은 뒤에 하늘나라에 보내달라는 소원이 아리야인에게는 가장 중요했다.

인드라(신들의 왕)시여, 최고의 보물들을 우리에게 주소서.
능력 있다는 명성과 행운(번영)을
늘어나는 부와 몸의 안녕을
달콤한 말(언변)과 행복한 나날을.[3]

수천 년 전 경전에도 대자연을 경외하는 인간의 마음은 생각보다 크게 드러나지 않는다. 그보다는 만신전에서 소원을 들어줄 법한 신을 찾아내는 것이 더 중요하지 않았을까? 공물을 흠향한 신들은 인간의 욕망을 들어주었다. 제사의 대가로 인간에게 소와 건강을, 왕권과 승리를 내렸다.

인더스로부터 내려오는 기나긴 전통 덕분에 인도는 오늘날까지도 영적·신비적 아우라를 쓰고 있다. 인도에서도 유물론과 쾌락주의의 역사가 깊다는 사실은 그다지 알려지지 않았다. 예나 지금이나 인간의 본성은 그다지 다르지 않으며, 물질적 풍요와 육체적 쾌락에 대한 갈망은 지루할 정도로 똑같다. 아리야인은 풍요를 기원하면서 환각제(소마)를 바쳤다.

> 우리의 생각이 다양하니 인간의 일도 다양하네
> 장인은 망가진 것을, 의사는 다친 사람을,
> 사제(브라만)는 보시자[4]를 바라네
> 인드라 신을 위해 소마 방울[5]이여 흘러라
>
> 나는 가인, 아빠는 의사, 엄마는 맷돌로 곡식을 갈지
> 갖가지 생각으로 부를 갈망하며
> 우리는 소처럼 부를 따라가네
> 인드라 신을 위해 소마 방울이여 흘러라
>
> 마구를 채운 말은 끌기 쉬운(가벼운) 수레를
> 바람둥이는 (여인의) 웃음을
> 남근은 털이 있는 구멍을, 개구리는 물을 바라지
> 인드라 신을 위해 소마 방울이여 흘러라[6]

## 또 다른 나 : 불멸을 꿈꾸는 인간

인간은 언어 덕분에 시간을 인식할 수 있게 되었다고 한다. 어순에 따라 달라지는 의미를 이해하면서 말의 순서, 즉 과거 · 현재 · 미래를 알게 되었다나. 언어는 세계를 가리켜 보일 뿐만 아니라, 태어남 뒤에는 반드시 죽음이 따른다는 시간과 운명의 의미 또한 일러준다. 현세에서 무엇을 얼마나 누렸든 삶은 항상 부족하기 마련이다. 사랑하는 이들과 함께 보낸 시간은 언제나 짧다. 유족은 늘 슬픔을 느꼈다.

태양신의 아들 염라[7](죽음의 신)에게로
그대의 영혼이 멀리 떠나갔어도
우리는 (그대의 영혼을) 불러들여
이곳에서 (그대가) 머물러 살기를 바라노라[8]

인류는 시시각각 다가오는 죽음을 잊기 위해 문화적 장치를 겹겹이 마련했다. 혈연과 집단의 영속을 통해 개인의 불멸을 얻는 것이 가장 보편적이다. 인도 가부장 사회에서는 아들을 얻기 위해 수도 없이 제사를 올렸다. 아들이 후계자일뿐만 아니라, '또 다른 나'이기 때문이다. 심리학자 오토 랭크(Otto Rank)는 죽을 운명의 나와는 별개로 '또 다른 나(더블)'가 불멸을 보장한다는 개념으로 불멸을 설명한다. 열심히 천국행 제사를 지내곤 했던 아리야인에게는 또 다른 나가 있다는 생각이 너무도 당연했다. 살아있을 때 제사를 지내두면 하늘나라에 또 다른 나(아트만)가 생겼기 때문이다. 지상의 육신이 죽어도 또 다른 나는 천국에서 삶을 이어갈 수 있었다.

세 베다를 알고 소마를 마시는 자는 죄가 정화되어
제사를 지내 나(비슈누신의 화신 크리슈나)를 숭배하면서 천국 가기를 바라나니.
그들은 공덕을 얻어 인드라(신들의 왕)의 세계에 가서
신성한 천상에서 신들의 즐거움을 누리느니라[9]

인도에서나 중국에서나 옛사람들은 현세의 풍요를 내세까지 끌고 갔다. 이 세상에서나 저 세상에서나 인도인은 땅 위의 풍요를 누리려고 했다. 그 옛날 아리야인은, 죽은 자가 육신을 태운 연기를 타고 달로 올라가 천복을 누린다고 믿었다. 그런 뒤 다시 비가 되어 지상으로 내려와 곡식이 되고 음식이 되고 사람이 되어 다시 태어난다고 말이다. 하지만 천국에서 온갖 영화를 누린다고 믿으면서도 누구도 서둘러 천상으로 가려고 하지는 않았다. 인도 사람들은 지상에서 오래오래 산 뒤에 하늘로 데려가 달라고 기도했다. 늘 삶과 함께하는 죽음을 인간은 어떻게든 외면하려고 노력해왔다. 그래서 죽음을 넘어 땅에서와 같이 하늘에서도 물질적 풍요를 누리기 위해 천국도 생겨났다.

## 삶이라는 중독

원하는 것을 얻고자 아리야인은 자기네 경전 『베다』를 낭송하며 제사를 지냈다. 현존 경전 중 가장 오래된 『베다』는 제물을 바치고 신성한(환각성) 약초 소마의 즙을 올리는 제사를 묘사한다. 『베다』에 언급된 환각제 소마가 무엇을 의미하는지는 확실히 밝혀진 바가 없다. 인도-유럽인이 이주하면서 소마가 다른 약초로 대체되었을 가능성도 있다. 돌로 짓쳐낸 즙을 모직포로 거른 뒤 우유 등을 섞어 만드는 소마즙은 가장 중요한 제물이었다.

들이켜소서, 영웅 인드라여, 소마를 들이켜소서!
즐거움을 주는 즙이 님을 기쁘게 할 터이니⋯⋯
님의 보호를 갈구하며 님을 찬양하는 데 마음을 쏟나니,
부디 님께서 주시는 부의 선물을 저희가 지금 누리게 하소서![10]

인류는 석기시대부터 환각제를 사용했다. 환각을 일으키는 것이 버섯이든 선인장이든 대마든⋯⋯ 서구에서는 환각제 사용이 종교의 비밀인 것처럼

호들갑을 떤다. 하지만 인도에서는 환각제 소마(신성한 약초)의 즙을 마시는 것이 사제의 특권이다. 오늘날에도 히말라야 바쉬슈트 사원 앞에는 대마초를 피우는 성자가 널렸다. 명상과 다를 바 없이 환각은 초월을 체험하는 방법이다. 인도에서도 환각은 "즉 시공간의 초월, 만물의 단일성과 신성함에 대한 직관적 감각, 정상적으로는 이용할 수 없는 지식에의 접근이었다. 일상적인 인격이 더 크고 더 근본적인 전체와 통합되는 경우도 종종 있었다."[11]

예외적으로 붓다는 정신에 영향을 미치는 모든 것을 엄격하게 금했다.[12] 그는 오직 수행만으로 합일의 경지에 도달하라고 제자들을 다그쳤다. 황홀한 합일의 경지(삼매)와 비루한 현실 사이를 오가는 것보다는, 땅 위에 발붙인 채 깨달음을 추구했던 스승답다.[13] 환각이 유도하는 엑스터시와 명상으로 얻는 삼매(samādhi)는 둘 다 황홀경으로 묘사되지만 명백하게 다르다. 환각은 도피고 명상은 직시다.

늘 도피처를 찾는 인간에게 고통을 직시하라는 붓다의 가르침[14]은 변함없이 유용하다. 인간은 너나없이 삶에 중독되어 있기 때문이다. 삶이 주는 쾌락, 성취, 관계, 성공(인정)뿐만 아니라 삶을 통제하려는 욕망에도 중독되어 있다. 그래서 운에 생을 맡겼던 수렵인보다 현대인이 더 불안에 시달린다. 불안을 잊게 해주는 알코올, 니코틴, 마약, 도박, 쇼핑, 섹스, 일 등 온갖 중독에서도 헤어나지 못한다. 인간은 환각제가 아니라 삶의 불확실성(미래)에 중독되기 마련이다.

인류는 삶에서 불확실성을 제거하는 데 몰두해왔다. 합일을 보여주는 환각이나 합일을 실현하는 명상보다 미래를 고정(통제)하는 것에 더 열중했다. 미래를 제어하려는 욕망이 점술·주술, 의식·제식을 비롯해 문명까지 낳았다. 삶을 통제할 수 있다는 믿음은 종교에서 과학으로 나아갔다. 이제 인류는 언젠가 지구를 덮칠 소행성 때문에 사과나무를 심기보다는, 위협을 부숴버릴 수 있는 요격 시스템[15]을 갖추게 되었다. 그럼에도 불구하고 확실하게 닥칠 미래 가운데 인간은 아직 죽음을 극복하지 못했다. 가장 확실한 미래가 가장 불확실하게 실현되는 것은 죽음이 유일하다. 삶에 중독된 우리는 역설적이게도 유일한 치료제인 죽음을 두려워한다.

> 생명은 불사인 숨(氣)으로,
> 그러면 이 몸은 재로! (돌아가라)
> 옴 지성이여, 행한 것을 기억하라, 기억하라!
> 지성이여, 행한 것을 기억하라, 기억하라![16]
>
> 임종 때 사제가 읊어주는 기도

STAGE
02

# 02

두 번째 **이야기**

# 우파니샤드의 전환

## 세계에 참여하는 희열

옛사람들은 삶의 환희를 몸으로 표현했다. 우주와 하나되어 세계에 참여하는 순간은 늘 희열로 터져 나온다. 그 순간이 현존이다. 신성한 체험이자 신비로운 참여인 현존이 가져오는 환희를 다시 경험하려고 그 순간의 행동을 모방하기도 했다. 때로 그런 모방이 의례가 되기도 한다. 내면의 희열과 신성함을 밖으로 끌어내기 위해서는 '행동'이 필요하다.

아리야인은 갖가지 소원을 이루기 위해 의례를 거행했다. 제식 행위에 몰입하여 환희를 경험할 때 이미 제사의 목적은 성취된 것이나 마찬가지다. 소원 자체가 아니라 소원을 이룬 뒤의 기쁨이 목적 아닌가. 바람을 성취할 도구(제사)를 갖고 행동에 나서 희열이라는 응답을 받는 것이 기도다. 모든 기도는 지금 이 순간 신성 혹은 세계와 하나되는 희열을 간구한다. 그 희열은 너

**25**
·

무나도 쉽게 잊혔고 기도와 의례에는 형식만이 남았다.

## 안과 밖의 연결

### 상동성(상응)

희열을 잃은 뒤에도 아리야인은 줄기차게 의례(카르마)를 거행했다. 선업(카르마)을 가져오는 것이 제사(카르마)라고 믿었기 때문이다. 제사 행위(카르마)가 일상의 행동(카르마)으로 넓어지는 데는 오래 걸리지 않았다. 우리의 행동은 필연적으로 결과(카르마)를 가져온다. 이 많은 단어가 산스크리트어로는 죄다 카르마다. 이 모든 것이 카르마다. 모든 것은 행동(카르마)이 창조한다.

『베다』의 세계에서 제식 행위는 우주를 움직인다. 제사는 세계를 상징하는 제물을 바쳐 우주의 법칙을 운용하는 방법이다. 존재와 존재를 이어 합치시키는 방법이 바로 제사다. 대우주와 중우주(사회)와 소우주(인간)가 하나의 질서를 따르므로 합치가 가능하다. 우주와 사회와 인간을 하나로 통합하는 원리는 바로 '상응'이다. 부분과 전체를 연결하는 신비한 힘(bandhu)이 제물과 우주를 일치(상응)시킨다. 그 신비 안에서는 모두가 하나이기 때문에 티끌 하나가 우주를 움직인다. 예를 들어, 말 제사[1]에 바쳐지는 말은 세계 그 자체다. 말의 신체 각 부분이 세계 각 부분을 상징한다.

> 새벽은 실로 제물인 말의 머리로다. 태양은 눈, 바람은 숨, 벌린 입은 바이슈바나라[2] 불이니. 연(年)이 제물인 말의 몸이다. 하늘은 등, 공중은 배, 땅은 발굽, 사방은 양 옆구리, 간방[3]은 갈빗대, 계절은 사지, 월(달)과 보름은 관절, 밤낮은 발, 별

은 뼈, 구름은 살, 모래는 소화가 되지 않은 것(풀), 강은 혈관, 산은 간과 허파, 풀과 나무는 털이다. 떠오르는 것(태양)은 (말의) 앞부분, 지는 것은 뒷부분이다.[4] 하품하는 것은 번개가 번쩍이는 것이고, 몸을 떠는 것은 천둥이 치는 것이며, 오줌을 누는 것은 비가 오는 것이니. 소리는 이것(말)의 소리다.[5]

제식주의 세계관 속에서 정확하게 거행된 제사는 유효한 결과를 창출한다. 세계에 상응하는 말을 바침으로써 세계를 움직이는 힘을 얻는다. 그렇다면 제사는 주술일까? 인형을 만들어 저주할 사람의 이름을 붙이고 바늘로 찔러대면 실제 그 사람에게 해를 입힐 수 있다고 믿는 것과 뭐가 다른가? 실제로 원시인은 자기의 내적 믿음이 객관적 질서로 작용한다고 여겼다. 인형을 저주 대상이라고 믿으면 인형에 해를 가해 대상에게도 해를 끼칠 수 있다고 생각했다는 뜻이다. 이렇게 내면세계를 통제하여 외부 사물에 영향을 미치려고 하는 것이 주술이다. 제물을 바치는 공희종교도 주술과 다를 것 없다.

## 주술과 제의

물론 외부세계에 마음속 바람을 관철하려 든다고 죄다 주술은 아니다. 주술은 근거 없는 믿음이다. 하지만 제사는 나름 과학을 자처한다. 주술이 내면의 믿음을 외부세계에 투사한다면, 제사는 상동성에 토대를 두고 외부세계와 상호작용하기 때문이다. 앞서 살펴보았듯이, 의례는 소우주와 대우주를 하나로 엮는 기술이다. 인간의 의미(제물)로써 우주를 움직이는 행동(제사)을 하여 내면세계와 외부세계를 통합한다. 개인의 의지(소원)를 세상에 드러내고 이루려는 시도이기도 하다. 선물을 달라며 아이처럼 떼쓰는 방법이 주술이라면, 일을 하고(제사를 지내고) 대가를 받는 방법이 제사라고 할 수 있다.

주술은 나와 세계를 구별하지 못하는 상상계적 행위지만, 『베다』의 제사는 세계의 법칙을 재배열하기 위한 상징계적 행위다. 제사가 찬가(언어)에 의존하는 것만 봐도 그렇다. 나아가 우파니샤드는 상징계의 질서로 상상계를 탐험하여 상징계를 확장하려고 한다. 소리나 이미지를 포착하여 언어적 상징으로 바꾸는 대체법(ādeśa) 등이 그 도구다(5장에서 다룬다). '옴(Aum)'이라는 언어적 상징으로 잡을 수 없는 진리(브라흐만)를 잡을 수 있는 언어로 바꾸는 것처럼.


## 환영의 세계

후대로 갈수록 일(제사)에서 얻는 희열은 외면당하고 대가만 중요해졌다. 신성함을 가져와야 할 사제는 의례기술자로 전락했다. 이렇게 제사만 중시하는 종교(브라만교)가 나쁜 영향만 남긴 것은 아니다. 신에게서 소원 성취의 힘을 빼앗아 제사로 넘겨주었기 때문이다. 그 덕분에 제사를 수행하는 사제의 권위는 신만큼이나 높아졌다. 이전 시대에 이미 인간이 신과 동등한 지위로 올라섰기 때문에, 우파니샤드 시대에는 인간이 창조주의 위치까지 격상할 수 있었다.

### 내 안의 세계

제사에서 부르는 찬가와 제사법을 담은 『베다』[6]에 물질과 정신을 하나로 보는 비이원론 철학이 뒤늦게 끼어들었다. 이 철학이 '『베다』의 끝(베단타)'이라고도 불리는 우파니샤드다.[7] 우파니샤드는 제사를 묵상으로 대체했다. 묵상은 마음으로 지내는 제사다. 앞선 시대와 마찬가지로 우파니샤드도 제사(묵상)로 세상을 움직이려고 했다. 다만 우파니샤드는 내면세계가 먼저 바뀌어야 외부세계도 바뀐다고 생각했다.

풍요를 포기한 적 없는 인도 사람들[8]이 왜 밖(외부세계)에서 귀중한 것을 구하지 않고, 안(내면세계)에서 구했을까? 스승의 곁에 가까이(upa) 다가가 (ni) 앉아(sad) 듣는 비밀스러운 가르침, 우파니샤드를 이해하기 위해서는 '브라흐만'이라는 실체를 알아야 한다.

인간은 실제 세계(실체, 물자체)를 직접 경험할 수 없다. 다섯 가지 감각기관과 마음으로 해석한 세계만을 인식할 뿐이다. 현자들은 우리가 아는 외부 세계라는 것이 실은 내면의 투사이자 해석이라는 것을 꿰뚫어 보았다. 그래서 우파니샤드는 내가 세계에 속한 것이 아니라 세계가 내게 속해있다고 주장한다.

## 현실이라는 환영

현대인은 자신이 객관적 세계 속에서 살고 있다고 오인한다. 다섯 감각기관(시각, 청각, 후각, 미각, 촉각)과 마음(뇌)이 재구성한 현실을 객관적 세계라고 믿는다. 인간의 뇌는 현실을 있는 그대로 파악하지 않는다. 오히려 받아들인 정보를 필터링하여 보고 싶은 대로 본다. 인지 과학자 아닐 세스(Anil Seth)는 뇌가 현실을 예측하여 왜곡된 환각으로 창조해낸다고 말한다(실제 세상을 왜곡하는 환각 작용을 인도에서는 '마야'라고 한다).

자신만의 세상에 고립되어 살고 있으면서도 인간은 거대한 바깥 세계를 바꾸기에는 자신의 능력이 미약하다고 생각한다. 자기 세상의 창조주가 자신이라는 것을 깨닫지 못한다. 우파니샤드의 현자들은 내가 처한 현실이 실은 스스로 만든 환영이라는 것을 직시했다. 그러고 나서 당연하게도 환영을 만들어내는 내면을 파고들었다. 그들은 환각을 만드는 마음의 작용을 멈추고 실제 세상을 보려고 했다.


## 언어 너머

### 직관지

언어의 세계 너머를 보는 자만이 실체에 가까이 간다. 진실을 지킨 소년 사티야카마는 고명한 스승의 제자가 된 뒤에도 대자연으로부터 스스로 배웠다. 이름을 아는 것으로 실체를 안다고 착각하지 않고, 실상을 있는 그대로 보고 직관지를 얻는다. 소년이 백조에게 배운 가르침(직관)은 무엇일까?

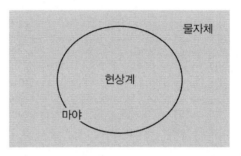

그림 1.
칸트는 인간이 인식하는 세계를 '현상계'라고 명명한다. '물자체'는 현상계 너머에 존재하는 실체다. 마야는 물자체를 은폐하는 무지의 장막을 상징한다.


(사티야카마를 제자로 삼는) 의식을 치른 뒤,[9] (스승은) 힘없고 야윈 소 사백 마리를 떼어내고는 (제자에게) 말했다.

"애야, 이들을 돌보거라."

(사티야카마가) 소들을 몰고 가며 말했다.

"천 마리가 되지 않으면, 돌아오지 않겠습니다."

사티야카마는 천 마리가 될 때까지 여러 해 동안 멀리 살았다.[10] ······

(어느 날) 백조가 날아와 앉아 그에게 말했다.

"사티야카마!"

"제게 말씀해주소서, 존귀한 분이시여."

(백조가 사티야카마에게) 말했다.

"불이 한 부분, 태양이 한 부분, 달이 한 부분, 그리고 번개가 한 부분이란다. 얘야, 이 네 부분이 브라흐만의 한 발로서, '밝음을 지닌 것'이라고 이름하느니라. 이와 같이 네 부분을 브라흐만의 발이라고 알고 '밝음을 지닌 것'이라고 명상하는 자는 이 세상에서 밝음을 지닌 자가 된다. 이와 같이 네 부분을 브라흐만의 발이라고 알고 '밝음을 지닌 것'이라고 명상하는 자는 밝은 세상들을 얻는다."[11]

소년은 스승의 소 떼를 돌보는 일을 맡았다. 홀로 광야에 머무는 수행이다. 신성한 존재(참나)와의 대면은 늘 외딴곳에서 일어난다. 에고의 변용을 이루려면, 참나와 마주해야 하기 때문이다. 소년은 하늘을 환히 비추는 것을 '해'라고 이름하지 않는다. 언어의 한계 너머로 빛의 성질을 직관함으로써, 불·달·번개 등도 빛으로 간주한다. 직관지는 깨달음에 중요한 요소다.

발밑의 대지부터 굳건하게 디뎌야, 별 같은 브라흐만을 딴다. 존재를 단단하게 지탱한다고 믿는 물질세계가 그저 인식일 뿐라는 것[12]부터 감당해야 한다. 우주는 인간의 이해를 위해 생겨나지 않았다. 이성으로는 실체(브라흐만)에 도달하지 못한다.

## 안에서 보기와 밖에서 보기

직관은 말 그대로 실상을 직접 보는 것이다. 어디에서 실상을 보느냐에 따라 직관은 두 가지로 나뉜다. 첫 번째는 안에서 보는 것이다. 내면으로 침잠해 들어가 실체(신, 브라흐만)와 하나가 된다. 이 직관에는 세계가 필요하지 않다. 오직 실체와의 합일만 '있다.'

밖으로 난 구멍들[13]을 스스로 존재하는 이[14]께서 뚫으셨으니, 그리하여 (사람들은) 밖을 볼 뿐 내면의 실체(아트만)를 보지 않는다. 지혜로운 사람은 불사를 찾아 눈을 (안으로) 돌리고 내면의 실체를 보도다.[15]

두 번째는 밖에서 보는 것이다. 온 존재 안에서 자기 자신(신, 브라흐만)을 본다. 다채로운 세상의 배후에는 하나[一者]가 있다.

세상 만물에서 어떻게 자기 자신을 볼 수 있을까? 사실 안에서 보나 밖에서 보나 봐야 하는 것은 같다. 하나임을 보는 것이다. 신(참나)과 하나가 되든, 세상 모두와 하나가 되든. 하나를 둘로, 둘을 다수로 보는 것은 5감과 마음이 만들어내는 환각에 사로잡혀 있기 때문이다. 둘은 없다. 타자는 없다. 산은 물이고, 물은 산이다.

## '하나'의 의미 : 둘이 아니다(비이원성)

모든 것이 하나라는 결론은 주관적인 관념론과는 다르다. 주관적인 관념론(유심론)은 오직 의식만이 실체이며, 나머지는 모두 현상에 불과하다고 주장한다. 망아(삼매) 속에서 우리는 실제로 의식만을 경험한다. 선정 속에서는 에고가 사라지고 의식만 남기 때문이다. 하지만 그 경험도 하나의 수준(경지)에 불과하다. 이보다 높은 경지에서는 보는 주체와 보이는 대상이 아예 분리되지 않는다. 그 수준에서 '분리'의 환영은 일어나지 않는다. 불확정성 원리를 정립한 물리학자 하이젠베르크(Werner Karl Heisenberg)가 말하듯이, "주체와 객체, 내부 세계와 외부 세계, 육체와 영혼"[16]이라는 이분법은 처음부터 적절하지 않다. 오직 하나의 실체만이 존재한다.

바로 자기 자신 안에서 온 존재를 보고
온 존재 안에서 자기 자신을 보는 자는 (누구도) 비난하지 않는다.[17]

여기가 끝이 아니다. 둘이 아니라는 것은 '하나'라는 것을 뜻하지 않는다. 모든 것이 하나라는 결론을 내리자마자 이렇게 뒤집어버린다고? 부정에 부정을 거듭해야 조금이라도 진리와 가까워진다. 둘이 아니라는 것은 하나도 둘도 거부한다. 화엄경은 하나도 둘도 진리가 아니라고 설한다. 진리에는 하나도 둘도, 안과 밖도 없다. 이것은 선정의 여러 단계를 거치며 경험해야 한다. 에고를 벗어나는 것이 다가 아니다. 산은 산이고, 물은 물이다.

산꼭대기에 떨어진 빗물이
여러 갈래 산자락으로
흘러 사라져버리듯이
그처럼 본성을 다양하게 보면
그것(현상)들을 따라가느니라(윤회하느니라).[18]

STAGE
03

# 03

세 번째 **이야기**

# 새롭고 오래된 가르침

## 삶의 두 가지 태도

아리야인이 최초로 들어선 서북 인도는 인더스 문명이 만개했던 땅이다. 이 문명이 차지했던 지역은 현재 인도의 3분의 1보다 더 넓었다. 아리야인이 도래하기 전에 이미 인더스는 쇠락했지만, 그들에게 큰 영향을 미쳤다. 업(윤회), 요가, 불살생(아힝사), 물·수목·남근 숭배, 대여신 등이 인더스에 기원을 둔 것으로 추정된다. 힌두교의 전형적 특징이 인더스에서 왔다고 베다 학자 단데카르(R. N. Dandekar)는 잘라 말한다.

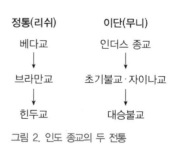

그림 2. 인도 종교의 두 전통

앞부분만 있었던 경전 『베다』를 노래하며 (베다교) 인도 땅에 들어온 아리

야인은 그 땅에 먼저 뿌리내린 사람들과 피를, 그리고 문화와 종교를 섞었다. 『베다』에서 '무니(muni)'라고 언급한 금욕주의 성자는 확실히 『베다』이전의 전통에 속한다.[1] 반면 가정을 꾸리는 아리야 성자는 '리쉬(ṛṣi)'라고 불렸다.

그림 3. 파슈파티(동물의 주) ⓒ Wikimedia Commons
모헨조다로에서 발굴된 인장(B.C. 2600~1900년경) 속 결가부좌(연꽃 자세)로 앉은 요기. 뿔 달린 머리 장식을 쓴 남자가 코끼리·물소·호랑이 등에게 둘러싸여 있다.

무니(성자), 바람에 둘러싸여
때 묻은 황갈색 옷을 입었도다.
그들은 바람의 길을 따르며 (허공을 걸어다니며)
신들이 갔던 곳을 가노라.[2]

독을 마시며 무아지경에서 영감을 얻는다는 무니는 현세적인 브라만에게 아주 낯선 존재였다. 방랑하는 무니 전통은 탁발수행자인 사문(슈라마나)으로 이어졌다. 사문은 금욕주의자이자 무신론자[3]였으며 업과 윤회의 교리를

따랐다.[4] 브라만들은 사문을 천민 혹은 까까머리라며 천대하고 적대했다.

인도에서 사라진 대도시가 약 천 년 만에 다시 모습을 드러냈을 때, 불교·자이나교가 융성한 것은 우연이 아니다(물질적 풍요 위에서만 무신론이 꽃피는지도 모른다). 『베다』 끝에 붙은 철학서 우파니샤드는 도시 문명이라는 토양 위에서 사문의 종교와 함께 자라났다.[5] 우파니샤드와 초기불교·자이나교 모두 종교라기보다는 철학에, 철학이라기보다는 수행체계에 가깝다.

재가자 리쉬와 출가자 무니는 삶에 대한 두 가지 태도를 반영한다. 바로 참여(제사, 자비)와 관조(수행, 지혜)다. 출가와는 상관없이, 오늘날 우리는 삶의 한가운데로 뛰어드는 참여와 삶에서 한발 물러서서 지켜보는 관조 중 하나의 태도를 취한다. 휩쓸릴 위험을 무릅쓰고 삶의 풍파 속에서 헤엄치는 방법과 풍파를 피해 삶의 언저리에 머무는 방법이다. 간절히 바라고 원하는 것을 얻으려다 보니 혹은 아끼고 사랑하는 것을 지키려다 보니 우리는 소용돌이에 휩쓸린다. 때로는 소용없는 짓이라는 것을 알면서도 행동(예를 들면, 제사)에 나서곤 한다. 갈망은 언제나 우리를 몰아간다. 그 덫에서 풀려난 사람만이 적당한 거리에서 소용돌이를 지켜보며 평온하게 머물 수 있다. 욕망에 휩쓸리지 않는 것 자체가 수행이다. 관조는 포기가 아니다.

삶을 관조하는 사람은 공동체의 의무도 저버린다는 비판은 섣부르다. 소용돌이에 휩쓸려본 사람만이 그것에서 벗어나기 때문이다. 붓다는 아내와 아들을 누구보다 사랑했기 때문에 사랑을 디딤돌로 더 나아가기를 원했다. 욕망을 좇고 성취를 갈구하는 참여의 시기를 거치지 않으면, 삶을 조감할 수 있는 높이에 다다를 수 없다. 참여 뒤에 관조가 따라온다. 에고를 구축한 뒤(참여)에야 에고를 버릴 수 있다(관조).

## 삶의 네 단계(아슈라마)

우파니샤드는 사제(브라만) 전통 위에서 사문 전통을 융합하려고 시도했다. 깨달음을 지향하면서도 부와 명성을 포기하지 않았고, 영적인 삶을 모색하면서도 속세의 삶을 방기하지는 않았다. 자신을 찾아온 야즈냐발키야 성자(리쉬)에게 자나카왕이 묻는다. "야즈냐발키야 님, 무슨 목적으로 오셨나이까? 소(재산), 아니면 미묘한 질문(지식)을 바라십니까?" 그러자 성자는 "둘 다입니다, 왕이시여."라고 답한다.[6] 우파니샤드에서는 육체적 쾌락과 사회적 활동이 금지된 적이 없다. 재가자를 위해 우파니샤드는 불멸을 목표로 삼으면서도 부와 자손을 약속하는 가르침을 폈다. 출가자를 위해 붓다는 극단적 고행을 버리고 중도의 가르침을 폈다. 사문 전통과 사제 전통의 결합 덕분에 참여(행위)에서 관조(지혜)로 나아가는 삶의 과정이 아슈라마로 정착되었다. 아슈라마는 단계별로 삶의 목표를 제시하여 영적·인격적 성숙을 이끈다.

| | |
|---|---|
| 학생기(8세 이후) | 스승 밑에서 금욕하며 배우는 단계 |
| 가장기(결혼 후) | 가정을 이루고 생업에 종사하는 단계 |
| 숲생활기(은퇴 후) | 아들에게 가업을 물려주고 (아내와 함께) 은퇴. 여전히 제사를 지냄 |
| 출가기(출가 후) | 거처 없이 탁발로 연명하며, 해탈을 위해 홀로 수행하는 단계 |

어릴 때 배우고, 젊을 때 사랑을 하고 성취를 이루며, 늙어서는 지혜를 갈무리한다. 사회적 의무를 성실히 이행하며 삶에서 충분히 배워야 해탈을 위한 준비가 끝난다. 나이 듦과 죽음은 누구에게나 깨달을 기회를 준다.

## 희열 없는 종교

　　　　　　　아리야인이 정착한 이후에 발전한 종교(브라만교)
가 지나치게 제사에 치중하자, 이에 반발하여 제사(희생제)를 부정하는 사
문의 가르침이 번성했다. 제사만 중시하는 브라만들의 종교에서 종교적 열정
과 신성한 희열을 기대하기는 어려웠기 때문이다. 붓다는 옛 브라만의 덕이
사라진 것을 아쉬워하며 신분과 형식에만 얽매인 브라만교를 비판한다.[7] 그
저 형식에 맞춰 제사를 치를 뿐 사제들은 의례에서 의미를 끌어내지 못했다.[8]

> (희생제의 결실을) 바라며 바자슈라바사[9]는 재산 전부를 바쳤다고 한다. 그에게
> 는 '나치케타스'라는 이름의 아들이 있었다. 봉헌물(보시)로 (소들이) 끌려올 때
> 소년에게는 믿음(지혜)이 생겼다. 그는 생각했다.
> '물을 마시지도 풀을 뜯지도 못하는 소, 젖이 나오지 않는 소, 새끼를 치지 못하는
> 소, 이런 소를 바치는 자는 말 그대로 기쁨 없는 세상에 갈 거야.'[10]

그림 4. 인도종교의 발전

　　나치케타스의 아버지는 전 재산을 바치면 모든 것을 얻게 해준다는 희생
제를 지내고 있다. 그런데 제사를 올려주는 대가로 그가 제관에게 주는 보시
라고는 늙어빠진 소뿐이다. 이렇게 형식적인 보시는 가진 것을 다 바치는 진
정한 희생이 아니기 때문에 제사의 결실을 얻을 수 없다. 아버지가 쓸모없는
소를 바쳐 시늉뿐인 제사를 치르는 것을 보고 영민한 아들 나치케타스는 생

각한다. 저렇게 성의 없이 제사를 지내면, 제사의 결실로 천국에 가는 것이
아니라 오히려 지옥(기쁨이 없는 세상)에 갈 것이라고

> 브라만을 온화하다고 생각하는 자는 죽여라.
> 신들을 욕되게 하며 생각 없이 부를 탐하는 자,
> 그의 심장에 인드라(신들의 왕)께서 불을 지피시리라.
> 그런 자가 살아있는 한 하늘과 땅 모두가 그를 증오하리라.[11]

형식적인 제사에만 열중했던 브라만교는 신의 몰락과 사제 계급의 타락
을 가져왔다. 제사가 우주를 움직인다는 믿음은 돈이 되었다. 부적(소원 성
취)을 파는 무당처럼 사제들은 제사를 팔았다. 신은 잡신이나 귀신 수준으로
추락했다. 반대로 제사를 지내는 사제의 지위는 신을 능가했다. 인간의 욕망
처럼 끝이 없는 제사를 지내주며, 브라만은 부와 권력을 거머쥐었다. 사제 계
급은 필연적으로 타락했고, 다른 계급은 당연하게도 제사 장사꾼을 증오했
다.[12] 당시 브라만 계층에 쏟아진 증오가 얼마나 깊었는지 사제를 떠돌이 개
취급하는 경전도 있다. 그저 먹고 살려고 제사를 지내는 브라만은 개와 다를
것 없다는 야유다.

> '바카 달비야' 혹은 '글라바 마이트레야'[13]는 베다 공부를 하려고 (강가로) 나갔
> 다. 그에게 흰 개가 나타났다. 다른 개들이 그 흰 개의 주변에 모여들어 (그 개에게)
> 말했다.
> "존귀한 분이시여, (찬가를) 노래하셔서 저희가 음식을 얻게 해주소서. 저희는
> 정말 배고픕니다."
> (흰 개가) 그들에게 말했다.
> "이곳으로, (내일) 아침에 내게 오시오."

그래서 바카 달비야 혹은 글라바 마이트레야는 (개들을) 지켜보았다. 제사터에서 마치 사제들이 외부를 정화하는 찬가로 노래하면서 움직이듯이, 개들은 줄지어 움직였다. 그러고 나서 개들은 함께 앉아 '힝'[14] 소리를 냈다.

(개들의 찬양)
"옴,[15] 우리를 먹게 하소서! 옴, 우리를 마시게 하소서. 신, 바루나(물의 신), 프라자파티(창조주), 그리고 사비트리(태양신)시여, 음식을 여기로 가져오소서. 오 음식의 주(태양)[16]여, 음식을 여기에 가져오소서, 가져오소서, 옴!"[17]


# 업 : 위험한 사상

비존재에서 존재로 저를 이끄소서
어둠에서 빛으로 저를 이끄소서
죽음에서 불사로 저를 이끄소서[18]


『리그 베다』에는 업과 윤회의 흔적이 없다. 아리야인은 그저 제사를 올바로 지냄으로써 사후에도 천상에서 현세의 삶을 이어가기를 바랐을 뿐이다. 선행은 천국행에 그다지 고려되지 않았다. 아리야인에게 신체와 연결된 영혼은 당연히 영원하지 않았다. 인도에 들어온 뒤로는 천상에서도 굶주릴까 봐 혹은 또 죽을까 봐 걱정하기 시작했다.

도덕적 인과율에 의지하는 업(카르마)과 윤회(상사라)는 우파니샤드에 이르러서야 명확하게 나타난다.[19] 제사를 지내야만 천상에 '또 다른 나'가 생긴다고 믿었던 이전 시대와는 차이가 크다. 아리야인은 영원한 내세를 염원했기 때문에, 무니-사문 전통에서 내려온 윤회를 별 저항 없이 받아들였다. 끝없는 삶이야말로 그들이 바라마지 않던 것이기 때문이다. 하지만 제사를 지내주는 사제에게 업은 더없이 불온한 사상이었다.

비데하국[20]의 자나카는 사제에게 후한 보시를 주어 제사를 올리는 왕이었다. 그는 가장 훌륭한 브라만에게 바친다며, 양 뿔에 금 12량[21]을 묶은 소 천 마리를 매어두었다. 하지만 브라만 가운데 누구도 나서지 않았다. 그러자 야즈냐발키야가 제자를 시켜 소 떼를 몰고 가버렸다. 화가 난 브라만들이 야즈냐발키야에게 물었다.
"야즈냐발키야여, 그대가 진정 최고의 브라만이란 말이오?"

(여인을 포함한) 현자들은 야즈냐발키야에게 차례로 질문을 던져 그가 정말 최고인지 시험한다. 야즈냐발키야는 수많은 질문에 명확하게 답하여 현자들을 침묵시켰다. 과연 소 떼의 주인으로 합당한 최고의 브라만이다. 질문 가운데에는 사후를 묻는 것도 있다. 브라만 아르타바기[22]는 죽은 자의 몸이 흩어질 때 그 사람이 어디에 있는지를 묻는다. 그런데 이 질문을 받은 야즈냐발키야의 반응이 흥미롭다.

"친애하는 이여, 손을 잡으시오, 아르타바가여. 우리 단둘이 이를 논할 것이오. 사람들 있는 곳에서 밝힐 바는 아니오."

야즈냐발키야는 대중이 모인 자리에서 업의 비밀을 밝히지 않는다. 두 브라만은 그 자리를 벗어나 둘만 이야기를 나눈다.

그 둘이 말한 것은 바로 업이었다. 그 둘이 칭송한 것 역시 업이었다. "선행에 의해 선(좋은 일)이 생기고, 악행에 의해 악(나쁜 일)이 생긴다오."라고 (야즈냐발키야가) 말했다.[23]

야즈냐발키야는 업의 교리를 공개적으로 말할 수 없었다. 뿌린 대로 거두는 업이 천국행 제사를 올려주는 사제의 권위를 위태롭게 하기 때문이다. 자기 행동의 결과를 스스로 거두는 데 제사 따위는 필요하지 않다. 나를 천상에 보내주는 것이 제사가 아니라 선한 행위라면, 제사와 사제가 왜 필요하겠는가. 착하게 산 사람은 제사를 지내지 않아도 천국에 가고 악하게 산 사람은 제사를 지내도 벌을 면할 수 없다. 원래 아리야인은 제사를 잘 지낸 사람만 천계에서 불사를 누리고 그렇지 않은 사람은 소멸한다고 생각했었다. 우파니샤드 시대에 비로소 누구나 거듭 태어나 자신의 행위에 따른 응보를 받는다고 믿기 시작했다. '제식 행위(제사)'를 뜻하던 업(카르마)은 선업과 악업을 초래하는 자신의 행위(생각·말·행동)를 가리키게 되었다. 더 나아가 불교와 자이나교는 복을 많이 쌓으면 신으로 태어나고 악을 많이 지으면 인간 이하로 태어난다고 하며, 신마저 윤회를 벗어나지 못한 가련한 중생으로 전락시켰다. 브라만 계급은 업 사상을 (등 떠밀려) 수용함으로써 남의 제사를 지내주는 것으로 먹고 살던 제 밥그릇을 엎고 말았다. 훗날 사문과 사제 전통을 통합한 『바가바드 기타』가 제사를 사회적 의무로 격상시킬 때까지 현자들은 무가치하다며 제사를 버렸다.

한편 힌두교와 대승불교는 해탈로 가는 길을 멀고 험난하게 만들었다. 그리스 비극의 운명처럼 업을 극복할 수 없는 절대적인 힘으로 자리매김한 것이다. 더불어 조건에 지나지 않는 신분·외모·능력 따위를 업의 발현으로 못 박고 말았다. 출신을 타파할 수단인 업이 신분제를 공고하게 하는 데 이용된 탓이다.

# 부활한 가르침

인더스강에서 갠지스강으로 문명의 중심이 옮겨졌을 때, 복을 비는 공희종교는 이 새로운 시대에 어울리지 않았다. 물질적 풍요를 누리게 된 사람들은 이제 영적 희열을 원했다. 브라만 계급이 대대로 전수해온 제사의 기술은 어느덧 의미없는 관습이 되었다. 이런 증후는 우파니샤드에서 뚜렷이 나타난다. 사문의 가르침을 배운 왕이 브라만을 가르쳤던 것이다.

젊은 브라만 슈베타케투는 판찰라국의 회합에 참석했다가 프라바하나왕에게 다섯 가지 질문을 받았다. 질문 하나에도 제대로 답하지 못한 브라만은 "이런 것도 모르면서 왜 가르침을 받았다고 말하고 다니냐."라고 크샤트리야에게 모욕을 당한다. 집으로 돌아온 슈베타케투는 아버지 가우타마에게 이 사실을 일러바쳤다. 고명한 학자인 아버지 역시 왕의 질문에 답할 수 없었다. 그러자 가우타마는 왕을 찾아가 다섯 질문에 대한 답을 청한다. 존경받는 브라만에게 재물을 바치려던 왕은 감히 브라만을 가르칠 수 없어 난처해진다.

> "가우타마시여, 말씀하셨다시피, 이 지혜는 님 이전에 브라만에게 간 적이 없습니다. 그래서 이 가르침은 온 세상에 오직 크샤트리야만의 것이었답니다."[24]

결국 왕은 크샤트리야 계급만 알고 있었던 가르침을 브라만에게 전한다. 그것은 브라만 계급에 없었던 선진적 지혜, 즉 사문 전통에서 온 가르침이었을 것이다. 브라만이 자존심을 굽히고 하위 계급에게 배움을 청하기란 매우 어렵다. 크샤트리야 출신이라며 붓다를 멸시하는 브라만이 팔리경전 곳곳에 보이는 것만 봐도 알 수 있다. 왕에게 배우는 브라만이 우파니샤드에 제법 등장한다는 사실은 당대의 사상계를 반영한다. 그렇지 않다면, 브라만의 스승이 된 크샤트리아의 이야기가 우파니샤드 곳곳에 남아있을 리가 없다. 무엇보다 사문의 가르침은 현자들이 기꺼이 배우려고 할 만큼 수준 높은 철학이었다. 앞의 이야기에서 왕은 가우타마에게 "(이 가르침을 배우시려면) 오래 머무십시오."[25]라고 권한다.

부패한 브라만교에 반발한 크샤트리아(전사)·바이샤(평민) 계급은 적극적으로 사문의 가르침을 받아들였다. 제사와 공덕을 최고로 여기며, 그보다 더 좋은 것(지혜)은 모르는 자는 멍청이 취급받았다. 현명한 사람은 신이나 사제의 비위를 맞추기보다 자기 자신을 알고자 했다.

제사와 공덕을 최고로 여기며
그보다 더 좋은 것은 모르는 아주 어리석은 자들
그들은 천국 높은 곳에서 선업을 누린 뒤,
이 세상이나 더 낮은 세상으로 들어간다.

고행과 믿음으로 숲에서 살아가며
걸식하는 평온하고 현명한 이들
정화된 그들은 태양의 문[26]을 거쳐 불사인 사람(존재),
불변의 아트만이 있는 곳으로 들어가느니라.[27]

축의 시대[28]에 이르러 인더스와 함께 쇠락했던 사문 전통이 부활했다. 새로운 시대를 고민한 브라만의 철학은 우파니샤드로 정리되었다. 하지만 우파니샤드는 사제계급의 철학에 머물렀다. 불교·자이나교가 일으킨 태풍에 비하면, 우파니샤드가 불러온 것은 산들바람에 지나지 않았다. 더 파괴적인 영향은 몇백 년 뒤 힌두교를 기다려야 했다.

우리가 게임 속 NPC처럼 운명을 벗어나지 못하고 "행복과 고통 속에 정해진 궤도를 도는"[29] 이유를 인도 사상은 업으로 뭉뚱그린다. 윤회의 비밀은 유식불교에 이르러 무의식[30]의 작용으로 정리되었다. 무의식에 설정된 행동 패턴 탓에 인간은 자유롭지 못하다. 의식하지 못한 채 무의식의 패턴을 따라가는 것, 그것이 업이다. 자동차의 자율주행 모드처럼 업은 우리를 몰고 간다. 인지하지 못하는 사이에 삶을 나락에 처박을 수 있는 간편한 기능이랄까.

인도에서뿐만 아니라 인류사 전체에서 종교는 위안과 불신을 오가며 삶의 의미를 저울질해왔다. 종교가 영향력을 잃은 지금, 삶은 의미를 잃고 정처 없이 흔들린다. 도구적 이성의 이름으로 정제된 삶은 흰 설탕과 밀가루만큼 해롭다. 거듭 말하지만, 인간은 객관적 세계 속에 살지 않는다. 삶을 '실현'하려면, '무언가'가 더 필요하다. 자신만의 무언가를 찾지 못하면, 의미를 직조할 만큼 인격이 성숙하지 못한다. 그러면 희열을 끌어내야 할 삶은 산 채로 시든다. 매번 우리는 시들어버린 자리에서 다시 시작해야 한다. 그것이 업(카르마)이다.

제2부

불멸을 향하여

STAGE
04

네 번째 **이야기**

# 닿을 수 없는 실체

옴, 브라흐만을 아는 자는 최고에 도달하느니라.

타이티리야 우파니샤드(2. 1. 1)

## 존재의 근원

존재의 근원을 찾는 노력은 인도에서나 그리스에서나 차이가 없었다. 인도의 성자 겸 철학자들도 물에서, 불에서, 공기에서 만물의 근원을 찾았다. 인간의 사고가 발전할수록 근원에 붙는 관념도 심오해졌다. 상정된 것들 가운데에는 '브라흐만'도 있었다. 다신교로 시작한 『베다』의 종교[1]는 우파니샤드에 이르러 일원론으로 수렴했다. 그 하나의 원인 혹은 실체를 브라흐만이라고 부른다. 유(sat : 존재)와 무(asat : 비존재)의 근원인 브라흐만은 종교적 함의가 적은 제1 원인에 가깝다.

모든 행위를 가진 것, 모든 욕망을 지닌 것, 모든 향기를 가진 것, 모든 맛을 가진 것, 말 없고 관심도 없이 그것은 온 세상에 편재해있노라.[2]

브라흐만은 본디『베다』의 찬가(만트라)를 뜻했다. 후대에 찬가(기도)가 주문처럼 쓰이면서 점차 브라흐만은 주문에 깃든 힘을 암시하게 되었다. 힘을 의미하는 브라흐만이 세계를 형성하는 에너지를 가리키게 된 것도 자연스럽다.『브라흐마 수트라』[3]에서는 브라흐만을 궁극적 실체(=실재)라고 정의한다. 브라흐만을 원인으로 이 세계가 생성되어 존속하다가 소멸한다.

> 그것(브라흐만)으로부터 이 세계의 생성(유지, 소멸) 등이 일어난다.[4]
>
> 그(브라흐만)는 모든 것의 창조자, 모든 것을 아는 자, 스스로 생겨난 자, 아는 자, 시간의 창조자, 물질적 요소[5]에 깃든 자, 모든 지식을 아는 자, 근원 물질과 영혼의 주인, 물질적 요소의 지배자, 윤회가 속박하고 지속하며 윤회로부터 해탈하는 원인이로다.[6]

인간의 5감과 지성으로는 브라흐만이라는 실체를 파악할 수 없다. 이성적으로 세계의 근원을 파악하고자 여성 성자 가르기는 야즈냐발키야 성자에게 묻는다. 오늘날 학생들이 "우주는 무엇으로 이루어져 있나요?"라고 묻는 것과 같다. 야즈냐발키야의 대답 역시 과학 선생님의 것과 닮아있다. 행성들을 담고 있는 행성계, 행성계들을 담고 있는 은하, 은하들을 담고 있는 은하단…… 이런 용어만 2600여 년 전 단어로 바뀌었을 뿐이다.

> "(해와 달과 별의 세상들이 들어있는) 신의 세상들은 어디에 날줄과 씨줄로 엮여 있소?"
>
> "인드라(신들의 왕)의 세상들 속이오, 가르기"
>
> "인드라의 세상들은 어디에 날줄과 씨줄로 엮여 있소?"
>
> "(창조신) 프라자파티의 세상들 속이오, 가르기"

"프라자파티의 세상들은 어디에 날줄과 씨줄로 엮여 있소?"

"(창조신) 브라흐마의 세상들 속이오."

"브라흐마의 세상들은 어디에 날줄과 씨줄로 엮여 있소?"

그(야즈냐발키야)가 말했다.

"가르기, 지나치게 묻지 마시오. 그대의 머리가 떨어지게 하지 마시오. 선을 넘어 물어서는 안 되는 신들에 대해 그대는 과하게 묻는구려. 가르기, 지나치게 묻지 마시오."

그러자 와착누의 딸 가르기는 침묵을 지켰다.[7]


일단 브라흐마와 브라흐만은 다르다. 많은 신 가운데 브라흐마는 일개 창조신[8]이고 브라흐만은 불멸의 실체다. 브라흐만은 신이 아니라 기(氣) 혹은 에너지와 비슷하다. 만물을 이루는 근본으로서의 실체다. 수천 년이 지난 지금도 우주의 근원을 파악하기란 여전히 어렵다. 야즈냐발키야 성자는 이성으로는 브라흐만을 파악할 수 없다는 사실을 머리가 떨어지는 것에 비유한다. 논리 너머에 있는 브라흐만을 머리로 이해할 방법이 없기 때문이다. 인도 전통에서는 말하지 않아야 할 것에 대해 말하지 말라고 경고한다. 하지만 가르기는 포기하지 않고 뒤에 다시 묻는다.


"야즈냐발키야, 소위 하늘 위, 땅 아래, 하늘과 땅 사이, 하늘과 땅, 그리고 과거·현재·미래라고 하는 것은 어디에 날줄과 씨줄로 엮여 있소?"[9]


마침내 성자는 여전히 이해하기 어려운 표현으로, 그물처럼 온 우주를 날줄과 씨줄로 엮고 있는 브라흐만에 대해 슬쩍 말을 흘린다.


"가르기, 브라흐만을 아는 자들은 그것을 불멸이라고 말한다오."[10]

불멸, 정신(mind), 근본(순수) 의식, 진정한 주체…… 브라흐만이 무엇이든 그것에 닿는 것은 불가능하다. 감각기관(눈, 귀 등)으로 인지할 수 없고 언어로 말할 수 없고 마음으로 유추할 수도 없다. 우파니샤드의 철인들은 초월적 실체인 브라흐만을 모른다고 솔직하게 인정한다.

> 눈은 그것(브라흐만)에 닿지 못한다.
> 말도, 마음도 닿지 못하느니라.
> 알지 못하노라, 그것을 어떻게 말해야 할지.
> 우리는 잘 모르노라.[11]

## 보이는 것과 보이지 않는 것

닿을 수 없는 브라흐만이라지만 갈 수 있는 데까지는 가 봐야 한다. 아자타샤트루왕은 가르침을 구하는 브라만 가르기야에게 설명한다. 브라흐만은 보이는 것과 보이지 않는 것으로 나뉜다고.[12]

실로 브라흐만에는 두 가지 모습이 있습니다. 형태가 있는 것(보이는 것)과 형태가 없는 것(보이지 않는 것), 죽는 것과 죽지 않는 것, 멈춰있는 것(제한된 것)과 움직이는 것(제한되지 않은 것), 있는 것(현상적으로 존재하는 것)과 실체(실제로 존재하는 것)지요. 형태가 있는 것(형태가 있는 브라흐만)은 공기나 허공 따위와는 다른 무엇입니다. 이것은 죽고, 이것은 멈춰있으며, 이것은 있지요(현상적으로 존재하지요). 형태가 있고 죽으며, 멈춰있고 있는(존재하는) 이것의 정수는 열을 내는 것(태양)입니다. 있는(존재하는) 것의 정수가 바로 태양이기 때문입니다. 그리고 형태가 없는 것(형태가 없는 브라흐만)은 공기나 허공 같습니다. 이것은 죽지 않고, 이것은 움직이며, 이것은 실체지요. 형태가 없고 죽지 않으며, 움직이고 실체인 이것의 정수는 '둥근 태양 속에 있는 자'[13]입니다. 실체인 이것의 정수가 바로 그(둥근 태양 속에 있는 자)이기 때문입니다.[14]

| 보이는 것(현시된 것) | 보이지 않는 것(현시되지 않은 것) |
|---|---|
| 형태가 있는 것(유한자) | 공기 · 허공처럼 형태 없는 것(무한자) |
| 죽는 것(생명) | 죽지 않는 것(비생명) |
| (육체 등으로) 제한된 것 | 제한되지 않은 것 |
| 현상적으로 존재하는 것 | 실제로 존재하는 것 |
| 태양 에너지로 유지되는 생태계 등 | 핵융합 등 |

현미경이나 망원경이 없었던 시절, 5감을 지닌 인간에게 보이는(관찰되는) 것과 그렇지 않은(관찰 불가능한) 것으로 왕은 브라흐만을 분류한다. 태양에서 에너지를 얻는 지구상 모든 생명은 물질적 몸을 지닌다. 육체에 제한된 삶을 살다가 죽어 스러진다. 반면 태양 속 핵융합이 만들어내는 헬륨과 각종 소립자는 인간의 5감에 포착되지 않기 때문에 공기나 허공 따위와 다를 바 없다. 육체에 갇히지 않고 생명처럼 죽지 않는다.

아자타샤트루왕은 소피스트[15]처럼 인간을 기준으로 우주의 삼라만상을 눈에 보이는 것과 보이지 않는 것으로 구분한다. 이어서 왕은 같은 기준으로 인간의 브라흐만(아트만)을 분류한다. 소우주인 인간은 대우주와 동일하므로 대우주의 실체가 브라흐만이듯이 인간의 실체는 아트만이다. 브라흐만은 아트만과 다르지 않다(梵我一如).

이제 (몸에 있는) 아트만에 대한 것입니다. 형태가 있는 것은 기(氣)[16]나 이 몸속에 있는 공간 따위와는 다른 무엇입니다. 이것은 죽고, 이것은 멈춰있으며, 이것은 있지요(현상적으로 존재하지요). 형태가 있고, 죽으며, 멈춰있고, 있는(존재하는) 이것의 정수는 눈입니다. 있는(존재하는) 것의 정수가 바로 눈이기 때문입니다. 그리고 형태 없는 것은 기와 몸속에 있는 공간입니다. 이것은 죽지 않고, 이것은 움직이며, 이것은 실체지요. 형태가 없고 죽지 않으며, 움직이고 실체인 이것의 정수는 '오른쪽 눈에 있는 자'[17]입니다. 실체인 이것의 정수가 바로 그(오른쪽 눈에 있는 자)이기 때문입니다.[18]

궁극적인 실체를 거시적인 측면에서는 브라흐만이라고 부른다. 미시적인 측면에서는 아트만이라고 한다. 편재하는 에너지를 우주에 있는 것(브라흐만)과 몸속에 있는 것(아트만)으로 나누었을 뿐 둘은 같다. 우주를 이루는 에너지는 체내의 에너지와 다르지 않고, 우주의 정수는 인간의 정수와 다르지 않다. 이것은 생명 활동이 생명 에너지(생기)에서 비롯된다고 주장하는 생기론과 비슷하다. 다만 아자타샤트루왕의 분류는 인간의 '보는 행위'를 기준으로 삼았으므로 인간의 정수가 눈이라고 한다. 눈을 통해 아트만의 에너지가 흘러나온다(오른쪽 눈에 진리가 담겨 있다고 기술하는 『베다』 전통을 따랐기 때문이다). 역시 눈은 마음의 창인가 보다. 실제로 인간의 감각은 눈에 크게 의존한다. 시각·청각·후각·미각·촉각의 감각 정보 가운데 시지각이 뇌의 50% 이상을 차지한다고 한다. 게다가 '보는 것'은 볼거리를 만들어내는 작용이다. 폐쇄된 뇌 속에서 일어나는 인지는 지각과 환각을 구별하지 못한다. 실제로 뭔가가 있는지, 아니면 내 머릿속에만 있는지 영영 모른다는 뜻이다. 우리가 보는 물질세계는 엄밀히 따지면 '정신의 창조'[19]다. 보는 것이 실제로 창조한다. 피아노를 상상으로만 닷새 연습해도 실제로 사흘 연습한 효과가 있다고 한다. 심상을 만드는 시각화를 인도에서 중시하는 이유가 여기에 있다. 인간은 심상을 창조하는 것으로 자기 세계를 창조한다.

그럼에도 불구하고, 인간의 인지 밖에 뭔가는 진짜 있지 않은가. 가시광선 너머를 보는 전자 현미경과 전파 망원경 속 뭔가가 실체의 증거가 아닐까. 우파니샤드 식으로 말하면 뭔가가 바로 브라흐만이다. 보이지 않지만 우주를 떠받치는 실체로서 5감으로는 영원히 닿을 수 없는 초월의 영역에 브라흐만이 있다. 그리고 나라는 소우주 속에도 초월의 영역이 존재한다. 요컨대 초월의 영역은 어디에나 있지만 보이지 않게 접혀있는 차원[20]과 같다.

## 존재·의식으로 드러나는 브라흐만

보이는 것과 보이지 않는 것 모두가 브라흐만이라는 것은 우주 전체가 브라흐만이라는 뜻이다. 성자 야즈냐발키야는 아내 마이트레이에게 말한다. 이 세상 모두가 아트만(브라흐만)이라고.

> "이 브라만(계급), 이 크샤트리아(계급), 이 세상 사람들, 이 신들, 이 뭇 존재, 이 모두가 아트만이오…… 소금 덩어리를 물에 넣으면 물에 녹아드는 것과 같아요. (녹아버린) 소금을 손으로 건질 수는 없지. 하지만 어디를 맛보나 짠맛뿐이오. 바로 이처럼 여보, 이 위대한 원소(지고의 브라흐만)는 끝이 없고 무한하며 의식(앎)으로 가득한 것이지요. (만물은) 이 원소들로부터 생겨나, 원소들 속으로 사라진다오. 이를 떠나 의식할 수는 없어요. 여보, 내가 말하려는 것이 이거요."[21]

온 우주를 지탱하고 있기 때문에 브라흐만은 위대한 원소라고 불린다. 물에 녹아있는 소금처럼 뭇 존재에 편재하는 실체 그 자체다. 근대 과학자 존 돌턴(John Dalton)은 우주를 이루는 기본 단위로서 원자(原子, atom)를 상정했다. 하지만 원자는 물질의 최소 단위가 아니다. 원자를 이루는 소립자가 무엇으로 이루어져 있는지 아직까지 확신할 수 없다(분명한 것은 서로의 얽힘이 곧 존재라는 사실이다). 과학이 아직 밝혀내지 못한, 물질의 토대인 양자장이라고 브라흐만을 이해하면 쉽다. 현상이라는 거시세계 밑에 소립자들의 춤이라는 미시세계가 있다. 그 춤이 펼쳐지는 무대가 바로 브라흐만이다.

이제 사티야카마에게 돌아가 보자. 소 떼와 함께 광야로 나간 소년이 과연 누구를 만났는지. 목동은 자연 속에서 배운다. 일체가 모두 참나이자 브라흐만이기 때문이다. 어디에서나 보이는 소·불·새의 모습 속에서 소년은 브라흐만을 본다.

사티야카마는 (스승의 소가) 천 마리에 이를 때까지 여러 해 동안 (홀로) 멀리 살았다. 그때 황소가 그에게 이렇게 말했다.

"사티야카마!"

(사티야카마는) "존귀하신 분이시여!"라고 대답했다.

"얘야, 우리가 천이 되었단다. 스승의 집으로 우리를 데려가거라.[22] 브라흐만의 다리(일부)에 대해 네게 말해주리라."

"제게 말씀해주소서, 존귀한 분이시여."

(황소가 사티야카마에게) 말했다.

"동방이 한 부분, 서방이 한 부분, 남방이 한 부분, 그리고 북방이 한 부분이란다. 얘야, 이 네 부분이 브라흐만의 한 다리로서 '빛을 지닌 것'이라고 이름하느니라. 이와 같이 네 부분을 브라흐만의 다리라고 알고 '빛을 지닌 것'이라고 명상하는 자는 이 세상에서 빛을 지닌 자가 된다. 이와 같이 네 부분을 브라흐만의 다리라고 알고 '빛을 지닌 것'이라고 명상하는 자는 빛나는 세상들을 얻는다."[23]

"불이 네게 (브라흐만의 두 번째) 다리에 대해 말해줄 것이다."(라고 황소가 말했다.)

그리하여 사티야카마는 다음날 소들을 몰고 (스승의 집으로) 떠났다. 저녁이 되자 그는 (도달한) 그곳에 불을 피웠다. 소들을 모아놓고 장작을 (불에) 넣은 다음 그는 얼굴을 동쪽으로 향한 채 불의 서쪽에 다가가 앉았다. 불이 그에게 말했다.

"사티야카마!"

"제게 말씀해주소서, 존귀한 분이시여."

(불이 사티야카마에게) 말했다.

"대지가 한 부분, 허공이 한 부분, 하늘이 한 부분, 그리고 바다가 한 부분이란다. 얘야, 이 네 부분이 브라흐만의 한 다리로서 '영원을 지닌 것'이라고 이름하느니라. 이와 같이 네 부분을 브라흐만의 다리라고 알고 '영원을 지닌 것'이라고 명상하는 자는 이 세상에서 영원을 지닌 자가 된다. 이와 같이 네 부분을 브라흐만의 다리라고 알고 '영원을 지닌 것'이라고 명상하는 자는 빛나는 세상들을 얻는다."

"백조가 네게 (브라흐만의 세 번째) 다리에 대해 말해줄 것이다."(라고 불이 말했다.)

그리하여 사티야카마는 다음날 소들을 몰고 (스승의 집으로) 떠났다. 저녁이 되자 그는 (도달한) 그곳에 불을 피웠다. 소들을 모아놓고 장작을 (불에) 넣은 다음 그는 얼굴을 동쪽으로 향한 채 불의 서쪽에 다가가 앉았다.

백조가 날아와 앉아 그에게 말했다.

"사티야카마!"

"제게 말씀해주소서, 존귀한 분이시여."

(백조가 사티야카마에게) 말했다.

"불이 한 부분, 태양이 한 부분, 달이 한 부분, 그리고 번개가 한 부분이란다. 얘야, 이 네 부분이 브라흐만의 한 다리로서 '밝음을 지닌 것'이라고 이름하느니라. 이와 같이 네 부분을 브라흐만의 다리라고 알고 '밝음을 지닌 것'이라고 명상하는 자는 이 세상에서 밝음을 지닌 자가 된다. 이와 같이 네 부분을 브라흐만의 다리라고 알고 '밝음을 지닌 것'이라고 명상하는 자는 밝은 세상들을 얻는다."

"가마우지가 네게 (브라흐만의 네 번째) 다리에 대해 말해줄 것이다."(라고 백조가 말했다.)

그리하여 사티야카마는 다음날 소들을 몰고 (스승의 집으로) 떠났다. 저녁이 되자 그는 (도달한) 그곳에 불을 피웠다. 소들을 모아놓고 장작을 (불에) 넣은 다음 그는 얼굴을 동쪽으로 향한 채 불의 서쪽에 다가가 앉았다. 가마우지가 날아와 앉아 그에게 말했다.

"사티야카마!"

"제게 말씀해주소서, 존귀한 분이시여."

(가마우지가 사티야카마에게) 말했다.

"숨이 한 부분, 눈이 한 부분, 귀가 한 부분, 그리고 마음이 한 부분이란다. 얘야, 이 네 부분이 브라흐만의 한 다리로서 '자리[24]를 지닌 것'이라고 이름하느니라. 이와 같이 네 부분을 브라흐만의 다리라고 알고 '자리를 지닌 것'이라고 명상하는 자는, 이 세상에서 자리를 지닌 자가 된다. 이와 같이 네 부분을 브라흐만의 다리라고 알고 '자리를 지닌 것'이라고 명상하는 자는 빛나는 세상들을 얻는다. 그리하여 사티야카마는 스승의 집으로 돌아왔다. 스승이 그에게 말했다.

"사티야카마!"

"존귀한 분이시여!"라고 (그는) 대답했다.

"브라흐만을 아는 사람처럼 빛나는구나, 얘야.[25] 누가 네게 가르침을 주었느냐?"

"사람이 아닌 이들입니다."라고 제자가 알렸다.

"하오나 존귀하신 분께서 저를 가르쳐주시기를 바라나이다. 존귀한 분(스승)과 같은 분들께 제가 듣기로 스승께 배운 지식만이 최고의 성취를 얻게 한다고 하더이다."

그리하여 (스승은) 그에게 바로 이것(지혜)을 말해주었다. 여기에는 조금도 모자람이 없었다.[26] 모자람이 없었도다.[27]


제물을 바치는 불(제화)은 불의 신 아그니다. 신과 인간을 매개하는, 신들의 사제다. 인도에서 황소는 신성한 존재다. 창조신 브라흐마가 타고 다닌다는 백조(흰 인도기러기 혹은 플라맹고)는 천상과 지상을 잇는 지혜를 표상한다. 물새인 가마우지 역시 물(내면)과 뭍(외면)을 연결하는 중재자다. 모두 자연의 신성을 상징한다. 사실 경건한 마음으로 바라보면, 세상에 신성하지 않은 것이 없다. 만물을 신성하게 대한 목동은 귀중한 가르침을 얻는다.

네 동물의 가르침이 황소의 네 다리에 비유된다. 인도에서는 성스러운 황소의 다리 숫자에 지식이나 시간의 양을 빗댄다. 다리 하나가 전체의 4분의 1이다.

### 실체(sat[28])

불이 소년에게 내린 가르침은 바다나 대지처럼 브라흐만이 영원하다는 것이다. 동해물과 백두산이 마르고 닳도록 실체인 브라흐만은 영원하다. 또한 황소가 말하듯이 브라흐만은 동서남북 사방에 편재한다. 사방이 다 브라흐만이다. 양자역학에서 말하는 쿼크나 초끈[29]처럼 브라흐만은 모든 현상(상호작용)의 기본 단위이자, 현상이 일어나는 무대라고 할 수 있다.

### 의식(cit)

브라흐만이 빛을 지니고 있다고 황소는 말한다. 사방을 인식하는 의식으로서의 브라흐만은 흔히 빛에 비유된다. 백조가 말하듯이 빛은 사방을 밝힌다. 브라흐만은 해·달처럼 대상을 비추어 드러내는 밝음이다. 그래서 대상을 인식하는(앎을 가져오는) 의식이라고 브라흐만을 정의하곤 한다. 그러나 브라흐만이 곧 의식은 아니며, 대상을 분류하는 지성도 아니다. 브라흐만은 의식을 가능하게 하는 근본 의식이다. 존재(앎)를 드러내는 에너지가 브라흐만이다.

## 아트만(ātman)

가마우지는 인체 속 물질대사(숨)와 감각(눈, 귀)·심리(마음) 작용 역시 브라흐만에 토대를 둔다고 말한다. 브라흐만이 개별 의식으로서 인간 안에 자리할 때는 5감과 그것을 인지하는 마음(의근)의 작용으로 나타난다. 개별적인 것이든 우주적인 것이든 의식은 브라흐만의 양태다. 이는 마치 전자가 냉장고 속을 흐르든 우주 속을 흐르든 전기인 것과 마찬가지로(물론 전압은 다르지만), 의식이 개별적이면 아트만, 우주적이면 브라흐만이라고 부를 뿐이다. 물론 인간 각자가 지닌 개별 의식이 곧 브라흐만은 아니다. 개별 의식은 냉장고 속 램프에 지나지 않는다. 전원인 아트만이 없으면 기능하지 못한다.

자연에서 배운 사티야카마는 브라흐만(진리)의 희열로 빛난다. 브라흐만을 표현하는 관용구는 실체·의식·희열이다. 브라흐만을 실체·의식으로서 경험하면 희열이 된다. 이미 희열을 얻은 소년에게 또 무슨 가르침이 필요할까? 필요하다. 소년은 성숙의 길만 따랐기 때문이다. 그것은 삶에서 '자연히' 얻게 되는 지혜다. 지혜가 질적으로 승화하려면 도약의 길을 따라야 한다. 삶을 초월하는 깨달음의 길을 알아야 도약할 수 있다. 스승만이 알려줄 수 있는 길이다.

## 브라흐만의 현현

장구한 우주의 시간에 비하면 인간처럼 유한한 존재가 머무는 시간은 찰나에 지나지 않는다. '있다'라고 할 수도 없을 만큼 존재는 순간순간 모습을 바꾸며 잠시 머물 뿐이다. 지금 이 순간에도 우리 몸속의 세포는 쉴 새 없이 새것으로 교체된다. 존재는 현상에 불과하다. 우파니샤드는 그 현상의 근저[30]에 브라흐만이 있다고 선언한다. 브라흐만이야말로 영원히 불변하는 불멸의 실체라고 물의 신이자 도덕의 신인 바루나는 "모든 존재는 브라흐만으로부터 생겨나서 브라흐만에 의지하여 살아가다가 브라흐만으로 돌아간다."라고 말한다.

바루나의 아들 브리구는 아버지 바루나에게 갔다.

"존귀하신 분이여, 브라흐만에 대해 알려주십시오."

그러자 아들에게 (바루나가) 이렇게 말했다.

"음식, 기(氣), 눈·귀, 마음, 언어다."

(그는) 아들에게 자세히 말했다.

"그것으로부터 이 (모든) 존재들이 생겨나고 그것에 의해 생겨나 살아가다가, 떠날 때(죽을 때) 그것에 들어가 하나가 된다. 그것을 깨우쳐라. 그것이 브라흐만이니라."

그러자 아들은 고행을 했다. 고행을 하고 나서 그는 음식(물질)이 브라흐만이라고 알았다. 왜냐하면 바로 음식으로부터 실로 이 (모든) 존재들이 생겨나기 때문이다. (또한) 생겨난 것들은 음식에 의해 살아간다. (그리고) 떠날 때(죽을 때) 음식에 들어가 하나가 된다(물질로 돌아간다). 그것을 알고 나서 그는 다시 아버지 바루나에게 갔다.

"존귀하신 분이여, 브라흐만에 대해 알려주십시오."

그러자 아들에게 (바루나가) 말했다.

"고행을 통해 브라흐만에 대해 깨우쳐라. 고행이 브라흐만이니라."

그러자 아들은 고행을 했다. 고행을 하고 나서 그는 기(숨, 생명력)가 브라흐만이라고 알았다. 왜냐하면 바로 기로부터 실로 이 (모든) 존재들이 생겨나기 때문이다. (또한) 생겨난 것들은 기에 의해 살아간다. (그리고) 떠날 때(죽을 때) 기에 들어가 하나가 된다. 그것을 알고 나서 그는 다시 아버지 바루나에게 갔다.

"존귀하신 분이여, 브라흐만에 대해 알려주십시오."

그러자 아들에게 (바루나가) 말했다.

"고행을 통해 브라흐만에 대해 깨우쳐라. 고행이 브라흐만이니라."

그러자 아들은 고행을 했다. 고행을 하고 나서 그는 마음이 브라흐만이라고 알았다. 왜냐하면 바로 마음으로부터 실로 이 (모든) 존재들이 생겨나기 때문이다. (또한) 생겨난 것들은 마음에 의해 살아간다. (그리고) 떠날 때(죽을 때) 마음에 들어가 하나가 된다. 그것을 알고 나서 그는 다시 아버지 바루나에게 갔다.

"존귀하신 분이여, 브라흐만에 대해 알려주십시오."

그러자 아들에게 (바루나가) 말했다.

"고행을 통해 브라흐만에 대해 깨우쳐라. 고행이 브라흐만이니라."

그러자 아들은 고행을 했다. 고행을 하고 나서 그는 지성이 브라흐만이라고 알았다. 왜냐하면 바로 지성으로부터 실로 이 (모든) 존재들이 생겨나기 때문이다. (또한) 생겨난 것들은 지성에 의해 살아간다. (그리고) 떠날 때(죽을 때) 지성에 들어가 하나가 된다. 그것을 알고 나서 그는 다시 아버지 바루나에게 갔다.

"존귀하신 분이여, 브라흐만에 대해 알려주십시오."

그러자 아들에게 (바루나가) 말했다.

"고행을 통해 브라흐만에 대해 깨우쳐라. 고행이 브라흐만이니라."

그러자 아들은 고행을 했다. 고행을 하고 나서 그는 희열이 브라흐만이라고 알았다. 왜냐하면 바로 희열로부터 실로 이 (모든) 존재들이 생겨나기 때문이다. (또한) 생겨난 것들은 희열에 의해 살아간다. (그리고) 떠날 때(죽을 때) 희열에 들어가 하나가 된다.

브리구와 바루나의 지혜가 지고의 하늘에 자리잡고 있나니. 이와 같이 아는 이는 굳건하게 (지고의 하늘에) 자리 잡는다. 그는 음식을 소유하고 음식을 먹는 자가 된다. 자손, 가축, 브라흐만의 광휘와 더불어 그는 위대해지리라. 명성으로 위대해지리라.[31]

브라흐만의 여러 양태(음식, 기, 눈·귀, 마음, 언어)를 신이 아들 앞에 늘어놓는다. 마치 돌잡이를 지켜보는 아버지 같다. 인간은 제 손에 잡은 개념만큼만 세상을 이해한다. 아들은 진리를 알기 위해 숙고하며 노력한다. 이것이 고행이다. 화두를 드는 것과 같다.

처음에 아들은 물질(음식)을 브라흐만(실체)이라고 생각했다. 자신을 둘러싼 물질세계가 실체라고, 진짜라고 여겼다. 물질로 이루어진 몸으로 태어나 물질을 먹고 마시다가 죽으면 물질로 흩어지는 삶을 사는 생명에게 브라흐만은 곧 물질일 수밖에 없다.

물질세계에 대해 확신을 얻은 뒤 아들은 다시 아버지에게 기(氣)가 실체라는 가르침을 받는다. 물질만으로 생명 현상을 설명하자니 뭔가 부족했기 때문이다. 생기론자는 산 자와 시체 사이에 뭔가 결정적인 차이가 있고, 그것이 바로 기(vital force)라고 믿었다. 마찬가지로 아들도 물질에는 생명의 정수가 없다고, 기야말로 물질을 움직이는 에너지(운동성)라고 생각했다.[32] 나의 실체인 아트만이 우주의 실체인 브라흐만이기도 한 이유는 우리 몸을 움직이는 기가 우주를 움직이는 기와 다르지 않기 때문이다. 그렇다고 아트만과 브라흐만이 동일하지는 않다. 항아리 속 물과 대양의 물이 양으로 보나 질로 보나 같을 수는 없지 않은가. 하지만 둘 다 물이다. 범아일여(梵我一如), 아트만과 브라흐만은 다르지 않다(不二).

아들은 여전히 만족하지 못했다. 우주는 기로 움직인다지만 사람은 기를 담은 풍선이 아니지 않은가. 소리·냄새 등을 지각하는 감각(눈·귀 등)과 의식으로서의 마음(의근 : manas)이 해답으로 제시된다. 몸을 움직이기만 하는 기보다는 환경을 인지하고 환경에 호응하는 의식이 고등 생물의 특징 아닐까? 여전히 의식도 만족스럽지 않았다. 인간은 의식을 지닌 원숭이가 아니다. '호모 사피엔스(Homo sapiens)'로 스스로를 정의하듯이, 지성(vijñāna)만이 자신을 특징짓는다고 인간은 생각한다. 지성이 재구성한 세계가 바로 언어로 이루어진 상징계다. 『의지와 표상으로서의 세계*Die Welt als Wille und Vorstellung*』에서 아르투르 쇼펜하우어(Arthur Schopenhauer)가 선언하듯이, 우리가 경험하는 세계는 의식 속에 나타나는 표상에 불과하다. 물자체(브라흐만)는 인간의 인식 밖에 있으며, 우리는 경험하는 현상을 언어로써 포획할 뿐이다.

인도의 신비주의는 여기에서 멈추지 않는다. 지성은 여전히 나(주체)와 내가 아닌 것(대상)을 나누기 때문에 이원성을 극복하지 못한다(인도에서 주관과 객관의 이원성은 불완전함의 증표다). 지성을 초월한 직관만이 실상(브라흐만)을 보는 유일한 방법이다. 아는 자와 알려지는 것이 하나된 희열(ānanda)이 바로 브라흐만의 표현이다.


## 영원의 보리수

거미가 (자신이 지어낸) 거미줄을 따라 움직이고 불에서 불티들이 피어나오듯이 온 세계들이, 온 신들이 아트만(=브라흐만)으로부터 퍼져나옵니다. 이 비밀스러운 가르침(우파니샤드)은 진리 중의 진리(궁극적 진리)지요. 실로 기(氣)야말로 진리이며 이것(기)의 진리가 바로 그것(브라흐만)입니다.[33]


"마치 수레바퀴의 통과 바퀴 테에 바큇살이 모두 연결되듯이",[34] 온 존재의 주(主)인 브라흐만은 존재를 죄다 연결한다. 우주의 토대인 브라흐만이 그물처럼 온 존재를 엮고 있는 모습은 세계수로도 표상된다. 우파니샤드의 세계수는 특이하게도 거꾸로 서 있다. 뭇 존재가 뿌리내린 브라흐만은 신성하므로 신성함을 상징하는 천상에 있어야 하기 때문이다.

> 뿌리를 위로, 가지를 아래로 뻗은 이 영원의 보리수[35]
> 그것이 바로 빛나는 것, 그것이 브라흐만
> 그것이 진정 불멸이라고 하나니.
> 온 세상이 그것에 의지하고
> 그 무엇도 그것을 벗어날 수 없도다.
> 이것이 진정 그것이니라.[36]

뿌리에서 줄기가 나오고 줄기에서 가지가, 가지에서 잎이 돋는다. 나무로 상징되는 세계는 브라흐만으로부터 받은 빛(의식)의 양에 따라 존재에 서열이 있음을 암시한다. 우주의 모든 것은 브라흐만의 빛을 정도껏 나누어 받은 차별적인 존재다.[37] 브라흐만의 하강 깊이에 따라 존재는 높거나 낮다. 무생물에서 인간에 이르기까지, 심지어 인간 사이에도 등급이 있다. 우파니샤드에서는 존재에 차별이 있다고 인정한다.

## 모든 것에 깃든 신성

> 마치 잘 지펴진 불에서
> 같은 모양의 불꽃 수천이 생겨나듯이
> 친애하는 이여, 불멸(브라흐만)에게서
> 다양한 존재가 생겨나
> 바로 그것(브라흐만)으로 돌아갑니다.[38]

불에서 불꽃이 생기듯이 브라흐만에서 만물이 생겨났다고 우파니샤드는 노래한다. 그래서 우파니샤드 철학은 신(브라흐만)을 세계 전체와 동일시한다고(범신론으로) 오해받곤 한다. 하지만 브라흐만과 우주는 같지 않다. 세계가 브라흐만에 속할 뿐 브라흐만은 세계에 속하지 않는다. 우주는 전체가 아니다. 브라흐만은 우주에 내재하면서도 우주를 초월한다. 『리그 베다』에서도 세상 만물이 신성한 거인(푸루샤)의 4분의 1에 지나지 않는다고 못박는다. 4분의 3은 불멸의 것(초월의 영역)이다.

천 개의 머리, 천 개의 눈, 천 개의 발을 지닌 푸루샤
그는 온 사방의 대지를 덮고 그 너머로 열 손가락을 뻗고 있나니.
푸루샤는 진정 이 모든 것이며, 존재해왔고 존재하는 모든 것이라.
불멸의 지배자인 그는 음식으로 더 크게 자라도다.
그의 위대함이 이와 같으나, 이보다 더 위대한 것이 푸루샤니.
그의 4분의 1이 모든 피조물이며, 4분의 3이 하늘에 있는 불멸의 것이로다.[39]

브라흐만은 온 존재의 근원이자 우주 그 자체지만, 모든 것을 초월한 절대적 실체이기도 하다. 이런 입장을 범재신론(만유재신론)으로 분류한다. 하지만 우파니샤드는 이신론·범신론을 비롯한 온갖 이론에 포섭되지 않는다.

그것(브라흐만)은 움직인다. 그것은 움직이지 않는다.
그것은 멀리 있다. 그것은 가까이에 있다.
그것은 모든 것의 안에 있다. 그것은 또한 모든 것의 밖에 있다.[40]

## 낮은 브라흐만과 높은 브라흐만

인도에서는 낮은 지식과 높은 지식을 구분한다. 배울 수 있는 것은 무엇이든 낮은 지식이다. 체현한 지식, 자기 자신(아트만)에 대한 지식만이 높은 지식이다. 중관 학파에서는 궁극적 진리(眞諦)와 일상적 세계 속에서 인식되는 세속적 지식(俗諦)을 구별한다.

> 브라흐만을 아는 이들이 말하기를, 두 종류 - 높은 것과 낮은 것 - 의 지식을 알아야 한다고 합니다.[41]

마찬가지로 브라흐만은 속성이 있는 것과 없는 것, 두 가지로 나뉜다.[42] 인간의 5감과 지성 너머 인식할 수 없는 '그것'은 속성이 없는 브라흐만이다. 인식할 수 없기 때문에 그저 '그것(tat)'이라고 불린다. 초월의 영역에 있는 일자(一者)다. 형태와 속성을 부여할 수 없는 무한한 순수 브라흐만이 전체성으로 모습을 드러내면 바로 신(이슈와라), 속성이 있는 브라흐만이 된다. 성자이자 철학자인 샹카라는 현상 세계 너머의 그것(비인격적 절대자)을 무속성 브라흐만으로, 현상 세계를 주관하는 인격신을 유속성 브라흐만으로 간주한다.

궁극의 실체(무속성)인 브라흐만은 파악할 수 없기 때문에, 파악할 수 있는(유속성) 수준으로 끌어내린 것이 신이다. 상징의 세계가 실재의 세계를 표상하듯이 신은 닿을 수 없는 브라흐만을 상징한다. 무속성 브라흐만이라는 실체가 드리운 그림자가 신이다.

# 본질은 없다

"이와 같이 나는 들었다(如是我聞)." 빛 혹은 전자는 때로 입자처럼 행동하거나 때로 파동처럼 행동하는 것이 아니라, 입자이면서 동시에 파동이라고 경우에 따라 아이처럼 천진하게 혹은 노인처럼 현명하게 행동한다는 의미가 아니다. 제 나이라는 기본값은 처음부터 없었다는 말이다.

초기불교에 따르면 플라톤 이전부터 서양 철학자들이 애타게 매달려온 '본질' 따위는 없다. 존재마다 불변하는 특성 역시 없다. 인간에게 고유한 본성 따위는 없다. 브라흐만(실체)은 에너지(운동성), 즉 현상 그 자체다.

"밀레투스(Miletus)의 탈레스(Thales)로부터 시작해서 카를 마르크스(Karl Marx)와 스티븐 호킹(Stephen William Hawking)에 이르기까지"[43] 서구는 3000년 넘게 본질(실체)을 밝히는 데 매달렸다. 본질을 향한 끈질긴 탐구를 생각할 때마다, 인도-유럽인이 유별나게 본질에 집착한다는 편견이 든다. 유럽의 본질주의는 20세기 후기 구조주의에 이르러 해체된다. 하지만 인도에서는 불교가 사라진 이래 본질(브라흐만)에 대한 종교적 추구가 갈수록 깊어졌다. 한편 관계성을 중시하는 중국에서는 기(氣)·도(道)를 본질로 상정했지만, 두 개념은 고정할 수 없는 유동적 본질을 가리킨다. 동양과 서양을 가르는 기준은 지리적 위치가 아니라, 불변하는 절대적 실체에 대한 믿음인지도 모른다.

불교와 힌두교는 본질을 두고 대립한다. 본질이 없다는 무아설과 본질이 영원 불변하다는 유아설은 영원히 화합할 수 없는 것처럼 보인다. 실제로 불교와 힌두교는 불교가 인도 땅에서 사라지는 날까지 대립했다. 대승불교가 본질에 대한 견해를 일부나마 수용한 것은 역설적이라고 할 수밖에 없다.[44] 무아론자는 두 번 다시 같은 물에 발 담글 수 없다며 강에 이름 붙이기를 거부했다. 유아론자는 물의 흐름 자체를 본질로 보아 강에 브라흐만이라는 이름을 붙였다.

　세계의 본질이 무엇인지는 나날의 삶과 상관없을 수도 있다. 하지만 내 본질은 어떨까? 인도에서는 '나는 누구인가?'라는 질문이 중요한 명상 주제다. 정신 현상의 배후에 있는 무언가를 찾으려는 노력이다(오늘날 이 노력은 의식의 실체를 밝혀내려는 인지과학자에게 이어졌다). 내 본질이 무엇이냐는 내 심리적 토대를 형성한다. '나(본질)'가 몸에 불과하다고 믿는다면, 늙어가며 나는 점차 쇠퇴할 것이다. '나'가 지성이라고 믿는다면, 판단력과 기억력이 떨어질 때마다 나는 점차 소멸해갈 것이다. '나'가 희열이라고 믿는다면, 존재하는 매 순간 기쁨을 누릴 것이다. "일체유심조(一切唯心造)" 아닌가.

STAGE
05

다섯 번째 **이야기**

# 진리에 다가가는 법

## 세 가지 접근

브라흐만을 기(氣) 혹은 의식이나 지성이라고만 여기면 브라흐만의 몸인 우주, 영혼인 세계혼, 의식인 신, 특징인 희열을 다 아우를 수 없다. 인간의 이해 밖에 있는 브라흐만을 설명하는 것 자체가 브라흐만을 제한하는 일이다. 도덕경에서 "도가도비상도(道可道非常道 : 道라고 이름하면 그 道는 진짜 道가 아니다)"라고 말하는 데에는 이유가 있다.

말로 표현할 수 없는 그것,
(하지만) 그것 덕분에 말이 표현되는 것
그것이 바로 브라흐만이라고 너는 알아야 한다.
(사람들이) 숭배하는 이것(우상)이 아니니라.[1]

브라흐만(진리)에 대해 말할 수 없다고 인도 철학자들이 손 놓고 있었던 것은 아니다. 브라흐만까지의 거리를 이성으로 좁혀놓아야 동떨어진 진리에 실망해서 발 돌리는 일이 없을 테니까. 모나리자가 보이는 곳까지는 가야 그 작품에 매혹당하지 않겠는가.

브라흐만에 다가가는 방법은 크게 세 가지다.

## 긍정

설명하기 어려운 것을 긍정문으로 표현하면, 그 설명은 두리뭉실할 수밖에 없다. 가스로 이루어진 목성에 생물이 있다면, 해파리 비슷할 것이라고 상상할 수는 있다.[2] 하지만 그게 어떤 모습일지 구체적으로 떠올리기는 어렵다. 브라흐만처럼 모호한 개념은 긍정 표현 자체가 힘들다. 그 어려운 일을 해낸 인도 경전을 들춰보자.

"브라흐만은 실체이자, 지식이자, 무한이니라."[3]

브라흐만은 실체이자 앎이다. 그것은 영원하며 헤아릴 수 없다. 이렇게 긍정으로 브라흐만을 표현하면 그 표현은 근사치에 머문다. 지식이자 무한이라고 브라흐만을 설명하지만, 지식이나 무한함이 곧 브라흐만은 아니다. 긍정의 방법은 유추에 가깝다. 부분으로 전체를 설명하는 상징적이고 제한적인 방법이다.[4] 긍정의 방법보다 부정의 방법이 더 정확한 이유는 그 때문이다.

## 부정

감을 잡는 데는 부정만 한 것이 없다. 부정의 방법은 스무고개와 비슷하다. 주로 문답의 형태로 쓰인다. 예를 들어, 제자가 스승에게 질문을 던지는 식이다.

"오리너구리가 무엇입니까? 오리처럼 생겼습니까?"
"아니다."
"그럼, 너구리처럼 생겼습니까?"
"아니다."

오리도 아니고 너구리도 아닌 것이 오리너구리, 즉 브라흐만이다. 오리너구리는 너구리 몸에 오리 부리를 가진 동물이라고 설명할 수 있지만, 브라흐만은 그럴 수 없다. 그래서 '(오리도) 아니다, (너구리도) 아니다'라고 부정한다. 브라흐만으로 혼동하기 쉬운 것을 하나하나 제거해나가는 방법이다.[5] 긍정만으로는 적확하게 표현할 수 없는 실체에 부정은 더 가까이 다가간다. 특히 부정의 방법은 이것도 아니고 저것도 아니라며 추론을 쳐낸다. 논리적 접근을 차단하기 때문에 신비주의와 깊은 관련이 있다. 이성의 추구를 넘어 직관으로 도약해야 하는 길 위에서 부정은 뚝 끊긴 절벽처럼 좌절을 안겨준다. 생각을 멈추고 뛰어내려야 건너편에 도달할 수 있다. 진리는 언어의 저편에 있다.

그것(브라흐만)에 이르지 못하고
언어는 마음과 함께 돌아가네[6]

## 방법론

진리에 대해 긍정하거나 부정하기보다는 그곳에 도달하는 지도를 보여주는 것이 방법론적 접근이다. 요리책은 정확한 조리법을 순서대로 기술하지만, 완성된 요리의 맛을 설명하는 데는 관심이 없다. 맛을 완벽하게 구현하는 데 집중할 따름이다. 요가(명상)는 이런 기법의 총합이다. 이러저러한 방법으로 브라흐만과 합일할 수 있다고 가르친다. 제자들을 해탈로 이끌기 위해 붓다도 수행이라는 방법론에 의지했다. 요리의 맛을 어떻게 표현하든 그저 말일 뿐이지 않은가. 요리를 제대로 완성하는 것이 중요하다.


## 부정의 가르침 : 아니야, 아니야!

우파니샤드가 브라흐만을 설명하기 위해 쓰는 부정의 방법은 '네티 네티(neti neti)'[7]―(이것도) 아니고, (저것도) 아니다― 이다. "지성에 의거한 어떤 정의에 대해서라도 우리는 다만 '그것은 이것이 아니다', '그것은 이것이 아니다'라고 대답할 수밖에 없다."[8] 아자타샤트루왕은 긴 대론 끝에 브라만 가르기야에게 말한다.

> "이제 '아니다, 그게 아니다(네티 네티)'라는 가르침입니다. '아니다, (브라흐만은) 그게 아니다'보다 더 뛰어난 것은 없지요. '실체 중의 실체'[9]가 그것(브라흐만)의 이름입니다. 기(氣)가 실체이고, 브라흐만이 기의 실체지요."[10]

왕은 네티 네티의 가르침보다 더 뛰어난 것이 없다고 말한다. 긍정명제로는 브라흐만을 확정할 수 없어서 부정명제를 사용한다.[11] 실체는 파악할 수 없다고 알려주는 셈이다. 성자 야즈냐발키야는 밝힌다. "이 아트만은 이것도 아니고, 저것도 아니오. 파악될 수 없기에 파악할 수 없소."라고

## 단계적 가르침 : 그것 말고 그 옆의 것

'아룬다티 보여주기'는 알기 어려운 것을 단계적으로 알려주는 방법이다. 결혼식을 주관하는 힌두 사제는 신부에게 아룬다티의 별을 알려준다. 정절 굳은 여인(바쉬슈타 성자의 아내 아룬다티)의 별을 가리키면서 남편에게 헌신할 것을 신부에게 맹세하도록 한다. 그런데 북두칠성 사이에 자리한 이 별은 무척 희미하다. 사제는 우선 아룬다티 근처에 있는 밝은 별을 가리켜 보인다. 신부가 그 별을 찾았다고 하면 그 근처에 있는 더 희미한 별을 가리킨다. 신부가 두 번째 별을 찾으면 사제는 다시 그 옆에 있는 별이 아룬다티라고 알려준다. 신부가 마침내 진짜 아룬다티를 찾을 때까지 이 과정은 반복된다. 신부야 짜증 나겠지만, 처음부터 별을 알아볼 방법은 없다. 계속 '아니다'를 거듭한다는 면에서 네티 네티와 비슷하다.

네티 네티와 아룬다티 보여주기 모두 단계적 접근이기 때문에 두 방법의 가르침은 따라가기 쉽다. 문사수(聞思修), 즉 듣고 생각하고 수행하는 동양의 공부법 가운데, 네티 네티와 아룬다티 보여주기는 스승의 가르침을 듣는 단계에 속한다. 선각자가 남긴 사유의 무늬를 고스란히 자신에게 새길 수 있는 방법이다. 단계적으로 생각을 쌓아 올리려면, 들은 블록이 많아야 한다.

아룬다티 보여주기는 '가시를 뽑기 위한 가시'라는 이름으로도 불린다. 진실에 다가서기 위해 거짓을 도구로 쓰기 때문이다. 우파니샤드의 스승들

은 이 방법을 즐겨 썼다. 앞서 물의 신 바루나가 아들 브리구를 가르칠 때도 이 방법을 따랐다. 이제 조물주(인도에서는 일개 신이다)가 제자를 가르친 방법을 살펴보자.

(조물주) 프라자파티가 이렇게 말했다.

"아트만, 죄가 사라진 것, 늙음이 없는 것, 죽음이 없는 것, 슬픔이 없는 것, 배고 픔이 없는 것, 목마름이 사라진 것, 진실한 욕망·진실한 의도를 지닌 것, 그것을 궁구해야 하고, 알고자 해야 한다. 이 아트만을 찾아내어 알게 된 자는 온 세상과 온 욕망을 얻느니라."

신족과 아수라족 모두 이를 전해 들었다. 그들은 말했다.

"아하! 아트만을 알면 세상 전체와 욕망을 전부 얻는다고 하니, 그 아트만을 우 리가 알아내자!"

그리하여 신들 가운데 인드라가, 아수라들 가운데 비로차나가 나섰다. 말을 나 누지도 않은 채, 둘은 손에 장작[12]을 들고 프라자파티 앞으로 나아갔다. 32년 동 안 둘은 학생으로 살았다.[13] 그러자 그 둘에게 프라자파티가 물었다.

"무엇을 바라고 (학생으로) 살고 있느냐?"

둘은 말했다.

"존귀한 분(프라자파티)께서는, '아트만, 죄가 사라진 것, 늙음이 없는 것, 죽음 이 없는 것, 슬픔이 없는 것, 배고픔이 없는 것, 목마름이 사라진 것, 진실한 욕망 ·진실한 의도를 지닌 것, 그것을 궁구해야 하고, 알고자 해야 한다. 이 아트만을 찾아내어 알게 된 자는 온 세상과 온 욕망을 얻는다'라고 말씀하셨다고 알고 있 습니다. 그것을 (알기) 바라고 머물고 있나이다."[14]

아트만을 알면 세상을 뜻대로 할 수 있다고 조물주가 선언하자, 아트만을 알아내기 위해 인드라와 비로차나가 파견된다(인드라는 신들의 왕이고, 비 로차나는 아수라들의 왕이다). 신족과 아수라족은 아버지가 같고 어머니들도 자매 사이다. 혈통으로 보나 능력으로 보나 신과 아수라는 차이가 없다. 두 왕은 조물주의 제자가 되어 32년간 스승의 집에 머문다. 그러자 스승이 드디어 가르침을 내린다. 그런데 그 가르침이 제자의 약을 올린다. 처음에는 겉모습(육체)이 아트만이라고 했다가 '꿈속 나(경험적 자아)'가 아트만이라고 말을 바꾸더니 '꿈 없이 깊이 잠든 나(초월적 자아)'가 아트만이라고 한다. 이런 대답에 만족할 수 없었던 인드라가 재차 묻자, 스승은 최종적으로 '지켜보는 자(주체 = 절대적 자아)'가 아트만이라는 가르침을 내린다. 아트만이 지켜보는 자라고 처음부터 스승이 결론을 내려주었다면, 지혜가 짧은 제자는 당연히 알아듣지 못했을 것이다. 차근차근 단계를 밟아나갔기 때문에 신들의 왕 인드라는 아트만에 이를 수 있었다. 안타깝게도 아수라들의 왕 비로차나는 제 그릇만큼만 이해했다. 겉모습이 아트만이라는 스승의 말만 듣고 집으로 돌아가 버렸기 때문이다.

스승이 내린 가르침은 모두 사실이다. '겉으로 보이는 나'도, '꿈속 나'도, '깊이 잠든 나'도 모두 '나'다. 다만 낮은 지식과 높은 지식의 수준이 다를 뿐. 사실(낮은 지식)이라도 진실(높은 지식)은 아니다. 겉모습이 진정한 자기 자신이라고 믿을 만큼, 비로차나의 지혜는 얕았다. 어리석은 왕을 둔 탓에 아수라족은 겉모습을 꾸미는 것을 최고의 가치로 여기게 되었다. 젊음에 집착하는 현대인을 보는 듯하다.

어떤 가르침이든 자신의 수준까지만 납득할 수 있다. 네티 네티·아룬다티 보여주기 같은 방편은 정공법인 '직관'이 아니다. 최종적으로는 스스로 절벽을 뛰어넘어야 한다. 묘수 세 번이면 지는 바둑 아닌가. 이 수수께끼 같은 이야기는 9장에서 풀어본다. 궁금해야 숙고하고, 숙고해야 자신의 수준을 끌어올리기 마련이다.

## 도약의 가르침 : 함축

함축 역시 의미의 도약이다. 우파니샤드에서 가장 위대한 말로 꼽히는 '나는 브라흐만이다(Aham brahmāsmi)', '그것이 너다(Tat tvam asi)' 등이 함축을 사용한다. '나/너'가 곧 브라흐만은 아닌데도, '나/너'와 브라흐만을 등치하여 새로운 의미를 창출한다. 함축은 긍정명제의 한계를 넘어 브라흐만을 적극적으로 해석한다. '아니다(네티)'라고만 말하지 않고, 오류를 무릅쓰고서라도 '무엇이다'라고 브라흐만을 정의한다.

함축이 의미를 도약하는 방법은 신비적이다. 함축은 문사수의 두 번째인 생각에 속하지만, 생각이 멈춘 곳에서 논리를 뛰어넘는다. 스승의 진정한 역할은 제자를 허공으로 도약하게 하는 것이다. 매달린 나뭇가지를 놓아야 한다는 공안[15]을 내리는 역할이다. 그래서 신비 전통에서는 스승에 대한 믿음을 강조한다.

함축이 무릅쓰는 도약의 간극을 좁히기 위해서는 부정(네티 네티)과 단계적 학습(아룬다티 보여주기)이 필요하다. 다음의 이야기에서 아버지는 함축의 방법으로 아들 슈베타케투를 가르친다. "그것이 (바로) 너다!"라고 그것(브라흐만)이 너(아들)일 리가 없는데도, 아버지는 이 한 마디로 진리를 응축한다.

## 비밀의 대체법

브라흐만을 다른 단어로 바꾸는 것을 '대체법(아데샤)'[16]이라고 한다. 설명할 수 없는 궁극의 실체를 다른 말로 대체한 뒤 설명하지는 않는다. 언어로 실체를 낚을 수는 없기에, 언어를 사용하지만 언어에 의존하지는 않는다.

> 자, 이것의 위쪽 햇살은 위쪽 벌집이다. 바로 비밀의 대체법이 꿀을 만드는 벌이다. 브라흐만(진리)은 바로 꽃이다. 그것(꿀)이 불사의 물이로다.[17]

'브라흐만은 바로 꽃이다'에서 브라흐만이 뜬금없이 꽃으로 바뀐다. 함축에서와 같이, 두 단어 사이에 의미의 도약이 있다. 하지만 함축과는 달리, 두 단어 사이에는 어떤 연관도 없다. 대체법은 난데없이 두 단어를 등치하여 연결할 뿐이다. 두 단어 사이의 숨은 연결은 비밀에 부친다. 그래서 대체법의 정식 명칭이 '비밀의 대체법(guhya-ādeśa)'이다. 언어는 대상을 지시할 뿐이다. 지시어가 대상 자체를 의미하지는 않는다. 달을 가리켜 보인다고, 손가락이 달은 아니다.

언어가 지시하는 것이 이름에 불과하다고 해도, 모든 이름의 토대에는 실체가 있다고 우파니샤드는 말한다. 우주에 달이 있으니, '달'이라는 단어도 생겼다. 상징계의 배후에는 실재계가 있다. 꽃(표상) 한 송이를 꽃이라고 아는 것도 관념화·개념화에 속한다. 보고 냄새 맡은 뭔가를, 꽃이라는 개념과 일치시키기 때문이다. 꽃이 내 안에 관념으로만 존재한다는 것을 알면, 꽃을 브라흐만이라고 바꿔 부른들 무슨 상관이 있겠는가. 그 대체가 바로 '합일'이다. 꽃이라는 수단을 써서 브라흐만 속으로 들어가는 방법이다.

문사수의 공부법 가운데, 대체법은 수행에 속한다. 묵상 속에서 비밀스러운 연결을 깨달아야 하기 때문이다. 경전이 실제 겨냥한 것은 단어나 이미지를 이용한 명상이다. 대체법은 잡히지 않는 실체를 구상화하여 무의식을 파고든다. 물론 대체법으로 포착된 꽃이라는 이미지는 곧 미끄러져 버리고, 경전에는 꽃·브라흐만 따위의 단어만 남기 마련이다. 하지만 손가락 끝을 따라가다 보면 언젠가 달을 볼 수도 있다. 안타깝게도 후대에는 지나친 상징주의가 오히려 장벽을 높여, 진리에 다가서는 것을 더 어렵게 만들고 말았다.

# 손가락이 가리키는 것

## 상징, 은유, 알레고리

아루나의 손자, 슈베타케투가 있었다. 그에게 아버지(아루니)가 말했다.

"슈베타케투야, 학생기[18]에 들도록 하려무나. 얘야, 우리 가문에 배우지 않고도 브라만 혈통으로 불리는 사람은 없단다."[19]

그(슈베타케투)는 열두 살에 (학생기에) 입문하여 스물네 살에 모든 베다를 배웠다. 오만하게도 자신이 잘 배웠다고 여긴 그는, 거만해져서 (집으로) 돌아왔다. 그에게 아버지가 말했다.

"슈베타케투, 얘야! 오만하게도 스스로 잘 배웠다고 여겨 이렇게 거만해졌구나. 그런데 (네 스승에게) 가르침을 청해보았느냐? 듣지 못한 것이 들은 것이 되고, 생각하지 못한 것이 생각한 것이 되고, 알지 못한 것이 아는 것이 되는 그런 가르침 말이다."

"존귀한 분이시여, 어떻게 그런 가르침이 있을 수 있습니까?"[20]

배움의 시기(보통 8~12살)에 이른 아들을 아버지는 다른 스승 밑으로 보낸다. 12년이 지나자 배울 만큼 배웠다고 자신한 아들이 의기양양하게 집으로 돌아온다. 잘 듣고 충분히 숙고하여(聞思) 완성에 이르렀다며, 스스로 대견하게 여긴다. 아들의 오만을 아버지는 단번에 박살낸다. "듣지 못한 것이 들은 것이 되고, 생각하지 못한 것이 생각한 것이 되고, 알지 못한 것이 아는 것이 되는 그런 가르침"을 아느냐고. 머리로만 배운 아들이 알 리 없는 비밀스러운 가르침이다. 머릿속 지식은 삶을 바꾸지 못한다.

> "애야, 마치 흙덩이 하나로, 흙으로 만든 것 전부를 알게 되는 것과 같다. 언어에서 비롯된 이름만 변할 뿐이지, 흙만이 실체다. 애야, 마치 금덩이 하나로, 금으로 만든 것 전부를 알게 되는 것과 같다. 언어에서 비롯된 이름만 변할 뿐이지, 금만이 실체란다. 애야, 마치 손톱깎이 하나로, 쇠로 만들어진 것 전부를 알게 되는 것과 같다. 언어에서 비롯된 이름만 변할 뿐이지, 쇠만이 실체란다."
> "존경하는 분(슈베타케투의 스승)께서는 분명 그것을 알지 못하셨을 것입니다. 그것을 아셨다면, 어찌 제게 알려주지 않으셨겠습니까. 존귀한 분이시여, 제게 그것을 알려주세요."
> "그리하마, 애야."라고 (아버지가) 말했다.[21]

토기, 도자기, 흙벽돌 등 흙으로 빚은 것은 전부 흙이 실체다. 금 장신구, 금화, 금 식기 등 금으로 만든 것은 전부 금이 실체다. 쇠못, 쇠칼, 쇠파이프 등 쇠로 만든 것은 전부 쇠가 실체다. 언어는 직접 흙·금·쇠를 가리키지 않지만 공통의 본질을 암시한다. 흙은 부드러워 조형이 쉽고 금은 반짝거리고 쇠는 단단하다. 모든 이름과 형체 너머에는 브라흐만이 있다. 건물의 토대에 지반이 있는 것처럼.[22] 쉴 새 없이 변하는 언어를 통해 불변하는 실체를 가늠할 수 있다면, 언어가 곧 브라흐만의 한 양태라고 암시하는 셈이다. 더 나아가 인도 문법학파[23]는 언어가 실체를 비추는 거울이라고 보고, 그 너머의 실체를 탐구하고자 했다. 물의 신 바루나는 아들에게 브라흐만을 가르치면서 이렇게 말한다. "(브라흐만은) 음식, 기(氣), 눈·귀, 마음, 언어다."[24]

흙·금·철에 브라흐만을 은유한 아버지는 반얀 나무 열매와 암염을 가지고 브라흐만의 미세함을 상징적으로 보여주기도 한다.

"반얀나무 열매를 이리 가져오너라."
"여기 있습니다, 존귀한 분이시여."
"쪼개보아라."
"쪼겠습니다, 존귀한 분이시여."
"여기에 무엇이 보이느냐?"
"아주 작은 씨들이 있습니다, 존귀한 분이시여."
"그중 하나를 쪼개보아라."
"쪼겠습니다, 존귀한 분이시여."
"여기에 무엇이 보이느냐?"
"아무것도 없습니다, 존귀한 분이시여."
그러자 (아버지가) 말했다.
"얘야, 이 미세한 것이 보이지 않는 게로구나. 얘야, 이렇게 미세한 것에서부터 저 거대한 반얀 나무가 존재하게 되었단다. 얘야, 믿으렴. 그 미세한 것, 그 본질(아트만)을 이 만물이 가지고 있느니라. 그것이 실체다. 그것이 아트만이지. 그것이 (바로) 너다, 슈베타케투야."
"제게 더 알려주세요, 존귀한 분이시여."
"그리하마, 얘야.[25] 이 소금을 물에 넣은 뒤, 아침에 내게 오너라."
아들은 그대로 했다. (이튿날 아침, 아버지가) 그에게 말했다.
"어젯밤에 물에 넣었던 소금을 가져오너라."
소금을 찾아보았지만, (물속에서) 발견할 수 없었다. 녹아버렸기 때문이다.

"맨 위의 물을 마셔보아라, 어떠하냐?"

"짭니다."

"중간의 물을 마셔보아라, 어떠하냐?"

"짭니다."

"맨 밑의 물을 마셔보아라, 어떠하냐?"

"짭니다."

"이제 이것을 버리고 나서 내게 오너라."

아들은 그대로 했다.

'(보이지는 않지만) 소금이 늘 (물속에) 있구나.' (라고 아들은 생각했다. 아버지 가) 그에게 말했다.

"실로 여기에 실체(sat)가 있다. 얘야, 네가 보지는 못해도 여기에 실제로 있다. 그 미세한 것, 그 본질(아트만)을 만물이 가지고 있느니라. 그것이 실체다. 그것 이 아트만이지. 그것이 (바로) 너다, 슈베타케투야."[26]

그림 5.
물에 소금을 녹이면, 소금은 보이지 않지만 물 전체에 편재한다.
마찬가지로 브라흐만은 눈에 보이지 않지만 모든 존재에 편재한다.

아버지는 말로만 아들을 가르치지 않았다. 아들이 직접 열매와 소금을 쪼 개고 맛보도록 한다. 무의식은 몸을 따라 움직이기 때문이다. 인간은 마음속 표상으로 배움을 간직하지만, 자전거 타는 법처럼 체화된 인지로 배우기도

한다. 진정한 앎은 머리(의식)뿐만 아니라 몸(무의식)에 스며야 한다.

아버지의 탁월한 가르침은 마침내 위대한 말, "그것이 바로 너다(Tat tvam asi)"에 이른다. 이 말은 '너'라는 개별적 자아(주관)가 '그것(브라흐만)'으로 지칭되는 우주와 하나라는 신비한 함축을 담고 있다. 여기서 말하는 '너'는 나고 자란 뒤 늙어 죽는 육체적 존재가 아니다. 우리 존재의 심연에 있는 본질, 즉 아트만을 말한다. 아트만은 몸이라는 마차에 탄 주인이다.

> 아트만을 마차의 주인으로, 몸을 마차 자체로 알라.
> 지성을 마부로, 또한 마음을 고삐로 알라.[27]

## 신비한 동일시

아버지는 적절한 표상을 내세워 브라흐만의 특징을 가르친다. 반얀 나무 씨앗은 브라흐만의 미세함을, 소금물은 편재함을 상징한다. 하지만 이런 상징만으로 브라흐만을 다 설명하지는 못한다.

대체법의 핵심은 상징이 아니라 동일시(동치)다. '브라흐만은 바로 꽃이다'에서처럼 실체가 꽃과 하나되는 것이다. 신비한 일치를 가능하게 하는 마법적 힘(bandhu : 연결)에 주목해야 한다. 이 힘은 대우주와 소우주의 상응을 구현하는 제의 전통을 계승한다. 제사에서 우주와 일치를 이루던 제물이 우파니샤드에서는 단어로 바뀌었을 뿐이다. 우파니샤드에 이르러 제사는 내면의 제사, 즉 명상으로 바뀌었다. 제사에서 이끌어내던 우주와의 합일 역시 내면에서 삼매의 형태로 이루어진다. 신비한 동일시는 마음의 힘으로 바뀌었다. 제물을 바치며 대가를 구하던 공희종교(베다교)는 의식과 무의식을 움직이는 심리 기술로 진화했다. 우주를 움직이는 수단이 제사에서 마음으로 옮겨간 것은 창조의 힘이 신이 아니라 '나'에게 있다는 것을 뜻한다.

물질이 곧 의식(마음)의 변형이라고 주장하는 인도 유심론에서는 우주를 창조하는 것이 의식이라고 확신한다. 빛이 입자이자 파동인 것처럼 의식은 물질이자 정신이다. 의식이 세상을 창조한다는 것을 깨달은 사람은 창조주로 거듭난다.

> "내가 바로 창조다. 내가 모든 것을 창조했기 때문이다."라고 그는 알았다. 그래서 그는 창조가 되었다. 이와 같이 아는 자는 그의 창조 안에 있게 된다."[28]

"내가 브라흐만이다(Aham brahmāsmi)."[29]라는 위대한 말 속에서 '나'는 아트만(브라흐만)을 가리킨다. 에고가 아니라 아트만이 진정한 창조주다. 에고는 마음속에 지도와 같은 표상의 세상을 짓지만, 아트만은 진실로 온 우주를 창조한다. 우리 각자는 게임 속 아바타가 아니라 게임 밖 개발자다. 그 사실을 까맣게 잊었을 뿐.

> 객관과 주관, 브라흐만과 아트만, 대아(大我)와 소아(小我)는 각각 동일한 것으로 간주된다. 브라흐만이 아트만이다.[30]

## 묵상(Upāsanā)

'염상'이라고도 번역되는 '우파사나(묵상)'[31]는 본래 숭배 행위인 '제사'를 뜻한다. 우파니샤드 시대에 묵상은 언어로써 숭배 대상을 마음에 갈무리하는 명상이 되었다. "브라흐만은 바로 꽃이다."[32]에서 묵상은 경험할 수 없는 실체(브라흐만)를 경험할 수 있는 현상적 존재(꽃)로 바꾼다. 신의 은총을 바라며 지내던 제사는 묵상에 이르러, 신성을 마음에 간직하는 행위로 전환되었다.

> 마음이 브라흐만이라고 묵상해야 한다. 이는 자신에 대해서이다(내적 영역에서는 마음이 브라흐만이라고 명상해야 한다). 이제 신성에 대한 것이다. 허공이 브라흐만이다(초월적 영역에서는 공空이 브라흐만이라고 묵상해야 한다). 이와 같이 가르침은 자신에 대한 것과 신성에 대한 것, 두 가지가 있도다.[33]

우파니샤드는 신과 우주를 내면으로 들여놓았다. 내면에서는 우주적 차원의 실체(브라흐만)를 개인적 차원의 실체(아트만)로 축소하여 경험할 수 있다. 대우주 속 허공(공간)에 브라흐만이 있듯이, 소우주인 내 몸속에도 브라흐만이 있기 때문이다. 둘은 세계를 창조하는 동일한 에너지다. 다만 내 마음속에 있는 브라흐만을 따로 아트만이라고 부를 뿐이다.

> 이제 아트만에 대한 것(가르침)이다. 마치 그것(브라흐만 = 아트만)이 마음에 들어간 것처럼, 우리는) 마음으로 그것(브라흐만)을 기억하고 자주 생각한다.[34]

아트만은 "말로도, 마음으로도, 눈으로도 이해할 수 없다."[35] 역설적으로 브라흐만으로 가는 통로는 마음에 있다. 브라흐만이 내면으로 들어가 아트만으로 불리고, 그 아트만을 마음이 대상화하기 때문이다. 마음의 기능인 지성은 아트만을 대상으로 삼아 그것을 기억하고 생각하여 파악하려고 노력한다. 브라흐만이라는 광대한 우주를 파악할 수는 없지만 아트만이라는 소세계를 이해하는 것은 가능할지도 모른다! "나아가 나는 세계, 세계의 일어남, 세계의 중단 그리고 세계의 중단에 이르는 길이 여섯 자짜리의 몸뚱이가 그리고 그 지각과 마음 안에 있다고 단언한다."[36]

하늘에, 땅에, 대기에
모든 기(氣)와 더불어
마음에 엮여 있는 것,
그것이 단 하나 아트만임을 알라.
다른 말은 치워버려라.
그것(아트만)이야말로
불사의 다리니라.[37]

STAGE
06

여섯 번째 **이야기**

# 존재의 희열

브라흐만의 희열을 아는 자는
그 무엇도 두려워하지 않느니라.

타이티리야 우파니샤드(2. 9. 1)

## 집중이 겨누는 목표

모든 가르침은 하나를 향한다. 집중(삼매[1])을 위해
갖가지 방편이 동원된다. 효율을 위해 집중력을 높이는 것이 아니라 집중 그
자체를 목표로 삼는다. 내면에 집중하는 것이 외적 성취보다 가치 있을까?

우선 전극과 연결된 통 속의 뇌[2]처럼 우리가 폐쇄적인 매트릭스 안에 갇혀
있다는 뇌과학적 발견을 지적해야 한다. 인간은 밖에 있는 대상을 보고 듣는
다고 착각하지만, 그것은 뇌로 들어오는 전기적 자극일 뿐이다. '감각의 다
발'이 주는, 외부에 대한 환영만이 존재한다. 우리는 데카르트처럼 "나는 생
각한다. 그러므로 존재한다."라는 심대한 착각에 빠져있다. 실제로는 생각
'당하고' 있을 뿐인데.[3] 우리를 휩쓸어가는 것이 5감의 자극이든 마음속 지
껄임이든 우리는 사유 당할 뿐 사유할 수 없다. 흔히 외부를 차단하고 내면으

로 들어가는 것을 명상이라고 여긴다. 하지만 차단할 외부 세계는 원래부터 존재하지 않는다. 뇌(내면) 속에 있는 표상, 즉 외부 세계라고 믿는 지도만 있을 뿐이다. 지도는 실제 땅이 아니다. 안팎은 없다.

몸과 마음을 묶는 요가 훈련은 '밖'에서 소리·냄새 등 정신적 흐름을 만들어내는 5감과 '안'에서 생각·느낌 등 정신적 흐름을 만들어내는 마음을 통제한다. 실제로는 내적 작용인 5감과 지성을 멈추는 것이 요가다. 시나브로 정신적 흐름이 멈추었을 때(삼매 = 마음이 비었을 때), 우리는 더 이상 기억이나 무의식적 행위, 감각적 쾌락 따위에 휘말리지 않는다. 집중이 극에 달한 삼매가 바로 브라흐만(실체)과 하나된 상태다.[4]

다섯 감각이 마음과 함께 잠잠해지고
지성 역시 동요하지 않을 때, 이를 지고의 경지라고 하느니라.[5]


## 내가 신이다

브라흐만은 우주의 원인(동력인)이며 구성 요소(질료인)다.[6] 원인인 브라흐만과 결과인 세계는 동일하다.[7] 질그릇과 찰흙이 본질적으로 다르지 않은 것과 같다. 그것을 직관하는 것이 깨달음이다.

브라흐만을 아는 자는 지고를 얻는다.[8]

브라흐만을 알기 위해서는 최고의 경지(해탈)에 도달해야 한다. 그 지고의 경지 역시 브라흐만이라고 불린다. 실체에 대한 앎 자체가 브라흐만이기도 하다. 브라흐만은 지식이기 때문이다.⁹ 브라흐만을 알면 브라흐만 자체가 된다. 대체 브라흐만이 뭐냐고? (해탈하기 전까지는) 모른다. 그저 신이라는, 때 묻은 단어로 부를 뿐이다. 물론 "아무것도 말해질 수 없는 무속성 브라흐만과 모든 경험을 포함하고 통일하는 유속성 브라흐만 사이에 건널 수 없는 깊은 틈"¹⁰이 있다. 진짜 브라흐만인 무속성 브라흐만은 그림자에 불과한 신이 아니다(그렇다고 다르지도 않다). 신에게 매달려 봐야 인간은 진정한 브라흐만을 알 수 없다.

> 실로 지고의 브라흐만을 아는 자는
> 바로 브라흐만이 되나니……
> 슬픔을 건너고 악을 건너
> 동굴(무지)의 매듭들에서 풀려나 불사가 되느니라.¹¹

이성으로는 브라흐만을 이해할 수 없다면서, 어떻게 브라흐만을 아느냐고? 이해가 아니라 체험으로 안다. 삼매를 통해 브라흐만과 하나되어 브라흐만을 깨닫는다. 앞서 말했듯이, 이는 신비의 영역이다. 브라흐만과 합일한 순간, 희열이 터져나오는 직접 체험이다. 삶이라는 게임 속에 아바타로 들어간 개인은 정신이 번쩍 드는 합일 체험 덕분에 자신이 게임 밖의 개발자라는 것을 알아차린다. 나는 게임 속 상태와 조건에 휘둘리는 아바타가 아니라, 게임을 프로그래밍하는 개발자이다. 내가 신이자, 브라흐만이다.

> 이 브라흐만¹²이 실로 처음에 있었다. 그것은 자기 자신에 대해 '나는 브라흐만이다'라고 알았다. 그래서 그것은 모든 것이 되었다. 신들 가운데 그것에 대해 깨달은 자는 누구나 실로 그것이 되었다. 성자들 가운데에서도 (깨달은 자는) 그러

했고, 인간 중에서도 그러했다. 이것을 보고 성자 바마데바[13]는, "내가 마누[14]였고, 태양이었노라."라고 알았다. 이는 지금도 그러하니, "내가 브라흐만이다."라고 아는 자는 모든 것이 되느니라. 신들조차 그가 이렇게 되는 것을 막을 수 없도다. 그가 신들의 아트만이 되기 때문이다. 그러므로 "브라흐만 다르고, 나 다르다(브라흐만은 브라흐만이고, 나는 나다)."라고 여기며 다른 신을 숭배하는 자는, (이를) 알지 못하는 것이다. 그는 마치 신들의 (제물이 되는) 가축 같도다. 많은 가축이 인간에게 유용하듯이, 인간도 하나하나 신들에게 유용하나니. 가축 한 마리만 빼앗겨도 기쁘지 않거늘, 많이 빼앗긴다면 어떻겠는가. 그러므로 신들에게는 인간이 그것(브라흐만)을 아는 것이 달갑지 않느니라.[15]

자기 자신이 브라흐만이라는 것을 알면 누구에게든 제물을 바칠 이유가 없다. 환경과 조건에 휘둘리고 희생당하는 삶을 신들의 제물이 되는 것에 비유했다. 지배층은 피지배층이 깨닫는 것을 꺼릴 수밖에 없다. 부·신분·교육·성별 등 온갖 불평등을 종교로 땜질하는 인도에서, 스스로가 창조주라는 것을 깨닫는 것은 위험하다. 개돼지처럼 착취당하는 삶에서 벗어나기 때문이다. 종교든 사상이든 체제든 믿음이라는 우상에 사로잡히면 자기 자신의 주인이 되지 못한다.

이 세계는 플레이어 모두가 힘을 합쳐 만들어내는 시뮬레이션이다. 아바타로서의 역할에만 빠진 플레이어와 달리, 개발자로서의 권한을 깨달은 플레이어는 신이 된다. 게임의 규칙(운명) 따위에 휘둘리는 것은 자신이 개발자(브라흐만)라는 것을 잊었기 때문이다. 인벤토리(내면)만 열어보면 창조의 권능을 쓸 수 있는데 말이다. 자신이 누구인지 까맣게 잊어버린 이 상황을 인도에서는 다이아몬드 목걸이에 비유한다. 가장 값진 목걸이를 제 목에 걸고 있으면서도, 그 사실을 모른 채 값진 것을 찾아 이리저리 헤맨다고

'나'가 어떻게 세상의 창조주일 수 있을까. 그것은 '마야(신비한 힘, 마법적 환영)'다. 인도에서는 설명할 수 없으면 늘 마야로 얼버무린다. 어쨌거나 인간은 자신의 믿음대로 되는 존재다.


## 세계라는 꿈

그(지고의 존재)가 나다.[16]


우주라는 막막한 대양 위에 비슈누신[17]이 잠들어 있다. 신이 꿈꾸는 동안 그의 배꼽에서 연꽃이 자란다. 그 연꽃 속에서 태어난 창조신이 세상을 창조했다가 파괴하기를 반복한다. 창조신의 수명이 다하면 새 연꽃에서 새 창조신이 태어나 창조와 파괴를 계속한다. 시간은 신의 꿈이다. 무수한 세계가 존재하는 곳은 신의 꿈속이다. 인간이 닿을 수 없는 실체(무속성 브라흐만)의 대양(실재계) 위에 누워 신(유속성 브라흐만)은 꿈을 꾼다. 그 꿈속(상상계)에서 우리는 현실(상징계) 속 시간을 살아간다. 인간이 처한 현실은 꿈속의 찰나에 지나지 않는다.

그림 6. 비슈누의 잠(인도 북동부 데오가르 사원)

삼매(집중)는 신에 이르는 연꽃 줄기다. 그 좁은 통로를 타고 신에게 도달한다. 그리고 스스로가 신이며, 꿈의 창조주라는 것을 깨닫는다. 삼매로써 신에 이른 자는 꿈에서 깨어 자신이 신이라는 것을 깨닫는다. 신으로서 스스로 깨어나지 않으면, 꿈속을 헤매는 신의 의식 한 가닥으로만 남는다.

베다, 제사, 의례, 지계,
과거, 미래, 베다들이 말하는 것
마야의 힘을 지닌 자가 이 모든 것을 만드나니.
그리고 다른 것은 마야에 의해 그 안에 갇혀있도다.[18]

심리학자 융은 인간의 내면 구조를 그림 7과 같이 묘사한다. 우리가 자신이라고 믿는 자의식(에고)의 밑바닥에 참나(Self)가 있다고. 샹카라는 참나를 아트만으로 본다.

에고는 욕조 배수구의 마개와 같다. 집중의 힘으로 그것을 뽑아내면, 희열이라는 바닷물이 역류하여 내면을 가득 채운다. 닫힌 마개의 틈새로 감질나게 스며드는 기쁨이 아니다. 광대한 바다와 연결된 통로가 집중이라면, 해수(희열)가 샘솟는 구멍이 아트만이다. 욕조를 채운 물(아트만)은 바닷물(브라흐만)과 다르지 않다. 진정한 희열은 존재의 대양(브라흐만)에서 오며, 희열 그 자체이기도 하다.

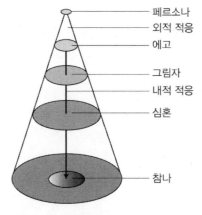

그림 7. 융의 원형

## 브라흐만의 희열

실상, 즉 브라흐만은 '실체(sat), 의식(cit), 희열(ānanda)'이라고 규정된다. 그것은 지금 이 순간 여기에 존재하는(삿) 성성한 의식(칫)이며, 내면을 채우는 희열(아난다)이다. 집중이라는 화살은 브라흐만이라는 과녁으로 날아가 한복판인 희열에 꽂힌다.

> 위대한 무기, 우파니샤드라는 활을 들고 명상으로 예리해진 화살을 재어라. 그것(브라흐만)에 집중한 마음으로 (활을) 당겨라. 얘야, 바로 그 불멸의 것(브라흐만)을 과녁으로 알거라. 옴을 활, 아트만을 화살, 그리고 브라흐만은 과녁이라고 일컫나니. 주의를 집중하여 (과녁을) 꿰뚫어야 한다. 그러면 화살이 과녁과 하나가 되듯이, (아트만은) 그것(브라흐만)과 하나가 되느니라.[19]

우파니샤드는 묵상해야 할 신비(= 옴 = 브라흐만)를 말한다. 나 자신이 브라흐만이라는 엄청난 신비다. 하지만 그 사실을 아는 것과 깨닫는 것은 다르다. 집중으로 삼매에 들어야, 좁은 통로(아트만)를 열 수 있기 때문이다.

화살(아트만)이 날아가 과녁(브라흐만)과 하나가 되었다는 사실을 어떻게 알 수 있을까? 브라흐만이라는 과녁은 운동회에서 터트리는 박과 같다. 박을 제대로 맞추면 희열이 쏟아져 나온다.[20] 그렇다면 희열은 일상 속 기쁨이나 행복과 어떻게 다를까? 희열은 가랑비에 옷 젖듯이 스며드는 기쁨이 아니다. 폭포처럼 쏟아지거나, 번개처럼 내리꽂힌다. 또한 희열은 불행과 늘 짝을 이루는 행복도 아니다. 상대적인 상태가 아니기 때문이다. 행복과 불행은 항상 '~에 비해' 행복하거나 불행한 것이다. 기준이 없으면 행복하거나 불행할 수 없다. 그래서 우리는 끊임없이 타인과 나를 비교한다. 저 사람보다 내가 더 행복하거나 혹은 더 불행하다고 여기면서. 반면 희열은 절대적인 환희다. 아는 자와 알려지는 대상이 하나되는, 스스로 브라흐만이 되는 궁극적 체험이다.

> 이것(희열)이 아트만의 최고 목표입니다. 이것이 아트만의 최고 성취입니다. 이것이 아트만의 최고 세상(경지)입니다. 이것이 아트만의 최고 희열입니다. 바로 이 희열의 조각(일부분)에 의지해서 다른 존재들이 살아갑니다.[21]

## 존재의 층위 : 어떤 차원의 세상을 믿는가

바루나의 아들 브리구가 "음식, 기(氣), 눈·귀, 마음, 언어"로 브라흐만을 이해하는 과정을 앞서 살펴보았다. 존재가 여러 층으로 이루어져 있다는 이 개념은 베단타 철학에서 5가지 층(koṣa)으로 정리된다.

개인은 세 가지 몸을 지닌다.

| 물질적 몸 | 음식으로 이루어진 층 |
|---|---|
| 미세한 몸 | ① 호흡으로 이루어진 층<br>② 마음으로 이루어진 층<br>③ 지혜로 이루어진 층 |
| 원인인 몸 | 희열로 이루어진 층 |

첫 번째, 눈에 보이는 물질적 몸은 원자로 구성된다. 이 몸을 유지하기 위해 육체를 이루는 물질을 음식의 형태로 섭취한다.

두 번째, 눈에 보이지 않는 미세한 몸은 다시 세 개의 층으로 이루어져 있다.

① 호흡을 비롯한 물질대사가 일어나는 호흡의 층

　기(氣)는 호흡으로 이루어진 층을 타고 흐른다.

　다섯 가지 행위기관(손, 발, 성대, 항문, 생식기)도 이 층이 관장한다.

② 감각과 감정 그리고 (의식적·무의식적) 인식이 일어나는 마음의 층

　5개의 감각기관(시각, 청각, 후각, 미각, 촉각)은 이 층에서 주관한다.

③ 생각하고 선택하는 의식의 층

　지성과 자의식은 지혜의 층에서 생긴다.

　행위(업)의 결과로 얻은 기질과 재능 등도 이 층(무의식)에 쌓인다.

세 번째, 윤회의 원인이 되는 몸은 아트만을 가리킨다. 이 층에서 희열을 경험한다. '나'가 있다는 무지가 우리를 윤회라는 원형 유수 풀장에 빠트린다. 빙빙 도는 윤회의 중심에는 변함없는 아트만이 있다.


물질적 몸과 미세한 몸은 아트만이 걸친 옷과 같다. 죽음 이후 물질적 몸이 소멸한 뒤에도 미세한 몸은 남는다고 한다. 나라는 믿음을 주는 생각과 느낌과 인식의 패턴을 무의식에 심으면, 아트만이라는 토양 속에서 삶이 나와 자란다. 씨앗이 없으면 윤회도 없다.

음식으로 생성되는 층(육체), 호흡으로 유지되는 층(생리 작용), 마음이라는 층(감관 작용), 지혜의 층(심리 작용), 희열을 경험하는 층(영성) 모두 차원은 달라도 '나'다. 혹은 그 어느 것도 '나'는 아니든가. 물질적 풍요에 탐닉하는 사람은 육체만을 자신이라고 여기는 셈이다. 과학자는 생명을 유지하는 활동으로 살아있음을 규정할 것이다. 무언가를 느끼는 나만의 방식을 중시하는 예술가는 느낌을 나라고 생각할 수 있다. 지적인 사람은 '나'만의 인

식 혹은 의식 자체를 존재의 요건으로 꼽을 것이다. 영적인 사람은 충만한 희열 자체를 신성으로 느낀다. 무엇을 나로 여기든, 그것은 껍질에 불과하다. 껍질을 다 벗기면, 아트만(존재의 근원)이 있다는 믿음은 힌두의 것이다. 양파 껍질 안에 아무것도 없다는 견해는 불교의 것이다. 아무튼 존재의 한가운데에는 희열이 있다. 무시간적이고 무조건적인 초월 그 자체가.

제3부

내면의 길

STAGE
07

# 07

일곱 번째 **이야기**

# 죽음 너머

"마이트레이!"라고 야즈냐발키야가 말했다.

"여보, 이제 나는 이 상황에서 나아가려고(출가하려고) 해요. 자, 당신 그리고 카티아야니와 (부부 인연을) 끝맺고 싶구려."

마이트레이가 말했다.

"존귀한 사람이여, 만일 부로 가득한 이 땅 전체가 내 것이 되면, 그것으로 내가 불멸할 수 있나요?"

"아니요."라고 야즈냐발키야가 대답했다.

"당신의 삶은 물질적인 부를 가진 이들의 삶처럼 되겠지(부유해지겠지). 허나 재산으로는 불멸을 얻을 수 없어요."

마이트레이가 말했다.

"불사가 되지 못한다면, 내가 재산으로 뭘 하겠어요? 존귀한 사람이여, 당신이 알고 있는 것(불사의 방법)을 내게 말해주세요."

야즈냐발키야가 말했다.

"아 여보! 내게 (늘) 어여쁜 당신답게, 어여쁜 말을 하네요. 이리 와 앉아요. 당신에게 설명해주리다. 내가 설명하는 것을 깊이 새겨요. 여보 마이트레이, 이 아트만이 보아야 하고, 들어야 하고, 숙고해야 하고, 주의 깊게 새기고 마음을 집중해야 할 것이라오. 여보, 실로 아트만을 봄으로써, 들음으로써, 숙고함으로써, 직관함으로써, 이 모든 것을 알게 되지요."

성자 야즈냐발키야는 가정과 생계를 책임지는 가장이다. 어느 날 그는 수행에 전념하기로(출가하기로) 마음먹는다. 가장기에서 출가기로 나아가려는 결심이다. 그에게는 두 아내가 있었다. 집을 나가기 위해 그는 첫 번째 아내 마이트레이의 동의를 구한다. 그 뒤 재산을 두 아내에게 나누어주고 집을 떠나려고 했기 때문이다. 하지만 현명한 아내는 재산 대신 불사를 바란다. 아트만을 아는 것이 바로 불사다.


## 소멸하는 세계

우파니샤드는 개별 자아의 실체인 아트만이 우주의 실체인 브라흐만과 다르지 않다고(梵我一如) 강조한다. 하지만 온 존재의 배후에 과연 실체라고 할 만한 것이 있을까? '나'의 실체에 대해서는 무엇을 말할 수 있을까?

우리는 관찰자를 배제한 외부 세계가 객관적이고, 내면 세계가 주관적이라고 착각한다. '나'가 어떤 존재냐에 대한 믿음을 '객관적으로' DNA에서 구하려 든다는 의미다(오늘날 과학은 부당하게도 종교의 역할까지 떠맡았다). '나'가 위계질서에 굴복하는 것은 인간의 게놈에 구별(서열) 짓기가 새

겨져 있다는 사실과는 완전히 다른 이야기다. 내면 세계를 확장하여 외부 세계를 덧칠하는 것이 주술적 사고라면, 외부 세계를 내면으로 끌어와 덮어버리는 것 —바깥 세계의 규칙을 내면에 적용하는 것— 은 합리화가 아닐까.

타인의 욕망을 욕망하는 존재가 인간이라지만, 각자의 내면은 저마다의 규칙을 따른다. 내게 중요한 것은 따로 있다. 객관적 지표를 개인에게 들이대면 고유한 내면세계는 부서진다. 처음 거울 앞에 섰을 때 생겨난 '나', 그리고 에고가 사라질 때(죽을 때) 소멸하는 나만의 세계를 소중히 여겨야 한다. 자신이 보고 생각하는 것을 객관적이라고 착각하는 것 만큼이나, 스스로 선택해야 하는 삶에 객관적 답을 구하는 것은 위험하다. 이러한 확증 편향(개인의 신념으로 외부 세계를 필터링)과 결정 회피(외부 세계가 내면의 판단을 지나치게 침범) 모두 내면과 외부를 중재하는 에고가 건강하지 않기 때문이다. 에고의 구축은 인간으로서의 필수 조건이다. 저 너머의 실체를 말하는 우파니샤드에서는 안팎이 없다고 말한다. 안(내면 세계)과 밖(외부 세계)이 다르다는 것을 전제로 한 가르침이다. 내면을 구축하지 못하면, 이 가르침에는 아무런 의미가 없다.

앞서 살펴본 '더블(또 다른 나)'은 소멸하는 나(자의식)와 불멸의 나(참나)로도 이해할 수 있다. 옛사람들은 또 다른 나라고 믿은 집단의 영속을 보장받음으로써 불멸에 도달했다. 집단이 존속하는 한 자신도 영속한다고 믿었기 때문이다. 현상적인 에고를 부정하여 개체성을 탈피하는 방법이다. 불멸은 언제나 개별적 자아를 벗어나는 것이다. 하지만 스스로가 독립된 존재라고 믿는 현대인에게는 에고야말로 진정한 자신이다. 가족, 공동체, 민족, 국가…… 어떤 울타리도 '나'는 아니며 죽을 운명의 나를 지킬 수도 없다. 그리하여 노화는 질병이 되었고, 죽음은 공포가 되었다. 더 이상 무언가를 생산할

**103**
·
Stage 07 죽음 너머

수 없는 상태라고 노쇠와 죽음을 규정하며, 자본주의는 "삶에서 죽음을 추방"[1]했다. 일상에서 보기 어려운 죽음을 받아들이기란 더욱 어려워졌다.[2]

## 업은 의도다

(임종을 맞은 사람의) 심장 끝[3]이 빛나기 시작합니다. 그 빛에 의해 (그 사람의) 아트만은 눈이나 머리, 혹은 다른 신체 부위를 통해 빠져나가지요. 그것이 떠나갈 때, 기(氣)가 따라 나갑니다. 기가 떠나갈 때, 모든 생기도 따라 나갑니다. (그는 순수한) 의식을 지닌 상태가 됩니다. 그리고 인지를 갖춘 새로운 존재가 되지요(다시 태어나지요). 지식, 행위(업), 과거의 (경험으로 얻은) 인식[4]이 그에게 따라붙습니다.[5]

인도 사상에 따르면 윤회 속에서 변하지 않는 것은 오직 아트만뿐이다. 내가 나라고 믿는 에고는 아트만의 옷에 지나지 않는다. "영원히 나는 '나'라는 존재가 되리라고…… 열렬히 갈구하는"[6] 현대인에게 아트만은 영원을 약속할까? 옷을 갈아입듯이 아트만은 삶에서 삶으로 건너간다지만, 윤회가 에고의 존속은 아니다. 생에서 생으로 이어지는 것은 욕망이라는 사념뿐이다. 그것을 불교에서는 '행(行 : 상스카라)'이라고 한다. "옮겨가는 영혼이란 결코 있을 수 없다. 존속하는 것은 성향이다."[7] 성향, 즉 행동 패턴(무의식적 행동 양식)은 일종의 위치 에너지다. 산비탈을 구르는 눈덩이 같다. 그것이 업이다.

의도와는 상관없이 자율 운행하는 무의식(업)이 인간의 행동을 지배한다는 사실을 비관적으로 받아들일 필요는 없다. 무의식을 코딩한 것은 자기 자신이다. 무의식적인 행동과 말과 생각으로, 우리는 '나' 스스로를 무의식에 짜 넣었다. 반대로, 의식적인 생각과 말과 행동으로 기존의 프로그램을 고칠 수도 있다. 무의식이 자신을 지배하도록 내버려두지 말고, 의도를 의식적으로 차곡차곡 무의식에 쌓으면 된다. 업은 의도의 축적이다.

> 욕망이 생겨나면, (욕망을 이루려는) 의지가 생겨납니다. 의지가 생겨나면, 행동합니다. 행하는 대로, 그것(업 : 행위의 결실)을 얻게 됩니다.[8]

의도는 나를 둘러싼 세계에 파문을 만든다. 존재는 그 물결 위에서 흔들릴 수밖에 없다. 내가 품은 의도가 세상에 영향을 미칠까? 이거야말로 내면을 외부 세계로 확장하는 주술이 아닐까? 자이나교에서는 행동으로 드러난 의도만이 업이라고 정의한다. 행동으로 드러난 의도는 당연히 세상에 영향을 미친다. 숨만 쉬어도 대기의 이산화탄소 농도가 높아진다. 불교에서는 생각만 해도 세상에 영향을 줄 수 있다고 한다. 거울 뉴런 덕분에 인간은 감정 전염을 경험한다. 내 기분과 생각은 감정과 태도가 되어 타인에게 전해진다.

업이 행동으로 드러난 의도든 생각으로 드러난 의도든 윤회에 에고가 끼어들 여지는 없다. 나의 모든 것은 죽음과 함께 완전히 끝난다.

> (자신의) 생각이 실로 윤회이니, 그것을 힘써 지워라.
> (스스로) 생각하는 대로 이루어지나니, 이는 영원한 신비니라.[9]

# 염라대왕의 집에 간 소년

이제 죽음의 집에 간 나치케타스의 이야기를 마저 들어봐야 한다. 죽음 뒤에 무엇이 있는지. 아버지는 아들을 죽음의 신에게 보낸다. 제 손으로 아들을 제물로 바쳤을지도 모른다. 죽음은 내면 여행을 상징하기도 한다. 아버지에게 실망한 나머지, 소년이 내면으로 침잠했을 수도 있다. 저승의 염라대왕에게 간 나치케타스는 그의 집 앞에서 사흘 동안 죽음의 신을 기다렸다. 인도-유럽인 전통에서 손님은 신과 같다.[10] 주인은 마땅히 물과 음식[11]으로 신을 맞아야 한다. 집을 비운 탓에 손님에게 예를 다하지 못한 염라는 그 보상으로 나치케타스에게 가르침을 약속한다.

(아내 혹은 신하가 염라에게 한 말)
"불과 같은 브라만 손님이 집에 왔답니다. (주인은) 그를 편안하게 (해야) 하나니. 태양신의 아들(염라)[12]이여, (손님의 발을 씻길) 물을 가져오세요."
제 집에서 브라만을 굶기며 머무르게 하는 어리석은 자는 희망과 기대, 우정과 친절, 제사와 공덕, 자손과 가축, 이 모든 것을 잃는 도다.

(귀가한 염라가 소년에게 한 말)
"브라만이여, 공경받을 손님인 그대가 내 집에서 사흘 밤을 음식도 없이 지냈구려. 브라만이여, 그대에게 공경을 바치오. 내게 상서로움이 있기를! 그러니 세 가지 은총(소원)을 각각 고르시오."[13]

브라만은 신성한 불(제화)처럼 귀한 존재다(이 구절은 브라만 계급이 지은 것이 분명하다). 자신의 홀대를 무마하려고 저승의 왕은 세 가지 소원을 들어주기로 한다. 과연 어린 소년은 무엇을 바랐을까?

**소년**: "(제 아버지) 가우타마[14]가 생각을 평안하게 하여 좋은 마음으로 화를 풀게 해주소서. 님께서 (저를) 돌려보내셨을 때, (아버지가) 저를 (예전처럼) 잘 대하고 반기도록 해주소서."

**염라**: "아루나의 아들 웃달라카는 내게 감화되어 그대를 예전처럼 대할 것이오. 죽음의 아가리에서 풀려난 그대를 보고는 화를 풀고 밤에 편안하게 잠들 것이오."

**소년**: "하늘나라에는 그 어떤 두려움도 없습니다. 그곳에는 당신께서 계시지 않지요. 나이 먹는 것을 무서워하지도 않습니다. 배고픔과 목마름을 둘 다 넘어, 하늘나라에서는 슬픔을 여의고 즐거워할 따름이지요. 천국을 얻게 해주는 불(신성한 제화)을 당신께서는 아시나이다. 죽음이시여, 믿음 가득한 제게 그 불에 대해 말씀해주세요. 천국의 사람들은 불사를 얻습니다.[15] 이것이 두 번째로 고른 은총입니다."[16]

나치케타스의 첫 번째 소원은 아버지와 화해하는 것이다. 효성스러운 아들이다. 가부장제에서는 가장인 아버지가 아들의 생사를 결정하기 때문이기도 하다(가난 때문에 둘째 아들을 제물로 팔아버린 브라만도 있다). 두 번째 소원은 천국행이다. 하늘나라에서 행복을 누리는 것, 이것이야말로 인간이 바라마지 않는 것 아닌가. 죽음의 신은 천상을 얻게 해주는 제사법을 알려준다. 신성한 불에 제물을 바쳐 소원을 성취하는 공희종교의 자취가 우파니샤드에도 고스란히 남아있다.

> "나치케타스여, 천상을 얻는 불(제사법)을 잘 아는 내가 그대에게 말할 터이니, 내게 잘 배우시오. 그대는 이것(제사법)을 영원한 세상을 얻는 수단으로서, 토대로서, 그리고 비밀스럽게 감추어진 것으로서 알아야 하오."
> 염라는 (소년을 제자로 삼고) 세상의 시작인 그 불에 대해 그에게 알려주었다.

(제단을 쌓을) 벽돌 어느 것이 얼마나 필요한지, 또 어떻게 쌓는지를.[17] 들은 그대로 소년이 다시 말하자(외우자) 죽음은 만족하여 다시 말했다. 위대한 영혼(염라)이 기뻐하며 그에게 말했다.

"내 지금 여기서 네게 다시 은총을 내리겠노라. 네 이름이 이 불의 이름이 될 것이다. 또한 이 다채로운 목걸이도 갖거라."

세 번 나치케타스의 불을 피우고, 세 번 관계를 맺고, 세 번 행위를 행한 자[18]는 삶과 죽음을 넘어선다. 브라흐마(조물주)로부터 생겨난 것을 아는 자는, 경배받아 마땅한 신을 알고 실현하여 이 지극한 평온에 이른다. 이 셋을 알고 세 번 나치케타스의 불을 피운 현명한 자는 먼저 죽음의 올가미를 벗어던지고, 슬픔을 건너 하늘나라에서 기쁨을 누리느니라.

"나치케타스야, 두 번째 은총으로 고른 이것이 천국을 얻게 하는 네 불이다. 사람들은 이 불을 네 것이라고 말하리라. 나치케타스야, 세 번째 은총을 고르거라."[19]


영특한 소년이 손쉽게 제사법을 배우자, 스승은 이 기특한 제자의 이름을 제사에 붙여준다. 영원한 세상(천국)을 얻게 해주는 제사법이 '나치케타스의 불'로 명명된다. 이 제사가 거행되는 한 소년의 이름과 명성은 사라지지 않는다.

아직 세 번째 소원이 남아있다.


**소년** : "죽은 사람을 두고, 누구는 그가 (계속) 존재한다고 하고, 또 누구는 존재하지 않는다고 하여 논란이 생깁니다. 이에 대해 님께 가르침을 받는 것이 제가 세 번째로 고른 은총입니다."

**염라** : "신들도 예전에 이를 궁금해했지만, 이 진리는 미묘하여 알기가 어렵느니라. 나치케타스야, 다른 은총을 고르거라. 나를 닦아세우지 말고, 이 소원으로부터 놓아주어라."

**소년** : "신들도 궁금해했지만 알지 못했던 것이라고, 죽음이시여, 님께서는 말씀하십니다. 그렇다면 님 말고는 이에 대해 말해줄 이가 없을 것입니다. 이만큼 바라는 소원은 달리 없나이다."

**염라** : "백 살까지 살 아들손자들은 수많은 가축·코끼리·말과 황금을 고르거라. 광활한 지역의 땅을 골라라. 그리고 네 자신이 원하는 햇수만큼 살기를 바라거라. 이 같은 소원을 생각하고 있다면, 그것을 고르거라. 나치케타스, 부와 장수를 광활한 땅에서 번영하기를 골라라. 네 욕망을 마음껏 누리게 해주겠노라. 필멸자의 세상에서 얻기 어려운 욕망 그 어떤 것이든 바라는 것이라면 모두 청하렴. 여기 악기를 들고 수레에 탄 아리따운 여인들이 있노라. 저런 이들을 인간은 얻을 수 없다. 내가 내리는 여인들의 시중을 받거라. (허나) 나치케타스, 내게 죽음에 대해 묻지 말아라."

**소년** : "덧없나이다, 필멸자를 끝내는 분(죽음)이시여. 그것은 인간의 모든 감각기관[20]의 활력을 쇠하게 합니다. 게다가 모든 (인간의) 수명은 짧습니다. 수레는 당신께서 지니십시오. 춤과 노래도 님께서 즐기세요. 인간은 재물에 만족하지 않습니다. (부를 주시는) 님에게서 찾아낸 만큼만, 저희는 부를 얻지 않습니까? 님께서 주재하시는 만큼만, 저희는 살지 않습니까? 제가 고른 은총은 오직 그것(죽음 이후를 아는 것)뿐입니다. 늙지 않는 불사에 대해 자세히 알고 난 뒤, 이 아래 대지에 사는 필멸의 인간 어느 누가 —제아무리 오래 산다고 한들— 미(美)와 사랑에 취하는 것의 (덧없음을) 알면서 그것을 즐기겠습니까? 죽음이시여, 궁금해들 하는 그것(사후 존재), 저 세상에 있는 위대한 것을 말씀해주소서. 비밀로 들어가는 것이 소원입니다. 나치케타스는 그것 외에 다른 것을 택하지 않나이다."[21]

소년은 뜻밖에도 죽음 너머를 구한다. 천상의 즐거움만으로는 충분하지 않았나 보다. 인도에서 천국은 잠시 들르는 곳이니 그럴 법도 하다. 하늘나라 역시 윤회의 한 고리일 뿐이니까. 마찬가지로 신도 윤회 가운데 취할 수 있는 복된 태생일 뿐이다. 선업을 많이 지으면 천국에 가고 신으로도 태어난다. 신이나 인간이나 그저 주어진 삶에 취해 윤회 속을 떠돌 뿐이다. 그래서 죽음의 신은 신들조차 죽음 너머를 알지 못한다고 말한다. 신들조차 모르는 진리를 어린 소년이 이해할 수 있을 리가 없지 않은가. 염라대왕은 난감하다. 나치케타스가 움켜쥔 불사를 내려놓게 하려고, 신은 다른 장난감을 여럿 흔들어 보인다. 부와 장수, 광활한 땅과 셀 수 없는 자손, 가무에 능한 시녀들까지. 하지만 소년은 뜻을 굽히지 않는다. 인간의 수명이 짧아 사랑도 덧없다나? 탄복한 염라는 드디어 나치케타스에게 죽음 너머를 설한다.

## 죽음의 가르침

"좋은 것 다르고, 즐거운 것 다르다(별개이다). 둘은 (서로) 다른 목적으로 사람을 엮는다. 둘 중에 좋은 것을 택하는 자는 훌륭하게 되고 즐거움을 택하는 자는 목표[22]에서 벗어난다. 좋은 것과 즐거운 것은 (모두) 인간에게 닥치는 것이니 현명한 이는 둘을 잘 헤아려 구별한다. 현명한 이는 즐거운 것보다 좋은 것을 택하고, 어리석은 이는 (세속의 행복을) 얻고 지키려고 즐거운 것을 택하지. 너는 좋아하는 것, 아름답게 보이는 것, 그리고 욕망을 버렸구나, 나치케타스야. 허다한 사람이 빠지는 재물의 길을 너는 가지 않았다. (서로) 동떨어져 있고 이르는 곳이 다른, 무지와 지혜라고 알려진 것이 있노라. 수많은 욕망이 그대를 꾀어내지 못했으니 내 나치케타스를 지혜를 구하는 자로 여기리라. 무지 속에 있으면서 스스로를 현자라고, 학자라고 생각하는 어리석은 자들은 장님이 이끄는 장님들처럼 이리저리 맴도느니라. 재물에 현혹되어 단순하고 부주의해진 바보에게는 저 세상에 대한 것이 보이지 않는다. 이 세상(현세) 말고 다른 것(내세)은 없다고 여기는 자는 거듭거듭 내 손 안에 떨어진다. 그것(참된 지혜)은 대다수가 들을 수조차 없고 듣는다고 해도 대부분 알지 못한다. 그것을 잘 이해하여 말하는 이도 놀랍고 잘 배워 아는 이도 놀라울 뿐이로다. 그것은 모자란 사람이 가르칠 수 있는 것이 아니다. 이모저모 생각하여 쉽게 파악할 수 있는 것도 아니다. 다르지 않음(梵我一如)을 아는 자[23]가 가르치지 않으면 (진리에) 도달할 방법이 없느니라. 그것은 상상할 수조차 없을뿐더러 미묘한 것보다 더 미묘하기 때문이다. 지혜는 논리로 도달할 수 있는 것이 아니다. 다른 이에게 들어야(배워야) 잘 알 수 있다, 아끼는 이야. 진리에 굳건한 네가 이를 얻었도다. 나치케타스야, 너와 같은 이들이 우리와 함께 하기를!

> 재물이 영원하지 않다는 것을 내 아노라
> 변하는 것으로는 변하지 않는 것을 얻을 수 없나니
> 그리하여 나치케타스의 불을 마련했으니
> 영원하지 않은 물질로 나는 영원함을 얻었도다

욕망의 성취를, 세계의 토대[24]를, 제사의 끝없는 보상을, 두려움 없는 피안을, 찬양의 위대함을, 널리 펼치는 것을, 그리고 (높은) 지위를 보고도, 현명한 나치케타스야, 흔들리지 않는구나.[25] (다) 놓아버렸도다! 보기 어려운 것에, 깊이 감추어진 것에, 내면에 들어간 것에, 동굴(비밀)에 놓인 것에, 깊은 곳에 머무는 것에, 오래된 것에, 현자는 자기(아트만)에 대한 명상으로 다가가 그것을 신으로 여기며 기쁨과 슬픔을 여의는 도다. 필멸자는 그것(아트만)에 대해 듣고 이해하고 덕행을 부지런히 행하여 미세한 그것에 이른 뒤, 즐길 것(아트만의 희열)을 얻어 즐긴다. 나치케타스에게 (죽음이라는) 집이 열렸다는 것을 아노라.[26]"[27]


물질의 유혹을 떨쳐버리는 것은 어느 종교에서나 영적 진보의 첫걸음이다. 하지만 나치케타스는 쾌락과 부·권력의 추구가 허용되는 시기(가장기)에 아직 들어서지도 않은 어린 학생이다. 탐나는 것들을 기꺼이 포기하다니 기특하고 또 기특하다. 보기 어려운 것, 깊이 감추어진 것, 내면에 들어간 것, 동굴(비밀)에 놓인 것, 깊은 곳에 머무는 것, 오래된 것은 전부 아트만을 가리킨다. 내면 깊은 곳에 있는 아트만은 미세하기 때문에 보기 어렵고, 생성되거나 소멸되지 않는 태고의 근원이다. 그래서 죽음이라는 집(비밀)을 열어젖힌 나치케타스가 해탈의 열쇠를 쥐었느냐고? 열쇠인 아트만(브라흐만)은 언어 너머에 있다. 소년이 배운 것을 설명할 수는 없다. 염라는 함축의 방법으로, 날아다니는 나비와 같은 진리(브라흐만)를 잡아 박제한다. 브라흐만을 못 박은 것은, '옴(Aum)'이라는 핀이다.

> **소년** : "옳은 것(정법)과 그른 것(비법) 너머, 행해진 것(결과)과 행해지지 않은 것(원인) 너머, 과거와 현재 너머, 보고 계신 바로 그것을 말씀해주소서."
>
> **염라** : "모든 베다가 언표하는 단어, 모든 고행이 말하고, 청정한 삶[28]을 행하는 이들이 바라마지 않는 그 단어를 네게 간략하게 말해주리라. 그것은 '옴(Aum)'이다.[29] 그것(옴)이 실로 음절(소리로서의) 브라흐만, 그것이 바로 지고의 음절이니, 이 음절을 바로 아는 이는 무엇을 바라든 얻느니라. 그것이 으뜸가는 토대, 그것이 최고의 토대.[30] 이 토대를 알면 조물주[31]의 세상[32]에서 위대해지리라."[33]

이성으로도, 배움으로도 브라흐만에는 닿을 수 없다. 그래서 '옴'이라는 상징을 쓴다. 옴은 브라흐만을 뜻하는 상징이자 주문이다. 기도의 끝에 붙이는 '아멘'과 비슷하다. 옴을 이루는 A · U · M, 세 음소는 각각 창조자 브라흐마, 유지자 비슈누, 파괴자 쉬바신을 뜻한다고 한다. 브라흐만의 세 가지 특징을 삼신으로 인격화한 것이다. 뭇 존재는 브라흐만으로부터 생겨나 브라흐만에 의지해 살아가다가 소멸한 뒤 브라흐만으로 돌아간다.[34] 브라흐만은 근원이자 토대다.

옴은 브라흐만을 표상하는 과녁일 뿐만 아니라 브라흐만으로 날아가는 화살이기도 하다. 옴 챈팅에 집중하면, 브라흐만을 관통할 수 있기 때문이다. A는 깨어있는 상태, U는 꿈꾸는 상태, M은 깊이 잠든 상태를 뜻한다. 일상에서 경험하는 세 가지 의식 상태. 세 음절 뒤의 침묵은 초월적 브라흐만을 상징한다. 이 네 단계는 명상 가운데 의식의 수준 차이로 경험할 수 있다. 편재하는 브라흐만, "태어나지 않으며 영원하고 영속하는 이 태고의 것"[35]을 꿰뚫을 수 있는 것은 선정뿐이다.

태어나지도 죽지도 않는 '아는 자(아트만)', 그것은 어디에서 생겨난 것도, 무언가를 생성하는 것도 아니다.[36] 만일 살인자가 (아트만을) 죽일 수 있다거나, 살해당한 자가 (영원히) 죽었다고 여긴다면 둘 다 제대로 알지 못하는 것이다. 그것(아트만)은 죽이지도 않고 죽지도 않느니라. 작은 것보다 더 작고, 큰 것보다 더 큰 이 아트만이 피조물의 심장에 자리하고 있나니. 무위를 행하여 슬픔으로부터 자유로운 이는 감각기관들을 정화하여 아트만의 위대함을 보도다. 그(아트만)는 앉아서도 멀리 나다니며 자면서도 어디든 간다. 기뻐하고 기뻐하지 않는 신(아트만)을 나 아니면 누가 알 수 있으랴. 몸속에 몸 없는 것, 불안정한(무상한) 것 속에 안정된 것, 위대하고 편재하는 아트만을 현자들은 알기에 슬퍼하지 않느니라.[37]

염라의 가르침은 우주적 브라흐만에서 내적 아트만으로 옮겨간다. 둘은 같지만, 규모가 확연히 다르다. 우주의 신은 내 안의 신이다. 우주를 알 수는 없지만 나를 알 수는 있다. 세계의 비밀을 알아내기 위해 밖을 헤맬 필요가 없다. 가만히 앉아 내면으로 들어가면 되니까. 존재의 근원을 상징하는 심장에 자리한 아트만, 불생불멸·무소부재의 위대한 실체를 들여다보기만 하면 된다.

물론 아무나 아트만을 알 수는 없다. 무한한 브라흐만이 한정될 때 모순된 특징이 함께 나타나기 때문이다. 아트만은 선이자 악이고, 물질이자 정신이며, 천국이자 지옥이다. 이것 아니면 저것이라는 이원론을 넘어서야 아트만을 얻는다. 좋고 나쁨을 구별하는 감각기관을 침묵시켜야 도달할 수 있는 경지다.

> 이 아트만은 (베다의) 가르침을 공부한다고 얻을 수 있는 것이 아니요, 지적 능력이나 많은 배움으로 얻을 수 있는 것도 아니다. 자신의 아트만을 선택한 자만이 아트만을 얻을 수 있나니. 그런 자에게 아트만은 스스로 모습을 드러내느니라. 악한 행동을 멈추지 않고 평온하지 않으며, 집중하지 못하고 마음이 평정하지 않으면, 빼어난 지혜로도 그것(아트만)을 얻지 못한다. 사제(브라만) 계급과 전사(크샤트리야) 계급 둘 다 아트만에게는 밥이고, 죽음은 반찬이로다."[38]

배우거나 공부한다고 아트만을 알 수는 없다. 아트만을 얻는(깨닫는) 방법은 직관이라는 도약뿐이다. 외적·물질적 욕망을 포기하고 자기 자신(아트만)을 찾아 내면으로 들어가기로 결심한 사람에게만 아트만은 모습을 드러낸다. 선한(유익한) 행동으로 외적 규제를 지키고, 감각기관을 다스려 내적 규율을 지켜야 아트만으로 가는 길이 열린다. 그 길을 닦아주는 것은 집중이다. 깨달음을 얻기 유리한(생계에 얽매이지 않는) 상류층에 태어나더라도 내적·외적 절제가 없으면 날마다 먹는 밥과 반찬처럼 삶은 변하지 않고 윤회는 반복될 뿐이다.

> 어리석은 자들은 외부의 욕망을 좇나니
> 그들은 죽음이 펼친 올가미 속으로 들어간다.

그러나 현명한 자들은 불사를 알고
여기(이 세상) 덧없는 것들 속에서
변치 않는 것을 구하지 않는다.[39]

STAGE
08

# 08

## 여덟 번째 **이야기**

# '나'라는 현상

밤길을 홀로 걷다가 앞에서 희끄무레한 사람 모습을 발견한다. 귀신이라는 판단에, 소름이 쭈뼛 돋는다. '나'는 정말 귀신이 무서운데! 터져 나오려는 비명을 막고(귀신이 듣고 쫓아올 거야!) 달아나려는 찰나, 그것이 사람 모양의 에어간판이라는 사실을 깨닫는다. 어이가 없어 헛웃음을 터트리는 것까지, 5감을 비롯한 마음의 여러 기능이 두루 작용한다. 그리고 '겁 많은 나'라는 자아상은 더욱 강화된다. 이러한 기능들 가운데 무엇이 진짜 나일까? 우리가 마음[1]이라고 뭉뚱그리는 것은 감각, 지성, 인지, 자의식 등 뇌의 여러 가지 기능을 포괄한다. '나'라는 것은, 이 모든 기능이 연합하여 만들어내는 현상이다.

## 의식의 분류

현대 인지 과학은 의식을 다양한 기준으로 분류한다. 가장 간단하게는 의식을 두 수준, 기본적인 감각과 지각을 경험하는 **기초의식**과 자기 인식과 반성 의식을 갖는 **고차의식**으로 나눈다. 우파니샤드에서는 의식의 질을 기준으로 네 가지 의식 상태를 언급한다. ① 깨어있는 각성 상태, ② 꿈을 꾸는 상태, ③ 꿈 없이 깊은 잠에 빠진 상태, ④ 명상 등을 통해 선정에 든 상태(투리야)가 그 넷이다.

먼저 마음의 세부 기능을 인지 과학의 용어와 비교해보면 유익할 것이다. 인지 과학이 내용에 따라 분류한 의식은 대략 네 가지다. 시각·청각 등 감각적 자극을 받아들이는 **감각적 의식**, 감정이나 기분을 느끼는 **정서적 의식**, 추상적·개념적 사고를 하는 **개념적 의식**, 마지막으로 스스로 자신의 상태를 인지하는 **자기 의식**이다.


# 마음이라는 통합 기능

## 5감과 의근

5감은 감각기관이다. 감각기관은 분명 신경계로 환원되는 물질적인 것이다. 의근(주의)이 5감을 통제한다. 의근 없이 단순한 감각만으로는 인식이 이루어지지 않는다. 5감을 다 가졌는데도 한 번에 한 가지만 인식할 수 있는 이유는 의근이 주의를 기울일 수 있는 대상이 하나뿐이기 때문이다. 의근이 주의를 기울이지 않으면 뭔가를 보고 들어도 인식하지 못한다. 오가는 농구공만 보고 있으면 고릴라가 눈앞에서 춤을 추며 지나가도 모른다.[2] 모든 감각의 중심이 의근이기 때문이다. 5감에 의근이 붙어야 감각적 의식이다. 주의를 두는 것은 의식의 힘(에너지)을 집중하는 행위다.

> "마음(의근)이 딴 데 있었어. (그래서) 보지 못했어.", "마음이 딴 데 있었어. (그래서) 듣지 못했어."라고 하는 것은 마음이 있어야 실로 보고, 마음이 있어야 듣기 때문이다.[3]

볼거리, 들을 거리 등 대상을 가지는 5감(지각, 청각, 후각, 미각, 촉각)과는 달리 의근은 대상 없이도 작용한다. 외적인 감각뿐만 아니라, 내적인 감정·생각 등도 인지하기 때문이다. 잠자리에서 우리는 눈을 감고 하루 일을 곱씹으며 울고 웃는다. 의근은 감각적 의식이자 정서적 의식이다.

## 지성(붓디)

의근은 감각기관이다. 감정·생각 등이 일어나는 것을 감지할 뿐 판단하고 분류하여 평가하지는 않는다. 이런 기능을 수행하는 것은 지성이다. 지성은 5감과 의근의 내용을 검토하여 이름(개념화, 표상화)을 붙인다. 감각적·정서적 의식이 파악한 것을 해석하고 이름 붙이는 기능이 지성이다. 의근보다 고차원적인 개념적 의식이라고 할 수 있다. 그런데 우파니샤드에서 지성은 개념화만을 수행하지 않는다.

> "의식, 인지, 식별, 지성, 지식, 파악, 고려, 생각, 숙고, 충동, 기억, 의지, 목적, 생존, 욕망, 애욕, 실로 이 모든 것이 지성의 이름이니라."[4]

지성의 기능 가운데 인지·식별·지성·지식·파악·고려·생각·숙고는

**119**

개념화에 관여한다. 지성은 감각·감정 정보를 분석하고 해석하여 추론하고 결정을 내린다.

충동·생존·욕망·애욕은 감각적 의식에 감정적인 반응이 붙은 뒤 지성의 해석을 가한 결과다. 배가 고프다는 생리적이고 감각적인 인식이 불쾌함이나 짜증에 이어 (먹고 싶은) 욕망이나 느낌을 끌어내면, 이 연쇄적인 현상에 지성은 '생존(욕구)', 혹은 '(먹고 싶은) 충동'이라는 이름을 붙인다. 신경과학자 다마지오는 인식과 감정, 그리고 해석을 통합하는 기능을 '느낌'이라고 불렀다. 인식과 감정뿐만 아니라, 기억·상상·추론 등을 조합하여 생겨난 느낌은 궁극적으로 통찰을 낳는다. "지성이라는 이름의 수많은 배들을 출항시키고 항해시켜 온 것은 느낌이다."[5] 우파니샤드에서는 이 느낌을 지성의 한 측면으로 본다.

지성의 또 다른 기능인 기억·의지·목적은 자의식·자기 의식과 밀접하게 관련된다. 지성은 경험과 학습(기억)으로부터 판단을 끌어낸다. 그리고 판단을 토대로 목적을 정해 그것을 이루려는 의도를 일으킨다. 이런 심리·행동의 일관성이 자의식이고, 낱낱의 감정·생각·행동 등을 인식하고 반성하는 것이 자기 의식이다. 생각에 대한 생각, 혹은 인지에 대한 인지를 가리키는 메타 인지 역시 지성의 기능 일부다. 이렇게 지성의 기능은 복합적이다(AI는 지능을 지니고 있지만, 지성을 지니고 있지는 않다).

그렇다면 지성이 마음의 기능들을 지휘할까? 『바가바드 기타』에는 지성 역시 도구적 기능이라는 것이 명시된다.[6] 지성은 전체 의식의 일부일 뿐이다. 의식은 감각·감정·지성뿐만 아니라, 자의식과 자기 의식을 포괄한다. 이 통합적 의식을 뭉뚱그려 마음이라고 한다.[7]

진화의 역사에서 지성이 출현한 이유는 생존에 유리하기 때문이다. 지성이 세계의 지도를 내면에 갈무리한 덕분에, 인간은 과거 경험을 토대로 미래를 계획하고 도모하는 능력을 지니게 되었다. 지성은 목표가 아니라 도구다. 그런데도 사피엔스('지혜로운')를 두 번 붙여 '호모 사피엔스 사피엔스'라고 현대 인류를 지칭하는 것은 지성을 자랑스럽게 내세우는 인류의 자의식을 드러낸다.

## 자의식(아항카라[8])

자기 의식과 자의식은 다르다. 자신의 생각·감정·행동 등을 알아차리는 것이 자기 의식이라면, 타인에게 비치는 자신을 인식하는 것이 자의식이다. 자의식은 자신이 소유하고 성취한 것뿐만 아니라, 생각과 감정에 '내 것'이라는 꼬리표를 붙이고 애착을 갖는다. 지성이 생각과 감정을 분류하여 이름을 붙이면, 이름과 이름을 붙이는 방식이 '나' 혹은 '내 것'이라는 착각(자의식)을 만든다.

외부와 내부를 (세포막으로) 나누어 '나'를 분리해낸 현상을 세포의 기원으로 본다면, 자의식은 그 막 덕분에 발전한 '분리' 의식일 것이다. 세상과 나를 분리했기 때문에, 필연적으로 인간은 두려움과 외로움을 겪을 수밖에 없다. 모두가 하나인 꿈 같은 유년이 끝나면, 타자로부터 천국과 지옥이 생겨난다. 누구나 어린 시절에는, '나'를 분리해내는 창조의 고통을 치른다.

태초에 오직 사람 모양의 아트만만이 있었다. 사방을 살펴봐도 그는 자신 말고 다른 것을 볼 수 없었다. '나(aham)'가 있다고, 그가 최초로 말했다.[9] 그래서 '나'라는 말이 생겼다. 그래서 지금도 호명되면 '나는 그(지시대명사)'라고 앞서 말하고 나서, 자신이 가진 이름을 말한다('내가 그 아무개(이름)다'라고 자신을 소개한다).

그는 두려워했다. 그래서 혼자인 사람은 두려워한다. 그는 생각해보았다.
'나 자신 이외에는 아무도 없는데, 대체 누구를 두려워한단 말인가?'
그러자 그의 두려움이 사라졌다. 두려움은 두 번째(다른 존재, 타자)에서 생기거
늘, 누구를 두려워하겠는가.

그는 진정 즐겁지 않았다. 그래서 혼자인 사람은 즐겁지 않다. 그는 두 번째를 원
했다. 그는 여자와 남자가 꼭 껴안은 크기가 되었다. 이러한 자신을, 그가 둘로 나
누었다. 그리하여 남편과 아내가 생겼다. 그렇기 때문에 (성자) 야즈냐발키야[10]
는 "아내는 자신의 반쪽이구나"라고 말하곤 했다. 그는 그녀(아내)와 결합했다.
그리하여 인간이 생겼다.[11]

그의 아내는 남편에게 불만을 품었다.
'자기 자신에게서 생겨난 존재가 나인데, 어찌 (딸인) 나와 결합한단 말인가?'
그래서 그녀는 남편을 피해, 모습을 바꾸어 숨기로 했다. 그녀는 암소가 되었다.
그러자 그는 수소가 되어 그녀와 결합하여, 소를 낳게 했다. 다시 그녀가 암말이
되자, 그는 수말이 되어 그녀와 결합했다. 그녀가 암탕나귀가 되면 그는 수탕나
귀가, 그녀가 암염소가 되면 그는 숫염소가 되었다. 이렇게 해서 그는, 개미에 이
르는 생물 전부를 양성의 성교를 통해 창조했다. '내가 바로 창조다. 내가 모든 것
을 창조했기 때문이다.'라고 그는 알았다. 그래서 그는 창조가 되었다. 이와 같이
아는 자는 그의 창조 안에 있게 된다.[12]


외로움 때문에 시작된 창조가 온 생명을 만들어낸다. 내가 외로워서, 내가
필요해서, 내가 행복하기 위해서, '나'를 만족하기 위해서 온갖 것이 생겨났
다. 이게 다 나 때문이다! 나를 둘러싼 세상을 '나'가 창조했다는 것을 깨달은
사람은 원인과 결과를 혼동하지 않는다. 세상이 이 모양이라서 내가 이 모양
이 된 것이 아니다. 세상이 빚어낸(조건 지어진) 나와 나를 빚어낸 세상을 깨
뜨리고 새로 창조하지 않았기 때문에 나와 세상이 이런 것이다. 모든 것은 투

사다. "내가 바로 창조다!"라는 선언은 내 의지의 표상인 세계를 빚어내어 에고를 구축한 사람만이 할 수 있다.

에고는 자신의 진정한 욕망 위에 구축된다. 욕망을 통해 자신의 맨 얼굴을 들여다보아야 자신이 정말 누구인지 알게 된다. 사회가 주입한 욕망을 내 것으로 받아들이기만 하면, 타인의 시선에 따라 이리저리 휘둘리는 꼭두각시로 남는다. 우파니샤드는 한발 더 나아가 욕망의 근원을 밝힌다. 모든 욕망은 성욕에서 나온다! 프로이트가 말한 리비도가 내 모든 욕망의 원동력이다. 자기 세상을 창조하는 정신적 에너지가 리비도에서 나온다는 통찰을 우파니샤드는 보여준다.

세상에서 나를 분리하는 고통스러운 창조를, 우파니샤드에서는 자신의 반쪽을 쫓는 스토킹으로 그려낸다. 자기 자신(반쪽)을 사랑하기에 남편은 아내와 결합한다. 진정한 자기를 찾아내 하나가 되는 것이 삶의 목표다. 참나를 찾아 떠나는 에고의 험난한 여정은 인류가 향유해 온 오만 가지 이야기의 변함 없는 주제다.

성자 야즈냐발키야는 아내 마이트레이에게 자기 자신을 향한 사랑이 빚어낸 세상을 말한다.

야즈냐발키야가 말했다.
"여보, 남편에 대한 사랑 때문에 남편이 사랑스럽지는 않아요. 자기 자신을 사랑하기 때문에 남편도 사랑스러운 것이지. 여보, 아내를 사랑하기 때문에 아내가 사랑스럽지는 않아요. 자기 자신을 사랑하기 때문에 아내도 사랑스러운 것이라오. 여보, 아들을 사랑하기 때문에 아들이 사랑스럽지는 않아요. 자기 자신을 사랑하기 때문에 아들도 사랑스러운 것이오. 여보, 부(재산)를 사랑하기 때문에 부가 사랑스럽지는 않아요. 자기 자신을 사랑하기 때문에 부도 사랑스러운 것이지…… 여보, 세상을 사랑하기 때문에 세상이 사랑스럽지는 않아요. 자기 자신을 사랑하기 때문에 세상도 사랑스러운 것이라오. 여보, 신들을 사랑하기 때문에 신들이 사랑스럽지는 않아요. 자기 자신을 사랑하기 때문에 신들도 사랑스러운 것이오. 여보, 뭇 존재를 사랑하기 때문에 뭇 존재가 사랑스럽지는 않아요. 자기 자신을 사랑하기 때문에 뭇 존재도 사랑스러운 것이지. 여보, 모든 것을 사랑하기 때문에 모든 것이 사랑스럽지는 않아요. 자기 자신을 사랑하기 때문에 모든 것이 사랑스러운 것이라오."[13]

자기 자신을 사랑하는 것과 자기애(Narcissism)는 다르다. 전자는 자기수용과 자기존중을 기반으로 사랑을 확장하지만, 후자는 자신을 과대평가하며 인정을 갈구한다. 자신을 사랑하지 않는 사람은 다른 사람을 진정으로 사랑할 수 없다.[14] 자신을 사랑하기 때문에, 또 다른 나인 배우자와 아이를 사랑할 수 있다. 세상 모든 것은 나 자신의 투영이자 확장이다. 자신을 사랑하기 위해서, 우리는 다른 존재를 필요로 한다. 심지어 신도 그렇다. 그토록 사랑해 마지않는 '나'란 과연 무엇일까?

## 자아의 네 가지 의미

불교의 무아론(無我論)과 우파니샤드의 유아론(唯我論)에서 '아(我)'는 아트만을 말한다. 불교와 힌두교는 아트만의 실체를 두고 긴 논쟁을 펼쳤다. 산스크리트 단어 아트만(ātman)은 개별 자아의 실체일 뿐만 아니라 만물의 실체(브라흐만)이기도 하다. 이 때문에 경전 해석에 혼란이 생길 수밖에 없다. 더구나 아트만을 '자아'로 번역하면, 혼란은 오류가 된다. 그래서 불교에서는 무아를 인무아(人無我)와 법무아(法無我)

로 나눈다. 인무아는 개별 자아에 실체(아트만)가 없다는 것이고, 법무아는 모든 현상에 실체(브라흐만)가 없다는 것이다.

여기에서는 인무아의 측면에서 '자아'의 여러 측면을 살펴본다.

## 자의식(에고)

인간은 누구나 '있다'라는 느낌을 안다. 하지만 동사가 표현하는 상태에 주어를 넣으면 어떻게 될까? '나는 있다'라는 문장 속 '나'를 어떻게 인식할까? 자의식은 이차적 관념에 불과하다. 에고는 "마음속 관념의 흐름 속에 삽입되어",[15] 5감과 의근 그리고 지성이 하는 일을 '나'가 한다고 주장한다. 절로 흐르는 강 앞에서 자신이 강을 흐르게 한다고 큰소리치는 거짓말쟁이가 에고다. 마음의 활동 덕분에 창발적으로 출현하는 환영이 에고라고 할 수 있다. 불교에 동사만 있다고 하는 이유는 '있다' 앞에 놓이는 '나'를 주체로 인정하지 않기 때문이다.

## 심층 자아(deep self)

심리학에서는 개인의 고유한 일관성을 자아 정체성으로 정의한다. 뇌가 몸·주변 환경과 상호작용하여 체화한 경험이 자아 정체성을 구성한다. 자아 정체성에는 자각되는 부분과 자각되지 않는 부분이 있다. 명확하게 인식하지 못하는 기억·감정·욕구·믿음 등이 정체성 형성에 깊이 관여한다고 한다. 이렇게 자아 정체성을 이루는 무의식적 측면을 심층 자아라고 한다. 따라서 심층 자아는 개인의 무의식적 사고·믿음·행동 패턴·스키마[16] 등과 밀접한 관련이 있다.

## 참나(Self)

융 심리학에서 말하는 '더 위대한 인격(Greater Personality)'이 참나다. 정신의 중심에 있는 진정한 '나'를 말한다. 의식의 주체가 에고라면 의식과 무의식을 아우르는 전체적 인격이 참나다. 심층 의식은 참나의 일부일 뿐이다.

나(에고) 안에 내가 모르는 진짜 나(참나)가 있다는 생각은 종교적이지 않은 이에게도 영감을 준다. 그래서 종교인들은 참나를 영혼,[17] 진아(眞我)[18] 혹은 아트만과 연결짓곤 한다.

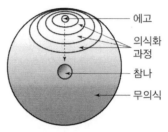

그림 8. 융: 자기 실현의 과정

## 아트만

아트만은 내면에 있는 불멸의 실체다. 개별적 영혼이 아니라, 존재 모두가 가진 본질이다. 에고의 장막 뒤에 있는 아트만이 우주의 본질인 브라흐만과 같다고 우파니샤드는 주장한다. 브라흐만이 인터넷망 전체를 통칭한다면, 아트만은 '나'의 컴퓨터에서 접속할 수 있는 제한적 인터넷망 혹은 분리된 망이라고 할 수 있다.

영원불변하다는 특징 때문에, 아트만은 종교적인 의미(예를 들면, 불멸의 영혼)로 이해되곤 한다. 하지만 초기 우파니샤드에서 말하는 아트만이나 브라흐만에는 종교적 색채가 옅다. 브라흐만에 '신'이라는 관념을 덮어씌워도 그렇다. 우파니샤드가 말하는 신은 '순수함' 혹은 '신성함'의 다른 표현일 뿐이다. '나'가 아트만이자 브라흐만이며 순수하고 신성한 실체라는 사실이 중요하다.

## 자아에 대한 견해

### 유아와 무아

육체라는 기계 속에 유령(아트만)이 있는지 없는지를 두고, 불교와 힌두교는 날카롭게 대립한다. 『밀린다왕문경』[19]에서 인간의 실체를 묻는 밀린다왕에게 승려 나가세나가 말한다.

> "마차란 무엇일까요? 굴대가 마차입니까? 혹은 바퀴가 마차입니까? 고삐가 마차일까요? 아니면 이런 것이 아니라, 또 다른 부속이 마차입니까?"

왕은 그 어느 것도 마차가 아니라고, 굴대·바퀴·고삐 따위가 모여 마차를 이루듯이 몸·감각·마음 등이 모여 사람이 될 뿐이라고 대답할 수밖에 없었다.

> 여러 부분이 결합했기 때문에
> 마차라는 명칭이 있듯이
> 오온[20]이 존재할 때
> 사람이라는 이름이 있네.[21]

영원한 것은 없다는 가르침은 시대별로 변화한 불교 제 종파를 하나로 묶는 핵심 교리다. 철학이든 종교든 수행공동체든 불교라면 무아를 벗어난 주장을 하지 않는다. 그러나 우파니샤드는 마차에 주인(아트만)이 타고 있다고 분명하게 밝힌다. 마음은 고삐이고 지성은 마부일 뿐이다. 마부 옆에 앉아 여행을 즐기는 자 역시 에고에 불과하다. 마차 안에 깊숙이 들어앉은 주인이 바로 아트만이다. 말(감각기관)을 잘 제어하는 마부(지성)는 주인(아트만)을 목적지인 해탈(비슈누 지고의 경지)로 모셔간다.

아트만을 마차의 주인으로, 몸을 마차 자체로 알라.
지성을 마부로, 또한 마음을 고삐로 알라.

감각기관들이 말이고, 감각의 대상들은 길이라고 일컬어지나니.
몸과 감각기관과 마음이 결합한 것을, 현명한 이들은 '누리는 자'라고 하노라.

분별없는 자는 마음을 항상 제어하지 않아
그의 감각기관들은 통제되지 않으니, 마부에게는 나쁜 말들과 같도다.

그러나 분별 있는 자는 마음을 항상 제어하니,
그의 감각기관들은 통제되어, 마부에게는 좋은 말들과 같도다.

분별없는 자는 부주의하여 (마음이) 맑지 못하니,
경지(해탈)를 얻지 못하고 윤회 속으로 들어온다.

그러나 분별있는 자는 주의 깊고 (마음이) 맑아
다시 태어나지 않는 경지(해탈)를 얻는다.

마음의 고삐를 잡은 사람은 분별 있는 마부이니,
그는 여행의 끝인 비슈누 지고의 경지를 얻는 도다.[22]

마차 안에 주인(아트만)이 있고 없고는 중요하지 않다. 고삐(마음)를 단단히 쥐고 말(감각기관)을 잘 길들여 제 갈 길을 제대로 가느냐가 중요할 뿐. 목적지(해탈)에 도달하면, 마차에서 누가 내리는지는 절로 알게 되지 않을까.

## '나'에 대한 세 가지 견해

### 무아론 : 아트만은 없다

무아론은 아트만을 부정한다. '나'는 단지 현상으로서만(에고로만) 존재한다. 에고를 일종의 환상으로 치부하는 일부 인지과학자들의 견해와 무아론은 일치한다. 뇌의 인지 시스템과 환경의 상호작용의 결과로 나타나는 신경적이고 심리적인 구성물이 '나'다. 흔히 불교가 에고마저 부정한다고 오해하곤 한다. 하지만 파편적이고 찰나적인 현상 자체가 에고다. 처음부터 '나'라고 할 만한 것이 에고에는 없다. 에고라는 환영을 걷어내는 것이 불교 수행의 핵심을 차지한다. 아트만을 확고하게 부정한다는 공통의 토대 위에서 불교는 참나와 심층 자아에 대한 논의를 다양하게 펼쳤다.

### 비실체론 : 의식 자체가 나다

비실체론 역시 아트만을 부정한다. 하지만 에고 밑에 의식이 있다고 보고, 의식 자체를 '나'로 간주한다. 의식이 만들어내는 복잡다단한 인지 과정이 통시적 자아 정체성을 형성한다고 보기도 한다. 하지만 그렇게 만들어진 자아 정체성은 일관된 이야기를 구성하는 정보 처리의 결과일 뿐 고유한 실체가 아니다.

> 자아란 한갓 '목격자(witness)'이거나 더 좋은 표현으로는 '목격함(witnessing)'일 것이다.[23]

우파니샤드에 따르면, 아트만(실체)의 속성이 의식일 뿐 의식 자체가 아트만은 아니다. '나'가 뇌만은 아닌 것처럼 의식도 '나'는 아니다. 의식을 영원불변하다고 간주하면 실체론의 영역으로 넘어간다.

### 실체론 : 아트만이 실체다

독립적이고 지속적인 '나'는 오직 아트만뿐이라는 주장이 실체론이다. 우파니샤드에서는 아트만이 개별 자아의 본질이라고 주장한다. 시간과 경험에 따라 에고·심층 자아·자아 정체성 따위는 변화하지만, 아트만은 변하지 않는다. 사실상 아트만은 '나'와는 아무 상관도 없다. 영화를 보는 관객(아트만)이 시나리오에 참여하지 않는 것과 마찬가지다.

## 두 자아와 에고

### 서사적 자아와 경험적 자아

나는 누구인가? 흔히 '나'라는 존재를 생각할 때 우리는 자서전적 기억을 떠올린다. 경험에서 고갱이만 잘라 기억이라는 용기에 얼려 두었다가, 녹여서 이야기로 만든 것이 '서사적(자서전적) 자아'라는 요리다. 삶의 궤적이 만든 서사적 자아를 맛보고 평가한 것은 자아 정체성이라고 할 수 있다. 인생을 총체적으로 판단하여 등급을 매기는 행위다. 서사적 자아는 정체성의 토대가 되는 나만의 이야기를 만든다.

반면 매 순간 생각과 느낌을 경험하는 의식으로서의 '나'가 있다. 이를 '경험적(경험하는) 자아' 또는 '핵심 자아'라고 한다. '나는 무엇인가?'에 대한 답인 셈이다. 서사적 자아가 나에 대한 평가를 뜻한다면 경험적 자아는 지금 이 순간을 경험하는 나를 말한다. 경험적 자아가 직접 행복을 느낄 때 서사적 자아는 자신에 대해 간접적으로 만족을 느낀다. 삶 속에서 행복한 나(경험적 자아)와 삶에 대해 행복하다고 평가하는 나(서사적 자아)는 서로 관련이 없다. 경험적 자아는 감각적이고 신체적인 인식이지만, 서사적 자아는 이성적이고 사회적인 인식이기 때문이다. 성과와 평점에 목매는 에고는 서사적 자아에 토대를 둔다. 당연하게도 서사적 자아에게는 자신을 높게 평가해줄 사회적 기준이 필요하다. 그것이 서사적 자아의 가치가 된다. 반면 경험적 자아는 지금 이 순간을 나만의 경험으로 만들기 위해 삶을 음미하려고 한다. 경험적 자아에게는 경험의 깊이가 절실하다.

## 서사적 자아와 에고

자기계발이 중요한 능력주의 사회에서 서사적 자아는 현저한 위치를 차지한다. 사회적 성과를 잣대로 미래의 목표를 추구하는 서사적 자아가 자본주의적 성공 서사를 완성하기 때문이다. 이 생의 서사만이라면 에고도 충분히 주인공이 될 수 있다. 사건을 구슬처럼 꿰어 서사(목걸이)로 만드는 것을 에고는 아주 좋아한다. 물론 무아론의 에고에게는 서사적 구성 능력이 없는 것처럼 보인다. 그러나 무아론에서든 비실체론에서든 의식에게는 서사를 쌓아둘 창고(심층 의식)가 있다. 그 창고에는 필름(이야기)만 보관할 수 있다. 휘발하는 에고를 고정하는 수단이 이야기이기 때문이다.

일생의 서사를 생생의 윤회로 확장한다면, 현상적인 에고는 서사의 주인공이 될 수 없다. 무아론에서는 현상적 에고만을 인정하므로 서사적 자아를 논하는 것이 불가능하다. 인격적 동일성 자체를 부정하기 때문이다. 비실체론에서는 인격적 동일성을 인정하지만, 통시적으로 동일한 '나'를 영웅 서사를 써 내려가는 행위자로 보지는 않는다. 그저 목격자로 간주할 따름이다. 오직 실체론만이 서사적 자아를 지지하는 것처럼 보인다. 실체론에서만 윤회를 견디며 스스로를 완성하는 '나'의 토대로서 아트만을 인정하기 때문이다. 불변의 아트만을 스크린 삼아 영화를 상영하는 것과 같다.

자신의 경험만으로 개인이 서사적 자아를 구성할 수는 없다. 인간이 '이야기에 미친' 뇌를 가진 이유는 그 때문이다. 우리는 신화·전설·민담·괴담·소문·뉴스 등 온갖 이야기의 형태로 공동체의 가치관과 행동 양식을 흡수한 뒤, 그것을 재료로 자신만의 이야기를 자아낸다. 개인은 기억으로 고정하지 못한 자기 경험의 빈자리만 타인의 그럴싸한 이야기로 채워 시나리오를 완성하지 않는다. 반대로 멋지다고 생각하는 타인의 시나리오에 자신을 주인공 삼아 경험을 끼워 맞춘다(심지어 시나리오가 비극이라도 아랑곳하지 않는다). 인간은 자신의 이야기에 도취한다. 능동적으로 이야기를 만들어내지 못하면 허무에 빠진다. 이야기의 실을 잣고 감고 자른 것이 운명이다. 실패를 든 운명의 세 여신은 스스로 만든 이야기에 얽매이는 인간 존재를 상징한다.

앞서 살펴본 에고의 세 단계는 서사적 자아의 구축·확장·초월을 가리킨다. 에고의 구축 단계에서는 타인의 시나리오가 아닌 자신만의 시나리오를 선택한다. 사회에서 주입한 가치가 아니라 자신만의 가치와 의미를 따르기로 결심하는 것이다. 따라서 사회가 아직 수용하지 않은 새로운 가치를 발견할 가능성이 크다. 영웅은 자신만의 길을 개척하여 공동체에 새로운 대안을 제시한 사람 가운데 나온다. 누가 인정하지 않아도 자신만의 가치를 향해 나아간 사람은 같은 가치를 추구하는 타인들 ―'또 다른 나'― 을 만난다. 이로써 에고가 확장한다.

서사적 자아를 구축하고 확장한 뒤에는 그것을 파괴하고 초월한다. 어렵게 완성한 서사를 왜 부수는 것일까? 시나리오에 얽매이는 한 '나'는 좁은 영화관을 벗어날 수 없기 때문이다. 아무리 자신만의 가치와 의미를 발견했어도 그것은 영화 속 이야기다. 클리셰(cliché)를 벗어나 새로운 영화를 완성한

들, 주어진 스크린(환경)에 상영하는 이야기라는 사실은 변하지 않는다. 우파니샤드는 부귀영화와 불멸을 약속하며, 상영관 속 영사실(내면)로 제자를 불러들인다. 영사실에서 발견하는 것은 '나'가 주인공인 필름이다. 필름(에고)에 빛(아트만)을 비추면 생겨나는 이야기(믿음), 그것이 나의 실체다. 시간이라는 것은 필름 위 각 프레임에 빛이 닿은 순서다. 이를 깨달은 제자는 영화관을 떠나야겠다고 결심한다. 여전히 상영 중인 극장 안 어두컴컴한 곳곳을 손전등(지혜)으로 비추며, 제자는 비상구를 찾는다. 마침내는 영화관을 벗어나 빛(브라흐만)이 가득한 곳으로 간다.

삶을 상영하는 것은 영사기에서 나오는 한 줄기 빛, 바로 아트만이다. 아무것도 행하지 않는, 그저 비추고 '지켜보는 자'다. 아트만이 없으면 그림자인 에고는 존재할 수 없다.

STAGE
09

## 09

아홉 번째 **이야기**

# 비밀의 가르침

모든 행위를 가진 것, 모든 욕망을 지닌 것, 모든 향기를 가진 것, 모든 맛을 지닌 것, 말도 없고 관심도 없이 그것은 온 세상에 편재해있노라.
그것이 내 아트만, 심장(존재의 근원) 속에 있도다. 그것이 브라흐만이다.

찬도기야 우파니샤드(3. 14. 4)

## 의식의 빛

브라만 가르기야는 대론에서 아자타샤트루왕에게 패배하자 왕에게 가르침을 청한다. 최상위 계급인 브라만이 왕족인 크샤트리야에게 배운다니? 법도를 거스르는 일이다. 하지만 왕은 가르기야의 요청을 받아들인다. 그리고 성자를 데리고 깊이 잠든 사람을 깨우러 간다.

(긴 대론 후) 아자타샤트루가 말했다.
"이게 다입니까?"
"이게 다입니다."
"이 정도로는 안다고 할 수 없습니다."
(그러자) 가르기야가 말했다.
"그대에게 가까이 가고자(배우고자) 합니다."[1]

**135**
·

아자타샤트루가 말했다.

"'내게 브라흐만에 대해 말해 줄 것이다'라고 (기대하며), 브라만이 크샤트리야에게 가까이 가는 것은 (법도를) 거스르는 일입니다. 하지만 당신께 (브라흐만에 대해) 알려드리지요."

(왕은 가르기야의) 두 손을 잡아 그를 일으켰다.[2] 둘은 잠들어 있는 사람에게 다가갔다.

"흰옷을 입은 위대한 왕 소마!"라며 그를 이름으로 불렀다. 그는 일어나지 않았다. 손으로 흔들어 깨우자 그가 일어났다. 아자타샤트루가 말했다.

"사람이 잠들어 있을 때, 의식으로 이루어진 자(아트만)는 어디에 있을까요? 그리고 잠에서 깨어날 때 그는 어디에서 돌아오는 것일까요?"

그러나 가르기야는 그것을 알지 못했다. 아자타샤트루가 말했다.

"사람이 잠들어 있을 때 의식으로 이루어진 자(아트만)는 (자신의) 의식으로 이 감각기관들(氣)의 의식을 거두어들이고는, 심장 속의 공간에서 (본질적인 아트만으로서) 쉽니다. 감각기관들의 기를, 이 의식으로 이루어진 아트만이 (거두어들여) 잡고 있을 때, 잠들었다고 합니다. (그때는) 기가 잡혀 있고, 말이 잡혀 있습니다. 눈이 잡혀 있고, 귀가 잡혀 있으며, 마음이 잡혀 있지요. 그 아트만이 꿈에서 돌아다니는 곳, 바로 그곳이 그의 세상들입니다. 그는 (꿈속에서) 위대한 왕이 되고, 위대한 브라만(사제)이 되지요. (꿈속에서) 그는 높고 낮은 지위를 얻는 것처럼 보입니다. 마치 제왕이 백성을 데리고 제 나라 안을 가고 싶은 대로(마음대로) 돌아다니듯이, 아트만은 기를 이끌고 자신의 몸속을 가고 싶은 대로 돌아다닙니다. 이제 깊은(꿈 없는) 잠에 들어 그 무엇도 알지 못할 때, 아트만은 둑방길[3]이라고 하는, 심장에서 온몸으로 뻗은 72000개의 경락[4]을 타고 와 심낭에서 쉽니다. 마치 어린아이나 대왕 혹은 위대한 브라만이 희열의 절정에 도달해 안식하듯이, 아트만도 그렇게 쉬지요."[5]

'소마'라는 이름은 달의 신 소마에서 왔다. '흰옷을 입은 위대한 왕'은, 『베다』에서 달의 신을 찬양하는 관용구다. 왕과 성자는 '소마'라는 이름을 가진 사람을 이 관용구로 부르지만, 그는 깨어나지 않는다. 불러도 모를 만큼 깊이 잠들었기 때문이다. 이때 아트만은 어디에 있을까?

## 아트만은 의식이 아니다

깨어있을 때 아트만은 의식이 되어 감각기관을 움직인다. 몸이 전구, 뇌가 필라멘트이고 의식이 필라멘트가 내는 빛이라면 아트만은 에너지를 공급하는 전원인 셈이다. 아트만은 의식의 형태로 눈·귀·마음 등에 퍼져 있다가, 깊은 잠 상태에서는 감각기관들로부터 의식을 거둔 뒤 존재의 근원(심장)으로 돌아간다. 몸을 움직이는 의식이 없으므로, 말을 할 수도 없다. 감각기관(5감과 마음) 역시 작동하지 않는다. 샹카라에 따르면, 이때 아트만은 의식이 아니라 본래 상태(본질)로 돌아간다고 한다. 전통적으로 아트만의 자리는 심장이다. 심장은 신체 장기가 아니라, 존재의 근원을 상징한다(인도에서와 마찬가지로, 아리스토텔레스는 심장에 영혼이 있다고 언급한다).[6]

개인의 내면에 있지만 아트만은 개별 의식이 아니다. 또한 아트만은 의식으로 이루어져 있지만, 아트만이 곧 의식은 아니다. 깊이 잠들어 의식이 없을 때조차도 아트만은 '있는', 존재의 토대다. 아트만은 의식을 비추지만 의식 속에 있지는 않다고 샹카라는 밝힌다.

그것(아트만)은 생각(의식)이 아니다.
그것은 생각 가운데 서 있는 것이다.[7]

우파니샤드는 자기조명론을 표방한다. 단순히 외부 자극에 대한 반응이 의식이 아니라, 자극을 스스로 인식하는 주체가 내면에 있다는 주장이다. 반대로 인식하는 주체가 내면에 없으면 타자조명론이다. 자기조명론이든 타자조명론이든 진리의 원천이 내재적이라는 인도의 조명론과는 달리 아우구스티누스는 신의 빛이라는 외재적 조명을 주장한다.

인도 철학자 라다크리슈난에 따르면, 존재 속에 한정된 브라흐만이 바로 아트만이다. 온 우주의 절대 의식(브라흐만)은 개체 안에서 자기(아트만)를 실현한다. 그 의지의 스위치가 켜진 것이 의식이라고, 신비적으로 표현해야 하지 않을까.

## 의식의 네 가지 상태

전구의 밝기는 고정되어 있지만, 인간의 의식은 단계별로 변화한다. 평범한 인간에게는 세 가지 의식 상태가 있다고 아자타샤트루왕은 지적한다. 이게 다가 아니다. 네 번째(투리야)가 있다. 바로 삼매(깨달음)의 경지다. 우파니샤드는 의식 상태를 네 가지[8]로 구분한다. 이 네 단계가 곧 명상의 수준이기도 하다.

이 모든 것이 실로 브라흐만이요, 이 아트만이 브라흐만이로다. 그리고 이 아트만에는 네 부분이 있노라.
첫 번째 부분 바이슈바나라[9]는 깨어있는 상태로 외부를 인식하며, 일곱 부분[10]과 열아홉 입[11]을 지니고 거친(물질적인) 것을 맛보느니라.[12]
두 번째 부분 타이자사[13]는 꿈꾸는 상태로 내부를 인식하며, 일곱 부분과 열아홉

입을 지니고 미세한(정신적인) 것을 맛보느니라.[14]

잠든 사람이 아무것도 욕망하지 않고, 아무런 꿈도 꾸지 않는 것이 숙면 상태다. 세 번째 부분인 프라즈냐[15]는 숙면 상태로, (아트만과) 하나가 된 의식 덩어리다. 희열로 이루어져 있고 희열을 맛보며 의식이라는 입을 가진다. 프라즈냐가 모든 것의 주인이며 모든 것을 아는 자, 내면의 통제자로다. 그는 모든 것의 근원이니, 실로 존재들의 시작과 끝이니라.

투리야(네 번째)는 내부(생각, 감정 등 마음속 대상)를 인식하지도 않고 외부(5 감으로 감지하는 대상)를 인식하지도 않으며, 둘 다를 인식하지도 않는다.[16] 의식 덩어리도 아니고 의식도 아니며, 의식이 아닌 것도 아니다. (투리야는) 보이지 않고 말할 수 없으며, 잡을 수 없도다(감각기관으로 파악할 수 없다). 표식도 없고 생각할 수도 없고 이름 지을 수도 없나니. 하나의 아트만으로 인식되는 (진리의) 정수로다. 현현이 멈춘 것, 평온한 것, 상서롭고 둘이 아닌 것이 투리야로 여겨진다. 이것이 알아야 할 것이로다.[17]

## 깨어있는 상태(각성위)

일상생활 속에서 인간의 감각·감정·생각은 활발하게 움직이며 세계를 경험한다. 뇌가 각성된 이 상태를 '바이슈바나라'라고 한다. 깨어있는 상태에서는 5감뿐만 아니라, 행동기관(발성, 손, 발, 배설, 생식)도 활발하게 기능한다. 당연히 육체와 물질세계에 의존할 수밖에 없다.

물질성은 우리가 '깨어있다'라고 여기는 근거가 된다. 하지만 깨어있다고 해서 깨어있음의 수준이 다 같지는 않다. 잠에서 갓 깨어 멍한 상태와 카페인을 마시고 예민해진 상태가 다르듯이, 진정한 '깨어남(해탈)'은 네 번째 상태에서나 논할 수 있다. 그래서『바가바드 기타』는 평범한 사람의 각성 상태를 두고, 깨어있지만 잠든 것이나 마찬가지라고 말한다. 우리는 눈 뜬 상태로 졸고 있다.

온 존재의 밤에

절제하는 자는 깨어있다.

존재들이 깨어있을 때가

(실상을) 보는 수행자에게는 밤이니라.[18]

## 꿈꾸는 상태(몽면위)

두 번째 '타이자사'는 렘수면 상태를 말한다. 꿈속에서는 5감과 행동기관
이 작동하지 않는다. 마음만이 속박 없이 활동하며 기억을 정리한다. 그것이
꿈으로 나타나 내적인 정신 현상을 경험하게 한다. 몸의 구속에서 벗어난 정
신은 깨어있을 때의 경험을 토대로 꿈속 세계를 빚어낸다. 단기 기억은 의미
라는 주소와 가중치를 기준으로 장기기억으로 옮겨지기 때문에, 꿈꾸는 동
안 정리되는 기억은 저마다 다른 의미의 세계를 반영한다.

바이슈바나라가 외적 의식을 뜻하는 반면 타이자사는 내적 의식을 뜻한다.

## 깊이 잠든 상태(숙면위)

세 번째 '프라즈냐'는 자의식 없이 희열을 경험하는 상태다. 꿈 없이 깊이
잠들었을 때 5감과 마음 모두 잠잠해진다. 현대 뇌과학은 이 상태에서도 인
간이 꿈을 꾼다고 하지만, 적어도 꿈을 기억할 수 없는 잠 상태가 있는 것은
분명하다. 에고가 아트만에 녹아들어 외부와 내부 세계를 모두 의식하지 않
는 상태다. 숙면 상태에서 자아와 아트만이 일시적으로나마 하나가 된다고
우파니샤드는 말한다. 주체와 객체가 합일된 지복(희열)의 상태다. 이 상태
에서도 근본 의식은 존재하기 때문에, 깨어난 뒤 꿈도 안 꾸고 잘 잤다고 말
하곤 한다. 깊이 잠들었을 때조차 존재 안에 깨어있는 의식이 프라즈냐다.

나날을 보내며, 우리는 세 가지 의식 상태를 오간다. 깨어서 일상을 영위하고, 잠자리에 들면 꿈을 꾸다가 깊이 곯아떨어진다. 각성 상태에서는 뭔가를 경험했다는 기억이, 꿈꾸는 상태에서는 아침 이슬 같은 꿈이 남는다. 하지만 숙면 상태에서는 아무것도 남지 않는다. 그래야 잘 잤다고 한다. 깊이 잠들었을 때 우리는 자신을 잊고 아트만과 하나가 된다. 숙면 상태는 얼핏 해탈 상태와 비슷하게 보인다. 하지만 잠에서 깨어나면 덧없는 세상으로 되돌아오는 숙면 상태가 해탈의 경지일 리가 없다. 진정한 깨달음은 일시적 합일(숙면) 상태를 초월한다.

## 네 번째 상태(투리야)

네 번째는 개별 자아와 이원성을 초월한 궁극의 의식, 즉 순수 의식 상태다. 설명할 길이 없어 그저 '네 번째'라고 부른다. 투리야 상태에서 브라흐만은 희열로 실현된다.

후대 베단타 철학에서는 네 번째 단계를 투리야와 투리야티타(turīyatīta)로 세분했다. 대상을 지켜보는 순수의식 상태가 투리야라면, 대상과 합일하여 깨달은 상태가 투리야티타다. 투리야에서는 여전히 주체(지켜보는 자)와 객체(대상)가 남아있지만, 투리야티타에서는 주체와 객체의 이원성이 사라진다.

우리는 날마다 깨어있는 상태, 꿈꾸는 상태, 깊이 잠든 상태를 경험한다. 이 세 가지 의식 수준은 명상 중에도 거친다. 물질적 대상을 감관으로 인식하는 단계에서 미묘한 정신 작용(생각·느낌 등)을 경험하는 단계로 나아간 뒤, 아트만과 하나된 의식을 경험한다.

# 온 세상을 얻는 가르침

스승 프라자파티에게 인드라가 어떤 가르침을 받았는지 살펴볼 때가 되었다. 아트만을 알면 온 세상과 온 욕망(의 충족)을 얻을 수 있다고 조물주 프라자파티가 선언하자, 신들의 왕 인드라와 아수라들의 왕 비로차나가 아트만이라는 비밀을 배우려고 조물주의 제자가 된다. 32년 후 마침내 스승의 입이 열린다.

프라자파티가 둘에게 말했다.

"눈에 보이는 이 사람, 그것이 아트만이다. 아트만은 죽지 않으며 두려움이 없으니, 그것이 브라흐만이니라."

"그렇다면 존귀한 분이시여, 물속에 보이는 것과 거울 속에 보이는 것, 이 모두 가운데 (아트만은) 무엇입니까?

"그것(아트만)은 그 모든 것 안에 보이는 것이니라."

(스승은) 이렇게 대답했다.[19]

"물그릇에서 자신을 관찰하고 나서, 아트만에 대해 알지 못하는 것이 있으면 내게 말하거라."

인드라와 비로차나는 물그릇 속을 들여다보았다. 프라자파티가 둘에게 물었다.

"무엇을 보느냐?"

둘은 말했다.

"이 자기 자신(몸) 전체를 존귀한 분이시여, 터럭과 손톱에 이르기까지 (물에 비치는) 모습을 보고 있나이다."

프라자파티가 둘에게 말했다.

"훌륭한 장신구를 하고 좋은 옷을 입고 잘 단장하고 나서 물그릇 속 (자신을) 들여다보아라."

훌륭한 장신구를 하고 좋은 옷을 입고 잘 단장하고 나서 둘은 물그릇을 들여다보았다. 프라자파티가 둘에게 물었다.

"무엇을 보느냐?"

둘은 말했다.

"존귀한 분이시여, 훌륭한 장신구를 하고 좋은 옷을 입고 잘 단장한 대로, 훌륭한 장신구를 하고 좋은 옷을 입고 잘 단장한 모습을 보고 있나이다."

"그것이 아트만이다. 아트만은 죽지 않으며 두려움이 없으니, 그것이 브라흐만이니라."

(아트만에 대해 알게 된) 둘은 평온한 마음으로 (스승의 집을) 떠났다.

(떠나가는) 둘을 보고 프라자파티가 말했다.

"저들은 아트만을 얻지도, 알지도 못하고 떠나는구나. 신이든 아수라든, 우파니샤드(아트만에 대한 비밀)를 이런 식으로 따르는 자는 쇠하게 되리라."

비로차나는 평온한 마음으로 아수라들에게 갔다. 그는 그들에게 이렇게 우파니샤드를 설했다.

"이 세상에서 즐겁게 해야 하는 것은 바로 자기 자신(몸)이다. 자기 자신을 섬겨야 하느니라. 이 세상에서 진실로 자신을 즐겁게 하고 자신을 섬기면, 이 세상과 저 세상 둘 다를 얻는다."[20]

그리하여 요즘 세상에서도 보시하지 않는 사람, 믿음이 없는 사람, 제사를 올리지 않는 사람을 '아수라 같은 (놈)'이라고 한다. 왜냐면 이 우파니샤드(아트만에 대한 비밀)가 아수라의 것이기 때문이다. 그들을 보시로 얻은 것[21]으로, 옷과 장신구로 죽은 자의 몸을 단장한다. 이로써 저 세상을 얻는다고 생각한다.[22]

눈에 보이는 사람이 아트만이라고 가르쳐준 뒤 스승은 물그릇에 자신을 비춰보라고 제자들에게 말한다. 두 제자는 당연하게도 물과 거울에 비치는 (눈에 보이는) 몸을 아트만으로 간주한다. '사람'으로 번역한 산스크리트 단어 푸루샤는 '정신'을 뜻하기도 한다. 물질과 대비되는 정신적 실체를 말한다. 스승은 교묘하게도 이 단어를 사용함으로써, 두 제자가 육체를 아트만이라고 착각하게 만든다. 게다가 아트만도 상반되는 두 가지 의미를 지닌다.

① 브라흐만과 동일한, 개별 자아의 실체

② 나 자신(myself)

내 몸이 딱히 '나 자신(아트만)'이 아닐 이유는 없다. 스승은 거짓을 말하지 않았다. 내면의 아트만을 보지 못한 채 겉모습이 아트만이라고 착각한 제자들은 아트만을 깨달았다고 여기고 스승을 떠난다.

현대인도 아수라와 같은 생각을 한다. 이 몸이 나라고. 그래서 아수라처럼 겉으로 드러나는 몸만을 꾸미고 육체적 쾌락에 끌려다닌다. 하지만 인드라는 몸이 참된 자기 자신이라고 인정하지 않았다.

그러나 인드라는 신들에게 이르기 전에 우려를 직시했다.
'마치 이 몸에 훌륭한 장신구를 하면 (아트만이) 훌륭한 장신구를 한 것이 되고, (몸이) 좋은 옷을 입으면 (아트만이) 좋은 옷을 입은 것이, (몸을) 잘 단장하면 (아트만을) 잘 단장한 것이 되듯이, 이와 같이 몸이 장님이 되면 아트만도 장님이 되고, (몸이) 절름발이가 되면 (아트만은) 절름발이가, (몸이) 불구가 되면 (아트만도) 불구가 된다. 몸이 쇠하면 아트만 역시 쇠하리라. 나는 여기(몸)에서 즐길 거리를 찾을 수 없다.'
인드라는 손에 장작을 들고[23] 다시 (프라자파티에게) 돌아갔다. 프라자파티가 그에게 말했다.
"부를 주는 자야,[24] 평온한 마음으로 비로차나와 함께 떠났던 네가 무엇을 바라고 다시 돌아왔느냐?"
그는 대답했다.
"존귀한 분이시여, 마치 이 몸에 훌륭한 장신구를 하면 (아트만이) 훌륭한 장신구를 한 것이 되고, (몸이) 좋은 옷을 입으면 (아트만이) 좋은 옷을 입은 것이, (몸을) 잘 단장하면 (아트만을) 잘 단장한 것이 되듯이, 이와 같이 몸이 장님이 되면 아트만도 장님이 되고, (몸이) 절름발이가 되면 (아트만도) 절름발이가, (몸이)

불구가 되면 (아트만도) 불구가 됩니다. 몸이 쇠하면 아트만 역시 쇠할 것입니다. 저는 여기(몸)에서 즐길 거리를 찾을 수 없나이다."

"부를 주는 자야, 이것(몸)은 실로 그러하다."라고 (프라자파티가) 말했다.[25]

육체가 내 본질(아트만)이라면 내 안의 아트만도 불구가 될 수 있다. 몸이 늙고 병들면, 아트만도 늙고 병든다. 몸이 죽으면, 아트만도 영구히 소멸한다. 시간에 따라 변하는 현상적 존재(몸)에 '나'라는 의미를 부여하는 것은 어리석다. 혈통으로 보나 능력으로 보나 아수라족은 이복형제인 신족과 차이가 없다. 하지만 육신만이 진정한 나(아트만)라는 가르침을 따랐기 때문에 아수라들은 어리석고 비천해졌다. 이것은 몸을 멸시하라는 가르침이 아니다. 존재의 다섯 층위 가운데 몸은 토대에 속한다. 먹고 마셔야 생명을 유지할 수 있지만 그것만 중요하지는 않다. 고행주의와 달리 우파니샤드는 몸을 천대하지 않는다.

"네게 아트만을 더 가르쳐주겠노라. 32년을 (여기서) 더 지내도록 하렴."
인드라는 다시 32년을 지냈다. 그러자 그에게 (프라자파티가) 말했다.[26]
"꿈에서 행복하게 돌아다니는 그것, 그것이 바로 아트만이니라."
(프라자파티가) 이렇게 말했다.
"아트만은 죽지 않으며 두려움이 없으니, 그것이 브라흐만이니라."
인드라는 평온한 마음으로 (스승의 집을) 떠났다. 그러나 그는 신들에게 이르기 전에 우려를 직시했다.
'몸이 장님이 된다 해도 아트만은 장님이 되지 않고, (몸이) 불구가 된다 해도 (아트만은) 불구가 되지 않는다. (몸의) 결점 때문에 아트만은 결함을 입지 않는다. (몸이 살해당해도) 아트만은 죽지 않으며, (몸이) 애꾸가 된다 해도 아트만은 애꾸가 되지 않는다. 하지만 (꿈속에서 사람들이) 이것(꿈속 자아)을 죽이기도 하고, 발가벗기기도(괴롭히기도) 한다. 나는 여기(꿈속 자아)에서 즐길 거리를 찾

을 수 없다.'

인드라는 손에 장작을 들고 다시 (프라자파티에게) 돌아갔다. 프라자파티가 그에게 말했다.

"부를 주는 자야, 평온한 마음으로 떠났던 네가 무엇을 바라고 다시 돌아왔느냐?"
그는 대답했다.

"존귀한 분이시여, (몸이 살해당해도) 아트만은 죽지 않으며, (몸이) 애꾸가 된다 해도 아트만은 애꾸가 되지 않습니다. 하지만 (꿈속에서 사람들이) 아트만을 죽이기도 하고, 발가벗기기도(괴롭히기도) 합니다. 아트만이 달갑지 않은 것을 알고(경험하고), 심지어 울기도(고통받기도) 하나이다. 저는 여기(꿈속 자아)에서 즐길 거리를 찾을 수 없습니다."

"부를 주는 자야, 이것(꿈속 자아)은 실로 그러하다."라고 (프라자파티가) 말했다.
"네게 아트만을 더 가르쳐주겠노라. 32년을 (여기서) 더 지내도록 하렴."**27**

두 번째 가르침은 꿈속 자아가 아트만이라는 것이다. 꿈속 자아가 아트만이라면, 물질적 몸을 아트만으로 간주할 때 생기는 생로병사의 문제가 없다. 꿈속에서는 배고픔도 목마름도 없이 자유롭게 정신세계를 경험한다. 각성상태보다 꿈속에서 더 독립적이다. 하지만 육체로부터 자유로운 꿈속에서도 우리는 여전히 희로애락을 경험한다. 그리고 타자 때문에 고통을 겪는다. 심지어 꿈속에도 고통과 죽음이 있다. 육체의 고통(생로병사)이 없어도 인간은 자유를 누리지 못한다. 당연하게도 인드라는 이런 경험적 자아(꿈속 자아)에 만족하지 않는다.

인드라는 다시 32년을 지냈다. 그러자 그에게 (프라자파티가) 말했다.**28**
"잠에 완전히 빠져 고요해진 채, 꿈을 꾸지 않는 그것이 아트만이다. 아트만은 죽지 않으며 두려움이 없으니, 그것이 브라흐만이니라."
인드라는 평온한 마음으로 (스승의 집을) 떠났다. 그러나 그는 신들에게 이르기

전에 우려를 직시했다.

'(깊은 잠에 빠졌기 때문에) 아트만은 실로 이것이 나라고 자신을 즉시 인식하지 못한다. (게다가) 뭇 존재들도 인식하지 못한다. 죽은 것과 같다. 나는 여기(깊이 잠든 자아)에서 즐길 거리를 찾을 수 없다.'

인드라는 손에 장작을 들고 다시 (프라자파티에게) 돌아갔다. 프라자파티가 그에게 말했다.

"부를 주는 자야, 평온한 마음으로 떠났던 네가 무엇을 바라고 다시 돌아왔느냐?"

그는 대답했다.

"존귀한 분이시여, (깊은 잠에 빠졌기 때문에) 아트만은 실로 이것이 나라고 자신을 즉시 인식하지 못합니다. (게다가) 뭇 존재들도 인식하지 못하지요. 죽은 것과 같나이다. 저는 여기(깊이 잠든 자아)에서 즐길 거리를 찾을 수 없습니다."

"부를 주는 자야, 이것(깊이 잠든 자아)은 실로 그러하다."라고 (프라자파티가) 말했다.

"네게 아트만을 더 가르쳐주겠노라. 이외에 다른 것은 없느니라. 5년을 (여기서) 더 지내도록 하렴."[29]

세 번째 가르침은 꿈 없이 깊은 잠에 빠진 자아가 아트만이라는 것이다. 과연 숙면 상태에서는 어떤 문제도, 경험도 겪지 않는다. 그저 평온하게 존재할 뿐이다. 물론 인드라는 깊이 잠든 자아가 아트만이라는 데 의구심을 갖는다. 주체라는 의식도 없이, 내가 '나'일 수는 없지 않은가. 느끼고 반응하지 않는, 주검과 다를 것 없는 상태를 진짜 나라고 받아들이기는 어렵다. 인간은 경험에서 의미를 추출하기 때문이다. 경험을 초월한 '나'는 아무런 의미가 없다. 돌덩이나 마찬가지다.

인드라는 다시 5년을 지냈다. 그래서 부를 주는 자(인드라)가 프라자파티의 청정한 학생으로 백일 년을 지냈다고들 한다. 그러자 그에게 (프라자파티가) 말했다.[30]

"지금 여기 이 허공에 둘러싸인 눈(동공), 그 눈에 있는 자가 아트만이다. 눈은 (아트만이) 보기 위한 것(도구)이다. '냄새 맡아야지'라고 아는(인식하는) 그것, 그 자가 아트만이다. 코는 (아트만이) 냄새 맡기 위한 것이다. 지금 '말해야지'라고 아는 그것, 그 자가 아트만이다. 입은 (아트만이) 말하기 위한 것이다. 지금 '들어야지'라고 아는 그것, 그 자가 아트만이다. 귀는 (아트만이) 듣기 위한 것이다. 지금 '생각해야지'라고 아는 그것, 그 자가 바로 아트만이다. 마음은 그것의 신성한 눈이다. 아트만은 신성한 눈인 마음으로, 이러한 욕망들을 보며 즐긴다."

(그리하여 인드라는 신들에게 돌아가 조물주의 가르침을 전했다.)

"범천계[31] 신들은 그것(아트만)에 대해 명상한다. 그리하여 그들은 온 세상과 온 욕망을 다 얻었다. 이 아트만을 찾아내어 알게 된 자는 온 세상과 온 욕망을 얻느니라." 프라자파티가 이렇게 말했다. 실로 프라자파티가 말했도다.[32]

드디어 마지막 가르침이다. 아트만은 의도하는 주체이자 절대적 실체다. 보고 냄새 맡고 말하고 듣고 생각하는 것을 인식하는 자, 또한 5감과 마음으로 현상을 관찰하는 자가 아트만이다. 아트만은 삶이라는 영화를 지켜보는 관객으로서 영화의 영향을 받지 않고도 영화를 즐긴다. 영화는 실체가 아니다. 아트만의 희열에는 대상이 없다.


## 지켜보는 자

에고는 현상에 지나지 않는다. 깨달음을 얻어야 현상 세계 배후에 있는 실상을 알 수 있다고 한다. 그렇다면 실상 혹은 깨달음은 무엇일까? 스크린 위에서 영화가 상영될 때 영화 속 주인공이 바로 에고다. 시나리오에 따라 연기를 하는 배역. 삼세(과거·현재·미래)의 사건을 경험하며 울고 웃지만, 필름 속 배역은 실체가 아니다. 영화를 비추는 텅 빈 스크린만이 실체이며, 그것을 우파니샤드는 브라흐만이라고 부른다. 모든 것의 배후에 있는 변함없는 토대이자 바탕인 그것. 영화에 열중한 우리는 스크린을 보지 못한다. 스크린이 없으면 상영이 불가능한데도 그것을 전혀 인식하지 못한다. 영화에 빠져들지 않은 사람만이 문득 화면 밑바닥의 공(空)을 느낄 뿐이다. 사실 깨달음을 '얻는다'라는 것은 타당하지 않다. 브라흐만 혹은 깨달음은 늘 제자리에 있기 때문이다. 삶이라는 영화에 가려져 있을 뿐 스크린은 언제나 '있다.' 구름에 가린 하늘처럼 드러나지 않을 뿐이다. 지금 이 순간 이 자리에 존재하는 현존만이 신기루를 꿰뚫어 본다. 구름을 걷어내어 하늘을 드러나게 한다. 우리는 깨달음을 얻을 필요가 없다. 생사와 해탈은 둘이 아니다.

다시 영화관으로 돌아가 보자. 영화 속 주인공인 에고, 영화를 관람하는 아트만, 그리고 스크린인 브라흐만이 있는 세계로. 현명한 자는 세계라는 토대(브라흐만) 위의 자신이 둘이라는 것을 안다. 열매(삶)를 먹는 나와 그것을 지켜보는 나 ─에고와 아트만─ 둘이라는 것을.

(항상) 함께 하는 동반자인 두 마리 새, 같은 나무에 깃드네.
둘 중 하나는 달콤한 열매를 먹고, 다른 하나는 먹지 않고 지켜보네.
같은 나무에서 (세상사에) 열중하는 개별 자아는 미혹되어 무력하게 슬퍼한다.
다른 편, 공경받는 주(主)와 주의 위대함을 볼 때 그는 슬픔에서 벗어나도다.[33]

공경받는 주는 아트만, 즉 개별 자아 속에 한정된 브라흐만을 말한다. 내 안의 신이다. 이 신과 함께 현상적 세계를 경험하는 에고가 한 몸(나무)에 깃들어 있다. 에고가 경험이라는 열매를 먹을 때, 아트만은 그것을 지켜보기만

**149**

한다. 영화를 보는 관객과 같다. 슬픈 영화든 유쾌한 영화든 아트만은 그저 영화를 즐긴다. 이제 아트만과 브라흐만이 어떤 관계인지 살펴볼 차례다. 영화를 지켜보는 자와 스크린이 어떻게 같을 수 있을까?

## 범아일여(梵我一如) : 비이원성

이 모든 것은 브라흐만이다. 이 아트만은 브라흐만이다.[34]

아트만과 브라흐만이 다르지 않다면서 때에 따라 두 용어를 구별하니 다소 헷갈린다. 한문 경전에서는 범아일여(梵我一如), 즉 범(브라흐만)과 아(아트만)가 같다고 결론 내린다. 그러나 산스크리트 원문에서는 불이(不二 : advaita), 즉 다르지 않다고 한다. 다르지 않다니 결국 같다는 말 아닌가?

영혼으로 오해하기 쉬운 아트만은 본래 '숨'을 의미했다.[35] 희랍어에서도 영혼의 어원은, '숨을 쉬다(psycho)'에 둔다. 우파니샤드 이전에 이미 "육체에 생기를 불어넣어 주는 힘"[36]을 진정한 아트만이라고 여기기 시작했다. 호흡이 아트만과 동일시되기도 한다(유교 철학 속 氣의 위상을 아트만도 지닌다). 우파니샤드에 이르면, 아트만은 '의식'이나 '마음'의 의미로 쓰인다. 후대로 갈수록 아트만은 우주의 실체인 브라흐만과 동일시된다. 개별 자아의 실체(아트만)가 어떻게 거시적 세계의 실체(브라흐만)와 같은가? "그것은 주관인 동시에 객관이다."[37]

강들이 이름과 모습을 버리고
바다에 도달하듯이,

지혜로운 자는 이름과 모습에서 자유로워져서
높고 높은 신성한 영혼에 도달하느니라.[38]

　"나는 브라흐만이다(Ahaṃ brahmāsmi)."라는 위대한 말은 내 본질인 아트만이 바로 브라흐만이라는 선언이다. "네가 그것이다(Tat tvam asi)"는 네 아트만이 브라흐만(그것)이라는 가르침이다. 아트만은 개별적인 영혼이 아니다. 아트만이 곧 브라흐만이기 때문이다. 개별적인 영혼이 우주의 영혼과 같다면, 어떻게 개별적일 수 있겠는가. 차라리 우주의 기(에너지)가 흘러드는 통로를 아트만이라고 보는 것이 낫다. 브라흐만과 아트만의 관계는 대양과 물방울, 우주 공간과 항아리 속 공간, 달과 달이 비치는 강 등 다양하게 비유된다. 브라흐만과 아트만의 본질이 같다고 해서 바다와 물방울이 같다는 뜻은 아니다. 그래서 둘은 다르지 않다고 한다. 내게 육체적·정신적·영적 측면이 있듯이 우주에도 물질적·로고스적·초월적 측면이 있다. 어느 관점에서 보느냐에 따라 아트만과 브라흐만은 다르게 기술된다. 이 몸을 아트만으로 보면 브라흐만은 현시된 우주이며, 자의식을 아트만으로 보면 브라흐만은 신이다. 전체성의 관점에서는 신조차 브라흐만의 일부에 지나지 않는다.

## 인드라의 그물[39]

　　　　　　　닿을 수 있는 영역으로 끌어내린 브라흐만, 즉 신은 인간의 온갖 투사를 받아내는 쓰레기통으로 전락했다. 신이라는 말은 지나치게 한정적일뿐더러 질투하고 증오하고 복수하며 학살하는 신으로 오염되었다. 그럼에도 불구하고 인간은 자신의 기도가 닿을 수 있는 '존재'를 필요로 하며, 그 존재에 자신을 묶고 삶이라는 강을 건넌다.

병든 신의 치료제를 인도 사상에서 찾는다면, 여전히 브라흐만일 것이다. 1인칭 나의 염원을 들어주는 2인칭 신을, 3인칭의 그것(브라흐만)이 무화(無化)하기 때문이다. 브라흐만은 인격적인 관계를 맺을 수 없는 비인격적인 실체다. 과학자가 갈망하는 진리이기도 하다. 각 인칭의 관점으로 본 실체(브라흐만)는 모두 인간의 시야를 벗어나지 못한다. 우파니샤드가 말하는 그것(브라흐만)은 사실 3인칭이 아니라 4인칭(절대적 관점)이다. 인간의 경험과 시공을 초월해, 우주 전체에 스며들어 있는 절대적 실체. 겸손하게 인간의 한계를 인정해야, 모든 것 속에 깃든 신비에 접근할 수 있다.

우파니샤드는 진리로서의 신(이신론)에 결코 만족하지 않았다. 그 신은 너무 차갑다. "그것(브라흐만)은 충만이다, 이것(인격신)은 충만이다!"[40]라고 외친 성자들은 브라흐만을 단지 진리·의식·에너지 따위로 여기지 않았다.

그림 9. 인드라망
인드라의 궁궐을 덮고 있는 광대한 그물에는 코마다 보주가 달려 있는데, 각각의 구슬이 다른 구슬 전부를 비춘다고 한다.

그들은 자신의 내면에 신성이 있다는 것을 깨닫고 에고라는 뚜껑을 열어 신성의 희열로 내면을 가득 채웠다. 마음속 우물을 통해 대양의 물을 끌어들인 것이다. 성자들은 우물로 연결된 수로가 우주를 촘촘히 연결하고 있다는 것을, 수로망(양자장에 비유할 수 있다) 자체가 우주라는 것을 절감했다.

> 그물을 펼치고 권능으로 다스리는 일자(一者)
> 온 세상을 권능으로 다스리는 자
> 생성과 지속 속에 홀로인 것
> 그것을 아는 이들은 불사가 되느니라.[41]

## 실체의 대양과 세계

인간은 오감이라는 심해 잠수복 안에 갇혀 실체인 바닷물과 접촉하지 않는다. 헬멧 너머로 보고 들으며, 금속제 밀폐 장갑 사이로 뭔가를 만진다. 우리는 물자체(실체)를 직접 인식할 수 없다.

바닷속에서 인간은 물고기를 낚으려고 그물을 던진다. 다양한 구조의 그물이 자기 구조에 적합한 물고기를 잡는다. 과학의 그물은 물리 법칙을, 정치학의 그물은 권력과 정치 체계를, 경제학은 자원의 분배와 경제적 선택 등을 인류의 인식 안으로 들여온다. 그물망을 짜지 않으면 의미를 낚을 수 없다. 다윈 이전에는 진화론이라는 그물이 없었고, 인류는 자연 선택·돌연변이 등이 뜻하는 바를 알지 못했다. 각양각색의 그물로 구축한 의미망의 총합을 흔히 객관적 세계라고 부른다. 그물을 겹겹으로 합쳐 인류가 오랜 시간 동안 구축한 의미의 세계다. 불변의 섭리 혹은 진리가 있다는 믿음이 보편적이고 검증 가능한 '객관성'의 환영을 만들었다. 인간이 만든 그물로 인류 서식지 근처에서 잡은 물고기가 우주라는 대양 어디에나 산다고 여기는 셈이다(칸트는 수학의 진리마저 인간의 인식틀 안에서 구성된 것이라고 주장한다). 관찰자의 의식과 독립적으로 존재하는 현실은 없다. 물론 개인이 고유한 내면 세계를 가진다고 해서, 진리가 존재하지 않는다는 의미는 아니다.

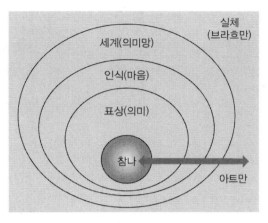

그림 10.
객관적으로 존재한다는 외부 세계도 사실은 믿음의 구조물이다. 실체로부터 지동설의 증거를 낚아 올리기 전까지는, 천동설이 '객관'이었다.

실체(브라흐만)는 '있다'. 개인은 자신만의 사실을 선택하지만, 사회로부터 가치를 받아들이고 진리(브라흐만)와 상호작용한다. 진리는 언제나 이원론 밖에 있을 뿐이다.

우파니샤드는 인간의 인식 너머에(잠수복 밖에) 실체인 브라흐만이 있다고 한다. 그것은 의식이자 희열이다. 그물망을 셀 수 없이 겹친다고 해도 그물 사이로 새어나가는 바닷물(실체)을 잡을 수는 없다. 5감이라는 잠수복은 인간이 영원히 물자체(실체)에 닿을 수 없다는 선고일까? 하지만 인간에게는 잠수복 너머를 직접 경험할 수 있는 직관이 있다. 우리도 물고기로서 이미 바닷속에 있다. 비늘(피부)이라는 인식의 장벽 안쪽만 나라고 착각하고 있을 뿐이다. 브라흐만은 아가미로 들어와 체내에서 아트만으로 존재한다. 아트만이라는 바닷물은 인간을 이루는 요체다. 깨달음은 얻을 필요가 없다. 우리는 이미 깨달음 속에 있기 때문이다. 그런데도 인간은 진리의 대양 속에서 진리를 갈망한다.

물속의 물고기가 목말라 한다는 말을 듣고 나는 웃었네.[42]

## 참나(Self)가 창조하는 의미

인식 안으로 잡아들인 물고기(의미망으로 인식한 지식)는 비늘과 지느러미를 제거한 뒤(개념화) 먹는다. 이렇게 미지의 물고기를 의미로 바꾸는 것이 선각자의 역할이다. 마음의 표상 작용을 통해 대상을 언어로 바꾸어 추상적인 관념으로 표현한다. 요리법이 최초로 인정되면, 나름의 방식으로 물고기를 소화하는 사람들이 뒤따른다. 같은 것을 인식해도 받아들이는 의미는 제각각이다. 하지만 주어진 요리법을 그대로 따라서 만든 의미는 아무리 자기 식대로 소화했어도 타인에게서 온 것이다. 자신만의 레시피를 갖추려면, 에고라는 요리사가 필요하다. 에고를 구축하는 고통스러운 과정을 거쳐야 자신만의 요리를 맛볼 수 있다. 같은 물고기를 가지고도 에고는 독창적인 의미를 완성한다. 장어 젤리나 정어리 초콜릿처럼.

## 참나와 에고의 연결

무의식의 심연에 있는 참나에 도달하기 위해 에고(의식)는 내면을 파고들어야 한다. 어렴풋하게나마 참나의 위치를 가늠하고 나면, 참나가 향하는 방향을 에고도 함께 바라볼 수 있다.

참나와 연결된 에고는 직접 자신만의 의미망을 짠다. 그리고 그 그물을 던져 자기만의 물고기(의미)를 발견한다. 발견한 의미가 사회의 인정을 받으면 가치가 된다. 인정을 받든 못 받든 참나는 삶의 진정한 의미를 가리켜보인다. 때로는 삶에 아무런 의미가 없다는 것이 의미가 되기도 한다.

# 두 개의 길

『바가바드 기타』는 힌두교의 성립을 알린 경전이다. 무신론적인 우파니샤드와는 달리 유신론을 표방한다. 『바가바드 기타』는 제사 전통에서 행위의 길을, 수행 전통에서 지혜의 길을 이어받았다.

## 행위의 길(카르마 요가)

자기만의 의미를 찾는 여정에 대가를 바랄 수는 없다. 끝내 의미를 찾지 못하기도 한다. 『바가바드 기타』에서 가리키는 행위의 길은 자신만의 의미를 포기하고 묵묵히 주어진 길(의무)을 가라는 가르침이다. 역설적이게도 행위의 길은 진정한 의미를 찾는 길이다. 에고의 욕망을 버리고 참나의 인도를 따르기 때문이다. 자기만의 의미를 찾으면서도 에고는 늘 그 의미를 가치로 바꾸려고 노력한다. 사회적 인정이야말로 에고가 바라 마지않는 것이기 때문이다. 에고가 의미를 포기하면, 참나는 에고에 발목 잡히지 않고 가야 할 길을 간다. 행위의 길은 참나의 의지에 전적으로 복종하는 것이다.

## 지혜의 길(즈냐나 요가)

참나에는 실체와 연결된 직수관이 있다. 인식이나 표상을 거치지 않고 그 관을 통해 바로 들어오는 바닷물(브라흐만)을 아트만이라고 부른다. 아트만이 돌리는 물레방아가 참나다. 내면을 돌보지 않으면 아트만이 흘러드는 관도 막힌다.

실체와 통하는 관을 넓히는 방법이 삼매다. 삼매를 닦는 수행을 지혜의 길이라고 한다. 그리고 관을 타고 바다로 나가면 깨달음이다. 바로 물(水)자체와 하나 된 상태다.

제4부

내 세상의 창조

STAGE
10

# 10

열 번째 **이야기**

# 내면의 창조

우파니샤드는 생(현세)과 사(내세), 생계(재가)와 수행(출가), 삶(속제)과 해
탈(진제) 사이에서 중심을 잡는다. 생활과 수행도 마찬가지다. 깨달음을 향
해 달리는 마차에는 일상생활과 명상 수행이라는 두 바퀴가 달려있다. 일상
속 내면 작업이 뒷받침되어야 명상이 스트레스 관리 이상의 효과를 발휘한
다. 마음에 쌓인 일상의 먼지를 털어내고 깊이 묻힌 쓰레기를 파내는 것이 내
면 작업이다. 마음을 돌보는 것으로 길을 닦아야, 명상이 순조롭게 나아간다.
트라우마와 같은 수렁에 빠졌을 때는 명상의 바퀴에 힘을 실어 내면을 수렁
에서 빼낸다. 행복과 깨달음을 위해 일상의 기술과 명상의 기술 모두가 중요
하다. 우파니샤드는 두 기술의 원형적 형태를 보여준다.

# 인격화 : 드러내기

(신들을 위해) 브라흐만이 승리를 거두었다(= 브라흐만은 신들이 승리하도록 해주었다). 브라흐만의 승리에 신들이 우쭐해졌다. 이 승리가 우리의 것이라고, 이 힘이 우리의 것이라고 신들은 여겼다. 이를 알고 브라흐만이 그들에게 (그들 앞에) 나타났다. 신들은 그를 알아보지 못하고, "그것은 무슨 영(靈)[1]인가?"라고 (의아해) 했다. 그들은 불의 신에게 말했다.

"생겨난 것을 다 아는 자여, 이를 알아보시오. 그것이 무슨 영인지 말이오."

아그니는 그리하겠다고 대답했다. 아그니가 브라흐만에게 다가가자, 브라흐만이 아그니에게 물었다.

"그대는 누구인가?"

"내가 바로 아그니요. 생겨난 것을 다 아는 자가 바로 나지."

"그렇다면, 그대에겐 어떤 힘이 있는가?"라고 브라흐만이 물었다.

"이 땅의 모든 것을 태울 수 있소."

브라흐만은 그에게 지푸라기를 내놓았다.

"이것을 태워보라."

아그니는 가까이 다가가 온 힘을 다했지만, 지푸라기를 태울 수 없었다. 그래서 그는 되돌아갔다.

"그 영에 대해 알 수가 없었소."

(아그니가 이렇게 말했다.) 그러자 신들은 바람의 신에게 말했다.

"바유여, 이를 알아보시오. 이것이 무슨 영인지 말이오."

바유는 그리하겠다고 대답했다. 바유가 브라흐만에게 다가가자, 브라흐만이 바유에게 물었다.

"그대는 누구인가?"

"내가 바로 바유요. 허공에서 움직이는 자가 바로 나지."

"그렇다면, 그대에겐 어떤 힘이 있는가?"라고 브라흐만이 물었다.

"이 땅의 모든 것을 가져갈 수 있소."

브라흐만은 그에게 지푸라기를 내놓았다.

"이것을 가져가 보라."

바유는 가까이 다가가 온 힘을 다했지만, 지푸라기를 가져갈 수 없었다. 그래서 그는 되돌아갔다.

"그 영에 대해 알 수가 없었소."

(바유가 이렇게 말했다.) 그러자 신들이 신들의 왕 인드라에게 말했다.

"베풀어주는 자여, 이를 알아보시오. 그것이 무슨 영인지 말이오."

인드라는 그리하겠다고 대답했다. 인드라가 브라흐만에게 다가가자, 브라흐만은 인드라로부터(시야로부터) 사라져버렸다. 인드라는 바로 그곳, 허공에 있는 여인에게 다가갔다. 히말라야의 딸, 환히 빛나는 우마에게 그가 물었다.

"그것은 무슨 영입니까?"[2]

그녀가 말했다.

"브라흐만이오. 브라흐만의 승리에 그대들은 우쭐했지."

그리하여 인드라는 (그 영이) 브라흐만이라고 알게 되었다. 아그니·바유·인드라, 이들은 브라흐만을 가까이 접하고 그가 브라흐만이라는 것을 처음으로 알았기 때문에 다른 신들보다 뛰어나다. 더구나 인드라는 브라흐만을 가까이에서 접하고 그가 브라흐만이라는 것을 처음으로 알았기 때문에 다른 어떤 신보다 뛰어나다. 다음은 그 가르침이다. 신(브라흐만)에 대한 것(앎)은 번개가 번쩍이는 것이나 눈을 깜빡이는 것과 같다는 것이다.[3]


뭐든 종 중심으로 생각하는 인간에게 인격화는 꽤나 유용한 기법이다. 브라흐만처럼 파악할 길이 없는 대상도 인격체로 만들면 이해할 여지가 생긴다. 위 이야기 속에서 브라흐만은 인격화되어 신의 수준으로 내려온다. 닿을 수 없는 그것(브라흐만)이 닿을 수 있는 '그'가 된다. 이제 신들의 신으로 등극한 브라흐만이 승리에 도취되어 자만심에 빠진 신들에게 겸손을 가르친다. 신들의 권능 역시 브라흐만에서 비롯된 것이기에 근원의 힘인 브라흐만이 없으면 신들은 아무것도 할 수 없다고 일깨워주기 위해서였다. 그리스인

이 신의 분노를 산다며 오만(hybris)을 경계한 까닭은, 인간이 신의 경지를 넘보았기 때문이 아니다. 인간 내면의 신인 참나(브라흐만)가 이룬 일을, 에고는 자신이 이뤘다고 착각하고 우쭐하기 때문이다. 이렇게 자만심이 팽창한 에고는 참나의 인도를 따르지 않고 교만을 부리다가 제 발에 걸려 넘어진다. 자신의 능력을 과신하면 몰락(nemesis : 응징)을 부르기 마련이다. 스스로 불러들이는 재앙인 셈이다. 내면의 힘(아트만 = 브라흐만)이 강했던 덕인지, 신족은 자만심의 함정을 피하고 참나(브라흐만)와 대면한다(아마도 천적인 이복형제 아수라족 덕분이었으리라. 결함과 위험은 역설적으로 오만으로부터 자신을 지키는 방패가 된다). 브라흐만은 인드라에게 번개처럼 자신의 참모습을 보여주고 사라진다. 샹카라는 이것이 비유를 통한 가르침이라고 말한다. 신성(브라흐만)을 경험하는 것은 찰나의 일이라고, 번개가 치거나 눈을 깜빡이는 순간처럼 찰나에 찾아오는 깨달음이라고 이 가르침은 암시한다.

인격화(개성화)는 내 성격의 일면을 인식하는 데도 효과적이다. 자신을 단일한 인격체로 착각하지만, 사실 우리는 여러 성격적 측면을 가진다. 각각의 측면을 독립된 개인처럼 인격화하면 자신을 더 잘 알게 된다. 위 이야기는 알레고리다. 내 안의 신성이 인격화되어 브라흐만으로 등장한다(브라흐만이 곧 아트만 아닌가). 신들 역시 마음의 여러 측면을 상징한다. 불(에너지)의 신 아그니, 바람(움직임)의 신 바유가 각각 감각기관과 행동기관을 상징한다면, 인드라는 지성을, 우마(쉬바신의 아내 파르바티 여신)는 지혜가 지닌 여성 원리를 나타낸다. 성경의 여성 원리로 흡수된, 지혜의 여신 소피아(Sophia)와 같다.

성격과 감정의 요소를 표상하는 신은 종교에도 흔하다. 사랑은 미의 여신 아프로디테, 지혜는 지혜의 여신 아테나, 어리석음은 미망의 여신 아테……
무의식에서 솟구치는 감정은 의식의 제어를 따르지 않기 때문에 우리가 어
찌할 수 없는 '신'이다. 내면의 여러 모습을 인격화하면 자신을 더 깊이 이해
할 수 있을 뿐만 아니라, 자기 자신과 대화도 나눌 수 있다. 치유되지 않은 마
음의 상처를 연약한 아이로, 억눌린 성격을 사춘기 청소년으로, 에고와 상반
된 성격을 연인으로[4] 인격화해보는 것이다.


## 집중(ekāgratā)

　　　　　　　　"브라흐만은 생각이다, 호흡이다, 옴이다……" 우
파니샤드에 무수히 등장하는 대체법은 인도의 가르침이 무엇을 겨냥하는지
를 암시한다. 오직 집중이 목적이다. 옴이라는 소리에 혹은 호흡에 생각을 옭
아매야 쉽게 집중할 수 있기 때문이다. 마음에 담기는 생각은 내 세상을 만드
는 질료다. 허튼 생각을 통제해야 어이없는 세상을 창조하는 것을 막을 수 있
다. 내면 세계를 창조하는 기술이 바로 집중이다. 다시 말해, 집중 상태에서
만 창조가 가능하다.

　명상과 다를 바 없었던 요가는 후대에 집중을 위한 다양한 방편으로 채워
졌다.[5] 제사에서 읊조리던 주문, 제단의 도식, 적확하고 신중하게 거행해야
하는 제식 등이 내면으로 들어와 무엇이 되었겠는가. 요가는 몸과 마음을 하
나로 묶기 위한 수단 전부를 뜻하게 되었다. 창조의 힘을 온전히 발휘하기 위
해서는 마음을 모아야 했기 때문이다. 오늘날까지 전해온 챈팅(혹은 염불),
시각화(이미지, 신상, 카시나[6] 등), 호흡이나 움직임에 집중하기 등이 죄다
궁극의 집중 상태인 '삼매'를 목표로 한다.[7]

## 명상(요가)

감각기관을 굳건하게 제어하는 것을 '요가'라고 간주하느니라.[8]

『카타 우파니샤드』는 감각기관의 제어를 요가라고 협소하게 정의한다. 하지만 우파니샤드에서도 요가는 삼매뿐만 아니라 삼매로 인도하는 명상법 둘 다를 뜻한다. 우파니샤드의 요가는 대개 삼매를, 파탄잘리의 8지 요가[9]는 주로 삼매로 가는 명상의 단계를 가리킨다.

> 이와 같이 (수행자가) 호흡, 음절 옴,
> 그리고 다양한 이 모든 것(대상)과 결합하기 때문에
> 혹은 그것들이 (수행자와) 결합하기 때문에
> '요가(결합)'라고 하느니라.
> 숨과 마음이 하나 되는 것, 감각들이 하나 되는 것
> 존재 상태를 모두 버린 것을 요가라고 하느니라.[10]

지고의 경지인 삼매를 끌어내기 위해 다양한 요가적 기법이 동원된다. 호흡에, '옴'이라는 소리에, 혹은 신상이나 이미지 등 다양한 대상에 마음을 집중하여 삼매에 든다. 존재 상태를 모두 버린다는 것은 외부 세계의 대상이 명상 속에서 모두 사라지는 것을 말한다. 명상 중에는 의식만이 오롯이 남는다. 대상을 떠올려야 비로소 마음속에 그 대상이 유령처럼 나타난다. 명상 속에서는 의식만이 대상을 생겨나게 한다.

> 이것이 하나 됨을 얻는 방법이다. 호흡 조절, 감각을 거두어들임, 근접 명상, 집중, 선정, 삼매를 6단계 요가라고 한다.[11]

우파니샤드에는 8지 요가보다 앞선 6단계 요가가 나온다. 8지 요가에는 일상생활을 규제하는 규율이 두 개 더 추가되어 있다. 사회가 금하는 범죄(외적 규율)를 저지르면서, 혹은 스스로 정한 규칙(내적 규율)을 지키지 않으면서 내면을 닦기란 불가능에 가깝다. 6단계 요가에는 이 두 가지 규율과 바르게 앉는 것(자세)이 빠져있다. 움직이지 않게 몸을 고정하는 것은 기본 중의 기본이기 때문이다. 정좌하지 않고 (집중) 명상에 들기는 어렵다. 바르게 앉은 뒤에, "혀끝을 입천장에 대어 (움직이지 않게) 누르고",[12] "먼저 숨에 (의식을) 고정하여",[13] "목소리, 마음, 호흡을 제어함으로써",[14] 집중에 도달한다.

| 6단계 요가 | | 8지 요가 |
|---|---|---|
| 없음 | 예비 단계 | 외적 규율(야마) |
| | | 내적 규율(니야마) |
| 없음 | 준비 단계 | 자세(아사나) |
| 호흡 조절(프라나야마) | | 호흡 조절(프라나야마) |
| 감각을 거두어들임(프라티야하라) | | 감각을 거두어들임(프라티야하라) |
| 근접 명상(디야나) | 본 명상 | 없음 |
| 집중(다라나) | | 집중(다라나) |
| 선정(타르키) | | 선정(디야나) |
| 삼매(사마디) | | 삼매(사마디) |

점차 미세해지는 호흡에 주의를 집중하면, 마음이 차분하게 가라앉는다(숨이 들고나는 것에만 의식을 집중해도 완벽한 명상이다). 호흡과 함께 의식(의근)을 내면에 갈무리하면, 바깥(외부)을 향해 열려있던 5감이 잠잠해진다(5감을 거두어들임). 마치 거북이가 등껍질 속으로 손발을 집어넣는 것과 같다. 이렇게 준비 단계가 마무리되어 본 명상에 들어가기 직전의 상태를

근접 명상이라고 한다. 6단계 요가에서는 본 명상의 단계를 8지 요가보다 더 세분한다. 집중에 들어가기 전 마음이 안정된 상태(근접 명상)가 추가된다. 이후 명상 단계를 셋으로 나눈 것은 6단계나 8단계나 같다. 서로 다른 용어를 사용하지만, 동일한 분류다. 호흡 등의 대상에 마음을 붙들어맨 상태가 집중, 집중이 길고 고르게 유지되는 상태가 선정, 그 결과 의식을 집중한 대상만이 오롯이 남고 그것을 바라보는 '나'가 사라진 상태가 삼매다. 삼매가 합일의 경지다.

> 평평하고 깨끗한 곳에, 자갈·불·모래가 없는 곳에, 물 (흐르는) 소리 따위가 없는 (조용한) 곳에, 눈에 거슬리지 않는 곳에 바람을 막아주는 (외딴) 안식처에 거하며 수행해야 한다.[15]
>
> 셋(가슴, 목, 머리)을 세워 몸을 바르게 하고, 마음과 감각기관들을 가슴에 갈무리하여……[16]
>
> 호흡을 여기(몸)에서 제어하고 움직임을 억제한 채 가라앉힌 숨을 양 콧구멍으로 내쉰다. 현명한 자는 자기 마음을, 거친 말(馬)에 매인 수레와 같이 주의 깊게 제어해야 하느니라.[17]

## 시각화

비에서 사마 베다[18]의 찬가를 다섯 가지로 명상해야 한다. (비에) 앞서 부는 바람은 '힝'[19]이라는 소리다. 구름이 생겨나면, 그것은 (찬가의) 서두다. 비가 내리면 그것은 (찬가의) 절정부다. 번개가 치고 천둥이 울리면, 그것은 응창이다. 비가 그치면, 그것은 (찬가의) 종지부다. 이를 이와 같이 알고, 비에서 사마 베다의 찬가를 다섯 가지로 명상하는 자, 그를 위해 비가 내리고, 그가 비를 내리게 하느니라.[20]

후대에 요가 기법으로 자리 잡은 시각화는 원래 표상이나 이미지에 마음을 붙들어 매어 삼매를 이끌어내는 방법이었다. 신상과 같은 상징, 만다라·얀트라[21] 같은 이미지 그리고 서사가 있는 장면도 모두 시각화에 속한다.

위 우파니샤드에서는 비가 내리는 장면이 시각화된다. 제사에서 부르는 노래를 바람이 불고 구름이 몰려들고 비가 내리고 천둥 번개가 치다가 비가 그치는 과정에 비유했다. 몬순이 몰고 오는 비에 의지해서 농사를 짓는 인도에서 기우제를 지내는 사제의 능력은 매우 중요하다. 내면의 힘으로 외부 세계를 움직일 수 있다는 굳건한 믿음을 토대로 사제는 마음속에 비를 형상화한다. 마음이 만들어낸 것은 곧 실재가 된다.

오늘날 이 기술은 스포츠 훈련, 심리 치료, 통증 관리, 기억력 향상, 동기 부여 등 다양한 분야에 응용된다. 집중[22]의 힘을 구체적 목표와 연결할 수 있기 때문이다. 하지만 시각화는 본래 삼매를 이끌어내는 수단이다. 생각을 현실로 만들기 위해서가 아니라 자기 자신이라는 신과 하나 되기 위해 사용하는 명상법이다.

## 의미화

"부후, 부바하, 수바하. 바로 이 세 가지가 신비한 말이다."[23]

'부후', '부바하', '수바하'처럼 제사에서 쓰이는 뜻 모를 주문을 '신비한 말'[24]이라고 한다. 음식을 조금 떼어 던지면서 '고수레'를 외치는 우리 민간 신앙과 비슷하다. 세계를 세 영역으로 나누는 인도에서 부후는 땅, 부바하는 대기, 수바하는 천상의 존재를 의미한다. 존재의 희열을 드러내는 태고의 말이나 감탄사가 제사에 남아 주문처럼 쓰이는 것은 놀랍지 않다. 중요한 것은 이미 잊힌 본뜻이 아니라 의도를 가지고 새로 부여한 의미다. 인도 민담에 신의 이름을 잘못 염한 천민 소년의 이야기가 있다. 배우지 못한 아이가 쉬바신을 '쉬바(시체)'라고 암송한 것이다. 산스크리트어 자체에 신성한 힘이 있다고 믿는 힌두교에서는 죽음(시체 상태)을 불러올 만한 실수다. 하지만 신실한 소년에게는 신의 이름이 쉬바든 쉬바든 중요하지 않았다. 결과를 가져오는 것은 오직 의미와 의도이기 때문이다.

의미를 덧씌우는 '의미화'는 우파니샤드 이전 브라흐마나[25] 시대부터 본격적으로 사용된 기술이다. 부후, 부바하, 수바하가 세 개의 세상(삼계)을 뜻한다고 의미를 부여한다. 처음부터 신비하고 신성한 말 따위는 없다. 아무것도 아닌 것에 의미를 부여해서 신성함의 아우라를 두르는 것은 인간이다. 랄프 왈도 에머슨(Ralph Waldo Emerson)이 말했듯이 "궁극적으로 우리의 진실된 마음 외에 신성한 것은 없다." 신 없이도 우리는 마음을 다하는 것으로 일상을 거룩하게 만들 수 있다. 그러면 일상이 곧 리추얼(의례)로 바뀐다.

이(세상) 모든 것이 실로 브라흐만이니, 그것을 '탓잘란'이라고 평온하게 명상하라.[26]

우파니샤드에는 명상에 쓰이는 '탓잘란'이라는 단어가 있다. 탓잘란은 '탓(tat : 그것)' + '자(ja : 생겨남)' + '라(la : 파괴됨)' + '안(an : 살아감)'을 합친 합성어다. '생겨남(jāta)', '파괴됨(laya)', '살아감(aniti)'에서 각각 첫 음절을 취하여 명상에 쓰는 단어를 만들었다. 온 생명이 그것(브라흐만)으로부터 생겨나 그것 안에서 살아가다가 죽으면 다시 그것으로 돌아간다는 의미다. 이렇게 자신에게 뜻있는 대상을 찾거나 만들어 의미를 부여하는 방법이 의미화다. 사소한 것에 사소하지 않은 의미를 실어 조막만 한 눈덩이로 눈사태를 만드는 기술이다.

드립타발라키 가르기야[27]라는 현자[28]가 있었다. 그가 카쉬[29]의 왕 아자타샤트루에게 말했다.

"내 그대에게 브라흐만에 대해 말해드리겠소."

"이(가르침)의 대가로 (소) 천 마리를 드리겠습니다. 사람들이 '자나카, 자나카!'라고 하면서 달려가더이다."

가르기야가 말했다.

"태양에 있는 자, 바로 그를 브라흐만이라고 나는 명상한다오."

아자타샤트루가 말했다.

"아니, 그렇게 말씀하지 마십시오. 초월해 있는 것, 모든 존재의 머리이자 왕이라고 저는 그것(브라흐만)을 명상합니다. 그것(브라흐만)을 이렇게 명상하는 자는 초월하여 모든 존재의 머리이자 왕이 됩니다."

가르기야가 말했다.

"달에 있는 자, 바로 그를 브라흐만이라고 나는 명상한다오."

아자타샤트루가 말했다.

"아니, 그렇게 말씀하지 마십시오. 흰옷을 입은 위대한 왕 소마라고 저는 브라흐만을 명상합니다. 그(브라흐만)를 이렇게 명상하는 자는 소마를 날마다 짜는 자이자 잘 짜는 자가 됩니다. 그의 음식은 줄지 않지요."

가르기야가 말했다.

"번개에 있는 자, 바로 그를 브라흐만이라고 나는 명상한다오."

아자타샤트루가 말했다.

"아니, 그렇게 말씀하지 마십시오. 빛을 지닌 자라고 저는 브라흐만을 명상합니다. 그(브라흐만)를 이렇게 명상하는 자는 빛을 지닌 자가 됩니다. 그의 자손은 빛나게 되지요."

가르기야가 말했다.

"허공에 있는 자, 바로 그를 브라흐만이라고 나는 명상합니다."

아자타샤트루가 말했다.

"아니, 그렇게 말씀하지 마십시오. 충만한 것, 그리고 움직이지 않는 것이라고 저는 브라흐만을 명상합니다. 그(브라흐만)를 이렇게 명상하는 자는 자손과 가축으로 충만해지고 세상에서 그의 자손이 끊기지 않게 되지요."

가르기야가 말했다.

"공기에 있는 자, 바로 그를 브라흐만이라고 나는 명상한다오."

아자타샤트루가 말했다.

"아니, 그렇게 말씀하지 마십시오. 신들의 왕(지고의 자재자), 난공불락이자 불패의 군대라고 저는 브라흐만을 명상합니다. 그(브라흐만)를 이렇게 명상하는 자는 승리하고 패하지 않으며, 적을 정복하는 자가 되지요."

가르기야가 말했다.

"불에 있는 자, 바로 그를 브라흐만이라고 나는 명상한다오."

아자타샤트루가 말했다.

"아니, 그렇게 말씀하지 마십시오. 견디는 자라고 저는 브라흐만을 명상합니다. 그(브라흐만)를 이렇게 명상하는 자는 견디는 자가 되지요. 그의 자손도 견디는 자가 된답니다."

가르기야가 말했다.

"물에 있는 자, 바로 그를 브라흐만이라고 나는 명상합니다."

아자타샤트루가 말했다.

"아니, 그렇게 말씀하지 마십시오. (진리를) 반영한 모습이라고 저는 브라흐만을 명상합니다. 그(브라흐만)를 이렇게 명상하는 자는 (진리를) 반영하지 않은 모습이 아니라 반영한 모습에 가까워지지요. 그래서 그런 사람에게서는 (진리를) 반영한 모습이 생겨난답니다."

가르기야가 말했다.

"거울에 있는 자, 바로 그를 브라흐만이라고 나는 명상한다오."

아자타샤트루가 말했다.

"아니, 그렇게 말씀하지 마십시오. (신수가) 훤한 자라고 저는 브라흐만을 명상합니다. 그(브라흐만)를 이렇게 명상하는 자는 흰하게 되지요. 그의 자손도 (신수가) 흰하게 된답니다. 또한 함께 하는 모든 것보다 자신이 한층 흰해집니다."

가르기야가 말했다.

"사람이 갈 때 뒤따라 일어나는 소리, 바로 그것을 브라흐만이라고 나는 명상한다오."

아자타샤트루가 말했다.

"아니, 그렇게 말씀하지 마십시오. 생명이라고 저는 브라흐만을 명상합니다. 그(브라흐만)를 이렇게 명상하는 자는 이 세상에서 온 수명을 다 누리고 때가 되기 전에는(명이 다하기 전에는) 생기가 그를 떠나지 않지요."

가르기야가 말했다.

"네 방위에 있는 것, 바로 그것을 브라흐만이라고 나는 명상한다오."

아자타샤트루가 말했다.

"아니, 그렇게 말씀하지 마십시오. 떨어질 수 없는 짝이라고 저는 브라흐만을 명상합니다. 그(브라흐만)를 이렇게 명상하는 자는 짝을 갖게 되고, 그에게서 동료가 떨어져 나가지 않지요."

가르기야가 말했다.

"그림자로 이루어진 자, 바로 그를 브라흐만이라고 나는 명상한다오."

아자타샤트루가 말했다.

"아니, 그렇게 말씀하지 마십시오. 죽음이라고 저는 브라흐만을 명상합니다. 그(브라흐만)를 이렇게 명상하는 자는 이 세상에서 온 수명을 다 누리며, 때가 되기 전에는(명이 다하기 전에는) 죽음이 그를 찾아오지 않지요."

가르기야가 말했다.

"아트만에 있는 자, 바로 그를 브라흐만이라고 나는 명상한다오."

아자타샤트루가 말했다.

"아니, 그렇게 말씀하지 마십시오. 아트만을 지닌 자라고 저는 브라흐만을 명상합니다. 그(브라흐만)를 이렇게 명상하는 자는 아트만을 지닌 자가 되고 그의 자손도 아트만을 가진 자가 되지요."

가르기야는 침묵을 지켰다.[30]

**171**

\cdot

비데하 왕국의 자나카는 지혜로 이름 높은 왕이다. 막대한 사례를 베풀어 기꺼이 지혜를 구했기 때문에, 현자들이 지혜를 논하러 그에게 달려갔다고 한다. 현자들이 자신에게도 몰려오기를 기대하며 아자타샤트루왕은 소 천 마리를 내놓는다.

브라만 가르기야는 왕에게 자연을 볼 때마다 우주의 실체(브라흐만)를 떠올리며 명상한다고 자랑한다. 해·달 같은 자연물, 물·불 같은 자연 현상, 심지어 허공과 공기처럼 보이지 않는 것에서도 위대한 실체(브라흐만)를 느낄 수 있다고.[31] 하지만 아자타샤트루왕은 그의 경지를 뛰어넘는 의미화를 선보인다. 무심하게 뜨고 지는 해와 달이 신이 되고 보이지 않는 공기·허공도 신성이 머무는 자리가 된다. 일상 속에서 보고(거울) 듣는(소리) 모든 것이 의미화의 대상이다. 브라만보다 왕의 기술이 더 탁월한 이유는 더 구체적인 형상과 의미를 일상에 부여하기 때문이다.

## 태양에 있는 자

지구 위 생명의 근원은 태양이다. 태양의 근원(본질)은 태양 에너지('태양에 있는 자'), 즉 브라흐만이다. 현자가 이런 의미화를 자랑하자 왕은 그보다 더 섬세한 의미화를 선보인다. 잡을 수 없는 태양은 초월을 상징한다. 태양이야말로 생명의 근원이니 모든 존재의 머리(왕)라며 왕은 태양을 의미화한다. 상세하고 구체적일수록 의미는 더 가깝게 느껴진다. 누군가의 머리를 볼 때마다 브라흐만이 떠오를 테니까. 자주 떠올리면 떠올릴수록 그 의미가 삶에 스며들기 마련이다. 생각은 의미라는 화살촉을 달아야 정서와 행동에 꽂힌다. 의미에 실은 의도가 무의식을 재프로그래밍한다.

## 달에 있는 자

'달에 있는 자'와 '흰옷을 입은 위대한 왕'은 달의 신 소마를 말한다. 달빛이 희기 때문에 '흰옷을 입은 자'로 달을 의인화했다. 달뿐만 아니라 제사에 바치는 신성한 약초 역시 소마라고 부른다. 그래서 달을 제사와 연결지어 의미화할 수 있다. 의미화에서는 동음이의어뿐만 아니라 발음이 비슷한 단어도 이용한다. 의미화할 수 있다면, 범주가 같거나 연상되는 단어도 가져다 쓴다. 빨가면 사과, 사과는 맛있어, 맛있으면 바나나⋯⋯. 이런 식의 마구잡이 연결도 흔하다. 중요한 것은 의미와의 연결이지, 논리가 아니다. 무의식은 논리로 움직이지 않는다.

소마를 날마다 짠다는 것은 날마다 지내는 일상의 제사를 능숙하게 지낸다는 뜻이다. 소마를 잘 짠다는 것은 특별한 제사를 능숙하게 지낸다는 뜻이다. 복잡한 제사를 수행하는 능력은 사제에게 아주 중요하다. 사제는 남의 제사를 지내주고 그 사례를 받아 생계를 꾸리기 때문이다. 브라만 계급의 음식(생계)이 제사에 달렸기 때문에 이 의미화는 생계밀착형이다. 제사의 주 고객인 크샤트리야왕이 그 사실을 지적하니 더욱 재미있다.


## 번개에 있는 자

인도 경전에서는 종종 깨달음을 얻는 순간을 번개에 비유한다. 『금강경』의 금강(vajra)에는 금강석(다이아몬드)이라는 뜻뿐만 아니라 번개라는 뜻도 있다. 진리를 가리키는 브라흐만을 현자가 '번개에 있는 자'라고 의미화하는 것이 당연하다. 하지만 왕의 의미화는 더 구체적이다. 브라흐만의 양태 가운데 의식은 대상을 드러내기(파악하기) 때문에 항상 빛에 비유된다. 번개 역시 빛이므로 왕은 번갯불을 브라흐만과 관련지어 '빛을 지닌 자'라고 의미화한다. 우기에만 볼 수 있는 번개보다 등만 켜도 볼 수 있는 빛이 더 친숙한 의미화다.

## 허공에 있는 자

'아카샤(ākāśa)'는 보통 '하늘', '허공'으로 번역되지만, 우주에 편재한다는 유체(ether)를 뜻하기도 한다. 공기처럼 눈에 보이지는 않지만 공간을 가득 채우고 있는 물질이다. 현자는 온 우주에 편재한 브라흐만을 '허공에 있는 자'라고 의미화한다. 더 나아가 왕은 허공을 충만하고(부유하고) 움직이지 않는(굳건한) 것으로 의미화한다. 브라흐만은 보이지 않는 힘이다. 동화에는 보이지 않는 손이나 목소리로 등장하여 무형의 능력과 존재감을 드러내기도 한다.

## 공기에 있는 자

공기와 허공은 별다를 것 없어 보이지만, 인도에서는 상징하는 바가 완전히 다르다. 대기를 움직이는 바람(공기)의 신 바유는 천둥번개의 신 인드라의 권속이다. 인드라가 거느리는 폭풍신 마루트[32]는 일곱 신을 통칭하는데, 바유 역시 마루트에 속한다. 자연과 폭풍의 파괴력이 전쟁으로 표상되어 마루트는 전쟁의 신 인드라를 따르는 전사들로 묘사된다. 난공불락이자 불패의 군대를 거느리는 인드라를 실체(브라흐만)로 명상하는 것은 전쟁을 수행하는 왕에게 적합한 의미화다.

## 불에 있는 자

'타파스(tapas)'는 열, 불, 공덕, 명상, 고행 등을 뜻한다. 인도에서 고행은 열기(에너지)를 만들어내는 행위다. 에너지를 일으키는 힘이자 에너지 자체인 브라흐만을 성자가 '불(에너지)에 있는 자'라고 의미화할 법하다. 왕은 '불에 있는 자(브라흐만)'를 '견디는 자'로 구체화한다. '견디는 자'는 에너지를 일으키는 힘(브라흐만)을 상징한다. 인도에서는 고통을 참고 견디면 기적을 일으키는 힘(열기)을 축적할 수 있다고 믿는다. 성자가 혹독한 고행에 몰두하면 온 우주를 태워버릴 만한 열기를 내뿜는다고 한다. 시련을 견디면 더 큰 힘을 얻을 수 있다며 자신을 위로하는 의미화다. 인간은 의미 있는 고통을 더 잘 참는다.

## 물·거울에 있는 자

거울이 귀한 시절에 사람들은 물에 자신을 비춰보았다. 물은 실상(브라흐만)을 반영하는 가르침을 상징한다. 그래서 브라흐만을 '물에 있는 자'로 의미화한다. '진리(브라흐만)를 따름(반영)'이라는 심층 의미화도 가능하다. 물그릇을 들여다 보며 모습을 가다듬듯이, 가르침에 따라 자신을 성찰한다는 뜻이다.

자신을 비추는 거울 역시 물과 같은 상징이다. 겉모습만 점검하는 것이 아니라 내면의 모습을 살피는 도구다. 거울을 닦듯이 마음을 닦으면, 내면이 맑아진다. 깨끗한 내면이 밖으로 드러나면 당연히 신수가 훤해진다. 물·거울처럼 생활과 밀접한 사물을 의미화하면 효과가 크다.

## 사람이 갈 때 뒤따라 일어나는 소리

샹카라에 따르면, '사람이 갈 때 뒤따라 일어나는 소리'는 몸의 기(氣)를 말한다. 기척 혹은 생기로 이해할 수 있다. 살아있는 존재라면 당연히 지닌 기운이다. 그렇기 때문에 이 소리에 생명이라는 의미를 덧붙이는 것이 가능하다. 특정한 소리나 움직임을 의미화하면 그 행위가 일어날 때마다 의미를 떠올릴 수 있다. 행동밀착형 의미화는 몸을 알아차리는(마음챙김) 수행이나 마찬가지다.

## 네 방위에 있는 것

짝을 지어(이분법적으로) 대상을 파악하는 좌뇌에게 대극성(대칭성)은 지식의 필수 조건이다. 음과 양, 선과 악, 위와 아래…… 어떤 개념이든 좌뇌는 쌍으로 이해한다. 네 방위, 동서와 남북 역시 짝을 짓지 않으면 존재할 수 없는 상대적 개념이다. 구분되지 않는 대지(브라흐만)를 네 방위로 인식하는 것보다 '떨어질 수 없는 짝'이라는 대칭의 개념(동서, 남북)으로 인식하는 것이 이원성을 상기하기 좋다. 나눌 수 없는 것(실체)을 나누어 이원적으로 이해함으로써 실상을 가리고 있다는 반성을 끌어내기 때문이다.

## 그림자로 이루어진 자

모든 존재는 유일한 실체인 브라흐만이 빚어낸 그림자다. 본체가 없으면, 그림자 역시 존재할 수 없다. 실체와 그림자의 관계는 인간의 내면에서도 그대로 재현된다. 아트만이 본체, 에고가 그림자이기 때문이다. 아트만(브라흐만)이라는 실체 없이는 그림자인 에고가 존재할 수 없다. 그런데도 인간은 자기 존재의 극히 일부(에고)만을 인식하면서 그것을 자신이라고 오인한다. 인도 경전이 줄기차게 에고의 죽음을 주장하는 까닭이 여기에 있다. 에고가 파괴되어야 온전하게 아트만(브라흐만)으로 살아갈 수 있기 때문이다. '나'라는 개체성의 죽음 뒤에는 영원한 브라흐만만이 남는다. 그래서 브라흐만은 에고의 죽음이다.

## 아트만에 있는 자

왕과 현자의 대론은 대미에 이르렀다. 두 사람은 직접 실체(아트만)를 찔러 들어간다. 현자는 '아트만에 있는 자'를 브라흐만이라고 정의한다. 아트만 속에 있는 것이 브라흐만인 셈이다. 아트만과 브라흐만은 둘이 아니지만, 동일하지는 않다. 브라흐만이 나무 전체라면, 아트만은 가지다. 현자는 둘을 구별하지 않고 아트만의 본질이 브라흐만이라고 말한다. 나무나 가지나 모두 한 그루 나무이지 않은가. 하지만 왕은 아트만과 브라흐만을 세분한다. 가지를 지닌 것이 나무이듯이 아트만을 지닌 것이 브라흐만이라고.

의미화는 대상에 의미를 부여하고, 그 의미를 나와 연결한다. 뜬금없는 연결이라도 의미를 부여하는 것 자체가 중요하다. 자기 본성(아트만)의 힘을 쓰는 방법이기 때문이다. 아자타샤트루왕은 에고의 의미와 참나의 의미를 한데 엮어 이중으로 의미화한다. 브라흐만을 자주 떠올리면서 진리에 가까워지는 것은 참나의 목표다. 하지만 인간은 마땅히 해야 하는 일에도 꾸물거린다. 해야 하는 일이 곧 하고 싶은 일은 아니기 때문이다. 그래서 왕은 당위만 말하는 현자의 의미화에 당근을 덧붙인다. 빛나는 자손을 얻는다고, 자손과 가축이 충만해진다고, 장수를 누린다고…… 욕망에 충실한 에고를 꾀어

**177**
·

참나의 목표로 향하게 만든다. 에고라는 아이를 마시멜로로 달래어 공부시키는 부모와 같다. 갖가지 효험을 장담하는 경전 속 주문도 집중을 끌어내기 위한 당근이다. 심지어 붓다는 신혼의 이복동생 난다를 강제로 출가시키고는, 천상의 선녀들을 보여주며 돌아가려는 난다를 붙잡아두었다(물론 난다는 깨달음을 얻은 뒤에 선녀들과 어울리지 않았다). 에고와 참나, 둘 다를 만족하는 이중 의미화는 고수나 해봄직하다.

심해를 유영하는 고래(의미)의 매끈한 몸에 작살을 꽂는 것은 의지와 집중력이다. 양 갈래(의지와 집중력) 작살로 고래와 나를 연결하면 의미화가 작동한다. 이제 고래를 원하는 곳(의도)으로 데려간다. 숨을 참는(에고의 제어) 시간을 늘리면, 고래를 쫓아 심해(아트만)로 내려갈 수 있다.

의미화에 대체 무슨 '의미'가 있느냐고 묻고 싶다면, 서문에서 언급한 캠벨의 말을 다시 읽어보는 것이 좋다. 이런 말장난이 무슨 소용이냐고 물으면, 삶이라는 게임을 망친다. 의미화는 의미와 의도로 에고를 세뇌하는 기술이기 때문이다. 에고를 구축하고 확장하는 단계에서는 의미가 중요하다. 에고를 초월하는 마지막 단계에 이르기 전까지, 의미는 지렛대가 되어 삶을 높이 끌어올린다.

## 긍정 확언

사람들 가운데 내가 유명해지길, 이루어져라!
거부들보다 내가 더 부유해지기를, 이루어져라[33]

인도 사람들은 제사 때 신을 찬양하는 노래에 소원 성취의 힘이 담겨있다고 믿었다. 소원을 이루어주는 신성한 힘이 찬가(만트라)에 깃들어 있다는 믿음이 찬가를 주문으로 바꾸었다. 신에게 바친 노래가 아닌데도 위 시구의 끝에는 "이루어져라(스바하)"가 붙어있다. 이 단어는 원래 제관이 제물을 바치면서 읊는 말이다.[34] 『베다』시대 끝으로 가면 갈수록 제사와는 별개로 신성한 언어가 담고 있는 힘과 진리가 중요해졌다. 『리그 베다』의 마지막 장에 언어의 힘을 의인화한 여신 바크에게 바쳐진 찬가가 있을 정도다.

말 자체에 힘이 있다는 믿음은 진실한 말을 해야 한다는 규범으로 굳어졌다. 진실해야 힘 있는 말이 된다. 반대로 진실한 말만 해온 사람이 현재 하는 말은 미래에 진실이 된다. 진실의 힘이 무슨 말이든 사실로 만들기 때문이다. 진실의 힘은 신에게 바치던 만트라(진언)를 오히려 신을 구속하는 힘으로 바꾸었다. 말에 담긴 힘을 신조차 거스를 수 없게 된 것이다. 신이 아니라 제사와 주문에 담긴 힘이 소원을 들어준다는, 발상의 전환이 일어났다. 이 전환이 요가와 맞물려 밀교에서는 본격적인 주술[35]로 발전했다. 무협지에서 보듯, 손으로 인(印)을 맺고 주문을 외우는 주술의 기본이 완성된다. 우파니샤드에는 아직 이런 주술이 등장하지 않지만 원시적 형태의 진언은 넘쳐난다.

신이여, 내가 불사를 갖기를![36]

위와 같은 진언(언령)은 신에게 간청하는 소원이 아니다. 말에 깃든 진실의 힘으로 신에게 실행을 강제하는, 말 그대로 명령에 가깝다. 진실이 실행력으로 작용한다는 믿음은 의식(생각)이 실체라는 사상으로 이어졌다.

진실 자체가 힘이라는 믿음은 우파니샤드 시대 이후에 '진실어'로 발전했다. 진실어는 마치 주문처럼 '내가 지켜온 진실의 힘으로, 소원이여 이루어져라!'라고 선언하는 형식을 취한다. 지금까지 지켜왔던 진실을 근거로 자신이 지금 하는 말 또한 진실이 될 것이라고 확신한다. 제사와 주술을 금지한 붓다도 진실어만큼은 직접 제자들에게 가르쳤다. 진실어는 내면의 힘을 꺼내는 방법이기 때문이다.

탁발을 하던 중에 앙굴리말라는 어떤 여인이 순산을 하지 못하고 산고를 겪는 것을 보았다. 탁발에서 돌아온 그는 붓다를 뵙고 이렇게 말씀드렸다.

"붓다시여, 저는 어떤 여인이 순산을 하지 못하고 산고를 겪는 것을 보았습니다. 그것을 보고 '중생들은 참으로 고통 받고 있구나'라는 생각이 들었습니다."

그러자 붓다는 앙굴리말라를 시험하려고 말했다.

"앙굴리말라여, 가서 그 여인에게 이렇게 말하라. '누이여, 태어난 이후로 나는 일부러 산 생명의 목숨을 빼앗은 적이 없습니다. 이 진실로 그대가 편안하고 태아도 편안하기를 바랍니다'라고."

하지만 예전에 살인마였던 앙굴리말라는 이렇게 대답했다.

"붓다시여, 그것은 거짓말입니다. 저는 산 생명을 숱하게 빼앗았습니다."

"앙굴리말라여, 그렇다면 가서 그 여인에게 이렇게 말하라. '누이여, 출가한 이후에 나는 일부러 산 생명을 빼앗은 적이 없습니다. 이 진실로 그대가 편안하고 태아도 편안하기를 바랍니다'라고."

"그러겠습니다, 붓다시여."

이렇게 대답하고 앙굴리말라는 그 여인에게 가서 말했다.

"누이여, 출가한 이후에 나는 일부러 산 생명을 빼앗은 적이 없습니다. 이 진실로 그대가 편안하고 태아도 편안하기를 바랍니다."

그러자 그 여인도 태아도 모두 편안해졌다.[37]

말이 가지는 힘은 자기충족적 예언에 그치지 않는다. 진실이라는 내적인 힘은 생각을 실제 현실로 만든다. 진언이든 진실어든 진실로써 자기를 설득하여 그 힘을 끌어낼 조건을 갖춘다. 물이 가득한 댐처럼 내면의 아트만은 언제든 현실을 바꿀 잠재력을 지닌다. 그래서 이 사실을 깨달은 사람은 "내가 바로 창조다."[38]라고 선언한다.

> 나는 나무(세상)를 흔드는 자(세계의 지배자)!
> 명성이 산봉우리와 같노라.
> (하늘) 위의 신성한 태양처럼,
> 나는 빼어난 불사약이고 빛나는 보물이고
> 뛰어나게 지혜로우며
> 불사이고 쇠하지 않는다.[39]

신성이 자기 내면에 있다는 사실(아트만)을 깨달은 이는 더 이상 외적 성취에 얽매이지 않는다. 내면의 광대한 힘을 두고 하찮은 것을 탐내겠는가. 현명한 사람은 빛나는 지혜를 얻어 쇠하지 않는 불멸을 성취한다. 아트만 자체가 된다. 내가 바로 아트만이라는 선언은 언령이 아니다. 그것은 확언이다. 너무나 자명해서 내면의 힘으로 뭔가를 이루려는 바람조차 필요 없다. 생각하는 대로 이룰 뿐이다.

진언·언령·진실어는 오늘날 확언으로 이어졌다. 확언을 뜻하는 산스크리트 단어 상칼파(saṃkalpa)는 의지·의도·목표·바람·마음 등을 뜻한다. 요가, 명상, 힌두 의례(푸자 등)에서 흔히 쓰인다. 신비적 자기계발에서 소원 성취 주문으로 쓰이지만, 사실 확언은 마음을 모아 의도를 집중하는 수행법이다. 의도를 유지하여 실행력을 높이는 수단이라고 할 수 있다. 깨달음의 표현이나 다름없는 언령이 자신의 의식과 무의식을 설득하는 확언으로 바뀐 셈이다.

> 그(氣)가 나를 왕, 지배자, 주군으로 만들기를![40]

STAGE
11

# 11

열한 번째 **이야기**

# 의미로 쌓아 올린 세계

"범아일여(梵我一如)" 우파니샤드는 우리를 신비의 정점에 올려 놓는다. 내가 신이며 곧 창조주다. 이 세상은 내가 빚어냈고 나 없이는 존재하지 않는다. 그러나 현상(속제)과 실체(진제), 나와 우주 사이에는 깨달음이라는 대기권이 가로막고 있다. 중력이 나를 지상의 삶에 묶어놓는다. 숨 쉬는 공기처럼, 물질적 환경이 생명 유지에 없어서는 안 될 필수 조건이기는 하다. 생명은 먹고 마셔야 산다. 하지만 그것만이 중요하다고 여긴다면, 에고의 중력을 이기고 우주로 솟아오르지 못한다. 망원경 속에서 플라이아데스 성단을 볼 수는 있지만, 우주 자체가 될 수는 없다. 그렇다면 지구를 떠날 준비는 대체 언제 끝나는 것일까?

## 세상이라는 유희

이 세상은 놀이공원과도 같다. 놀이기구처럼 삶을 이리저리 갈아타며 기쁨·성냄·슬픔·즐거움 등을 두루 맛보는 장소다. 에고라는 아이가 성숙하여 유희가 시들해질 때까지 우리는 이 놀이터에 머문다. 힌두교에 따르면 언젠가는 모두가 '집'으로 돌아간다.

회전목마처럼 돌아가는 윤회 속에서 저마다 놀이기구처럼 삶을 체험한다. 롤러코스터처럼 고정된 궤도(운명)를 도는 삶도, 운전대를 잡는 범퍼카처럼 나름의 자율성(의지)을 발휘하는 삶도 있다. 하지만 주어진 시간이 지나 음악이 멈출 때까지 모두가 기구(몸) 안에 갇힌다. 주어진 조건을 벗어나는 방법은 자신이 기구에 종속되어 있지 않다는 것을 스스로 알아채는 것(해탈)뿐이다. 기구에서 눈을 떼고 창(내면)을 바라보기만 하면 된다. 창밖에는 늘 진짜 세상이 제자리를 지키고 있다. 물론 빙글빙글 돌아가는 탈것(삶) 위에서 눈을 떼기란 쉽지 않다. 큰일이라도 난 듯이 울려대는 경보와 뭔가 잘못되었다는 듯 번쩍거리는 계기판…… 그래 봤자 놀이기구 아닌가.


## 은밀하게 위대하게

윤회 속에서 우리는 삶을 의미 있다고 믿는 게임을 반복한다. 게임에 지치는 순간, 비로소 놀이공원을 벗어날 준비가 끝난다. 그것은 세상을 벗어나는 수행의 길이다. 바로『바가바드 기타』가 말하는 지혜의 가르침[1]이다. 하지만 미성숙한 우리에게는 아직 놀이(삶)가 필요하다. 그래서 놀이기구를 잘 타는 요령을 설명하는 행위의 가르침[2]이 있다. 삶을 여행하는 히치하이커(윤회자)를 위한 안내서쯤 되겠다.

행위의 가르침에서 지혜의 가르침으로 이행하는 아슈라마는 연령별 놀이 기구 타기다. 인격이 성숙함에 따라 좋아하는 놀이기구도 달라지니까. 각 기구를 탈 때마다 최선의 경험을 얻어야 한다. 그래야 같은 것을 반복해서 타지 않을 수 있다. 삶 속에서 즐거움을 경험하는 것, 그래서 즐거움에 완전히 질리는 것, 그러다가 즐거움을 얻으려는 욕망에서 저절로 벗어나는 것, 그 과정이 아슈라마다. 기구를 잘 타는 것(부·권력 따위를 얻는 것)이 아니라 빨리 기구에 통달하는 것이 아슈라마의 목표다. 삶이 가져오는 성취는 허망하다. 게임이 끝났는데 게임 머니가 많아 봐야 무슨 소용인가. 지혜로운 사람은 돈과 명성 따위를 성가시게 여기기 마련이다. 은밀하게 위대해지는 것이 진정한 지혜다.

온갖 학문에 심취했건만 파우스트 박사는 끝내 절망에 빠진다. 이성의 추구는 그를 허무에서 건지지 못했다. 로고스는 목표가 아니라 한계이기 때문이다. 이성은 우리를 신비의 문턱까지 안내하지만 그 문턱을 넘어서도록 하지는 못한다. 문턱을 넘도록 부추기는 것은 오히려 한계를 통감한 절망이다. 인도의 파우스트인 나라다는 온갖 학문에 통달한 성자다. 하지만 그 무엇도 그를 구원하지 못한다. 삶의 의무를 묵묵히 견디는 당나귀에서 벗어나 삶의 의미를 찾으려고 사자처럼 울부짖던 그는 어린아이 모습의 성자 사낫쿠마라를 찾아간다.

"가르쳐주십시오, 존귀하신 분이시여!"
나라다[3]는 사낫쿠마라[4]에게 다가가 이렇게 말했다. 그에게 (사낫쿠마라가) 말했다.

"(그대가) 아는 것을 (내게 말해야 하니) 내게 가까이 앉으시오. 그리하면 그 너머의 것을 가르쳐주리다."

"리그 베다[5]를, 존귀한 분이시여, 저는 알고 있나이다. 야주르 베다,[6] 사마 베다,[7] 네 번째 베다인 아타르바,[8] 대서사시(라마야나[9]와 마하바라타[10]), 다섯 번째 베다 푸라나,[11] 베다 중의 베다(문법학), 조상에 대한 것(제례학), 수학, 징조를 읽는 법, 연대학, 논리학, 윤리학, 정치학, 신에 대한 학문(어원학),[12] 브라흐마의 학문(베다를 다루는 음성학, 운율학 등 성스러운 학문),[13] 귀신에 대한 학문, 크샤트리야의 학문(무술), 천문학, 뱀에 대한 학문(제독술), 그리고 하늘사람의 학문(무용, 음악, 공예 등)[14]을 알고 있습니다, 존귀하신 분이시여. 이런 저라지만, 존귀하신 분이시여, 만트라(주문)를 알 뿐(=말로만 알 뿐), 아트만을 모르옵니다. 님과 같이 존귀하신 분들께 제가 듣기로, '아트만을 아는 자는 슬픔을 넘어선다'라고 하더군요. 존귀하신 분이시여, 저는 이리도 괴롭습니다. 존귀한 분이시여, 저를 슬픔 너머로 건네주소서."

그에게 (사낫쿠마라가) 말했다.

"그대가 무엇을 알고 있든, (아는 것은) 단지 이름일 뿐이오. 오직 이름만! 리그 베다, 야주르 베다, 사마 베다, 네 번째 베다인 아타르바, 대서사시(라마야나와 마하바라타), 다섯 번째 베다 푸라나, 베다 중의 베다(문법학), 조상에 대한 것(제례학), 수학, 징조를 읽는 법, 연대학, 논리학, 윤리학, 정치학, 신에 대한 학문(어원학), 브라흐마의 학문(베다를 다루는 음성학, 운율학 등 성스러운 학문), 귀신에 대한 학문, 크샤트리야의 학문(무술), 천문학, 뱀에 대한 학문(제독술), 그리고 하늘사람의 학문(무용, 음악, 공예 등), 이는 이름일 뿐이라오. 이름에 대해 명상하시오. 이름을 브라흐만이라고 명상하는 자는 이름이 이르는 곳(범주)까지 자신이 원하는 대로 할 수 있다오.[15] 이름을 브라흐만으로 명상하면 말이오."

"존귀하신 분이시여, 이름보다 더한(위대한) 것이 있습니까?"

"이름보다 더한 것이 물론 있소."

"존귀하신 분이시여, 제게 그것을 말씀해주십시오."

"언어가 이름보다 더한(위대한) 것이오. 언어가 바로 리그 베다를 알게 한다오.

야주르 베다, 사마 베다, 네 번째 베다인 아타르바, 대서사시(라마야나와 마하바라타), 다섯 번째 베다 푸라나, 베다 중의 베다(문법학), 조상에 대한 것(제례학), 수학, 징조를 읽는 법, 연대학, 논리학, 윤리학, 정치학, 신에 대한 학문(어원학), 브라흐마의 학문(베다를 다루는 음성학, 운율학 등 성스러운 학문), 귀신에 대한 학문, 크샤트리야의 학문(무술), 천문학, 뱀에 대한 학문(제독술), 그리고 하늘 사람의 학문(무용, 음악, 공예 등), 하늘·땅·바람·허공·물과 불, 신·인간·짐승·새·풀과 나무, 야수, 벌레·나방·개미, 옳고 그른 것, 사실과 거짓, 좋은 것과 나쁜 것, 달가운 것과 달갑지 않은 것, 언어가 실로 이 모든 것을 알게 하지요. 언어에 대해 명상하시오. 언어를 브라흐만이라고 명상하는 자는 언어가 이르는 곳까지 자신이 원하는 대로 할 수 있다오. 언어를 브라흐만으로 명상하면 말이오."[16]

　　나라다가 무엇을 아는지 물은 뒤 사낫쿠마라는 그가 무엇을 알든 이름(관념)일 뿐이라고 일축한다. 이것은 중세 유럽에서 불붙은 보편 논쟁을 떠올리게 한다. 서구에서는 보편이(예를 들면, 붉은색이) 관념이 아니라 실제로 존재한다고 주장한 철학자들이 있었다.[17] 우파니샤드 시대부터 인도철학은 앎이 관념(이름)에 불과하다고 말한다. 무엇을 알든 지식은 인간의 좌뇌가 분류하여 이름 붙인 관념일 뿐이다. 하지만 관념뿐이라도 말에는 힘이 있다. 언어는 인식의 도구일 뿐만 아니라 세계를 파악하는 주요 수단이기 때문이다. 게다가 우파니샤드는 언어가 실체(브라흐만)를 흐릿하게나마 비추는 거울이라고 밝힌다. 금목걸이, 금화, 금괴 등 금붙이에 붙는 각색의 이름이 금이라는 본질을 암시한다고 본다. 인도 문법학파는 단어가 대상을 임의적으로 가리키는 것이 아니라, 둘 사이에 긴밀한 연결이 있다고 주장한다. 언어가 이데아(본질)를 반영한다고 한 플라톤과 다를 바 없다.

　　사낫쿠마라는 이름보다 언어가 상위의 범주라는 것을, 우리가 이해하는 앎이 언어로 구성된다는 것을 밝힌다. 관념으로 구축되는 지식은 언어의 질서를 따른다. 한스 게오르크 가다머(Hans Georg Gadamer)가 밝히듯이 "이해될 수 있는 존재는 언어이다."[18] 하지만 사낫쿠마라는 언어로 표현되지 않으면 인식할 수 없다고(언어가 지식의 한계를 규정한다고) 말하지 않는다. 오히려 언어 너머의 실체에 다가가려고 한다. 언어는 지적 인식의 한계일 뿐 인식의 한계가 아니다. 언어로 앎을 표현하는 지성은 마음의 한 기능에 지나지 않는다. 지성 이외에도 마음에는 지식을 직접 인식하는 직관의 기능이 있다. 우파니샤드를 계승한 베단타 학파에서는 만물을 다음과 같이 셋으로 분류한다.

① 환영
② 존재하지만 환영과 다를 바 없는 세상
③ 실체(브라흐만)

꿈(환영)과는 달리 우리가 사는 세상은 엄연히 존재한다. 하지만 영원불변하지는 않다. 시간의 흐름 속에서 보면, 세상은 시시각각 변하는 현상이다. 뭔가가 존재한다고 말할 틈도 없이 변해버린다. 고정불변한 것은 오직 브라흐만뿐이다.

각 수준에 대한 앎도 세 종류다.

① 실체를 전혀 반영하지 않는 지식 : 꿈 등
② 실체를 반영하는 지식 : 일상적 앎 → 언어로 표현할 수 있음
③ 실체를 직접 '보는' 지식 : 초월적 앎 → 언어로 표현할 수 없음

실체와 전혀 상관없는 꿈이나 거짓도 인식하고 때로는 언어로 표현할 수 있다. 그러나 지식이라고 하면 보통 진리(실체)를 표상하는 두 번째 범주를 말한다. 나라다는 두 번째 지식, 세상의 평범한 학문(속제)을 배웠다. 이런 낮은 지식은 삶을 구원하지 못한다. 우파니샤드가 말하고자 하는 비밀은 세 번째 지식이다. 실체에 대한 초월적 지식, 즉 깨달음으로 이끄는 높은 지식이다.[19] 높은 지식을 얻는 데에는 지성뿐만 아니라 의지·의식 등 마음의 다른 기능들이 작용한다. 초월적 지식을 말로 설명할 수 없기 때문에 사낫쿠마라는 그것을 가져오는(쥐는) 방법을 설명한다.

"존귀하신 분이시여, 언어보다 더한(위대한) 것이 있습니까?"
"언어보다 더한 것이 물론 있소."
"존귀하신 분이시여, 제게 그것을 말씀해주십시오."
"마음이 실로 언어보다 더한 것이오. 한 주먹으로 아마륵[20] 열매 둘, 혹은 후추 열매 둘이나 비혜륵[21] 열매 둘을 쥐듯, 마음은 언어와 이름을 (한 번에) 쥔다오. 마음으로 '만트라를 읽어야지'라고 생각하면, 그대로 읽게 되오. '제사를 지내야지'라고 생각하면, 지내게 되지요. '아들과 가축을 기원해야지'라고 생각하면, 기원하게 되고요. '이 세상(현세)과 저 세상(내세)을 기원해야지'라고 생각하면, 기원하게 되오. 마음이 곧 아트만이오. 마음이 곧 세상이라오. 마음이 곧 브라흐만이지요. 마음에 대해 명상하시오. 마음을 브라흐만이라고 명상하는 자는, 마음이 이르는 곳까지 자신이 원하는 대로 할 수 있다오. 마음을 브라흐만으로 명상하면 말이오."
"존귀하신 분이시여, 마음보다 더한(위대한) 것이 있습니까?"
"마음보다 더한 것이 물론 있소."
"존귀하신 분이시여, 제게 그것을 말씀해주십시오."
"의지가 실로 마음보다 더한 것이오. 의지가 있어야만 생각하고 그래야 언어로 말하지요. 그것을 이름으로 표현하는 것이오. 만트라들은 이름에서 하나가 되고 의례들도 다 만트라에서 하나가 된다오.[22] 실로 이들(이름, 언어, 마음)은 의지에서 비롯되고, 의지를 아트만(토대)으로 하며, 의지에 기반하고 있소. 하늘땅은 (의지에서) 생겨났지요. 바람과 허공도 (의지에서) 생겨났소. 물과 불도 (의지에서) 생겨났소. 그들이 생겨났기에 비도 생겨났다오. 비가 생겨났기에 생명(氣)도 생겨났지요. 생명이 생겨났기에 만트라도 생겨난 것이오. 만트라가 생겨났기에 의례도 생겨났다오. 의례가 생겨났기에 (의례의 결과인) 세상이 생겨났소.[23] 세상이 생겨났기에 모든 것이 생겨났지요. 그러한 것이 의지요. 의지에 대해 명상하시오. 의지를 브라흐만이라고 명상하는 자는 실로 자신이 의도한 세계를 얻고 영원한 자가 되어 영원한 세상을, 고통 없는 자가 되어 고통 없는 세상을 얻소. 의지를 브라흐만이라고 명상하는 자는 의지가 이르는 곳까지 자신이 원하는 대로 할 수 있다오. 의지를 브라흐만으로 명상하면 말이오."[24]

거미줄처럼 얽힌 세계를 바삐 누비며, 우리는 바라는 것을 얻고 지키기 위해 노력한다. 미끄러지는 마음속 욕망의 대상을 좇아 거미줄(관념, 상징계) 위를 오가지만, 누구도 거미줄 밑의 실체를 보지 못한다. 애타게 (관념뿐인) 행복을 갈구하면서, 정작 행복을 정의하지는 못한다. 관념화(개념화)를 수행하는 것은 마음의 기능 가운데 하나인 지성이다. 5감과 의근으로 인식하여 지성으로 개념화하고, '나'가 했다고 착각하는 것(자의식)까지 모두 마음의 기능에 속한다.

원하는 것을 향해 돌진하게 만드는 것도 의도를 자아내는 마음이다. 자신이 원하는 것을 얻으려는 마음속 의도가 언어로 표현되고 행동으로 옮겨진다. 그래서 불교에서는 생각(意)·말(口)·몸(身) 삼업 가운데 의도를 일으키는 생각을 가장 중시한다. 의도는 자신의 세상을 만드려는 의지다. 사낫쿠마라는 마음이 언어보다 더 중요하다고 하면서, 마음이 만트라를 읽고 제사를 지내려는 의도를 자아낸다고 지적한다. 그런데 그는 의지가 마음보다 위대하다고 한다. 대체 의도와 의지가 어떻게 다르길래? 사낫쿠마라가 말하는 의도는 의식적인 의지다. 내가 하고자 하는 바를 인식한다. 의지는 무의식적인 충동이다. 하고자 하는 바를 분명하게 인식하지 못한 채, 바람과 물살을 따라가는 돛단배처럼 우리는 의지에 이끌린다. 우파니샤드를 근간으로 쓴 『의지와 표상으로서의 세계*Die Welt als Wille und Vorstellung*』에서 쇼펜하우어는 "모든 존재의 본질적 힘이 바로 의지"라고 말한다. 맹목적 충동이라고도 표현되는 이 의지는 본능과 욕망, (자의식 등에서 나오는) 내적 추동을 모두 포함한다. 고통과 갈망의 원천이다. 한 마디로 하면, '나'로서 존재하려는 '분리'의 의지다. 나를 '구별짓기' 위해 '나'는 경계를 긋는 이름을 배우고 지어낸다. 창조신화에서 하늘과 땅이, 바람과 허공이, 물과 불이 생겨난 것은 무의식적 의지에 따른 결과다. 지금도 실제 세상은 하늘과 땅으로 나뉘지 않으며 물과 불로 대립하지 않는다.[25] 아담은 이미 창조된 피조물들에게 이름을 지어주었다지만, 우파니샤드는 이름을 부여함으로써 모든 것이 창조되었다고 말한다. "빛이 있으라!"라고 말했기 때문에 빛이 생겼다. 사낫쿠마라는 여기서 멈추지 않고, 의식이 의지보다 더 위대하다고 말한다. 의식이 마음과 실체를 잇는 '연결'이기 때문이다.[26] 의식이라는 신비한 호수에 돌을 던져 현실에 파문을 일으키는 것이 의지다.

> "존귀하신 분이시여, 의지보다 더한(위대한) 것이 있습니까?"
> "의지보다 더한 것이 물론 있소"
> "존귀하신 분이시여, 제게 그것을 말씀해주십시오."
> "의식이 실로 의지보다 더한 것이오. 의식해야 의도하고, 그래야 생각하게 되지요. 그러면 언어로 말하고, 그것을 이름으로 표현하는 것이오. 만트라들은 이름에서 하나가 되고, 의례들도 다 만트라에서 하나가 된다오. 실로 이들(이름, 언

어, 마음, 의지)은 의식에서 비롯되고, 의식을 아트만으로 하며, 의식에 기반하고 있소. 그러므로 많이 아는 사람이라도 (그에게) 의식(분별)이 없으면, '이 자는 아무것도 아니다(모른다). 이 자가 배웠거나 현명하다면, 이렇게 의식이 없을 수 없다.'라고들 말한다오. 반면 조금만 아는 자라도 (그에게) 의식이 있으면, (사람들은) 그에게 듣고 싶어 하오. 그러므로 실로 이들(이름, 언어, 마음, 의지)의 원천은 의식이고, 이들의 아트만(정수)은 의식이며, 기반도 의식이라오. 의식에 대해 명상하시오. 의식을 브라흐만이라고 명상하는 자는, 실로 자신이 의식한 세계를 얻고, 영원한 자가 되어 영원한 세상을, 고통 없는 자가 되어 고통 없는 세상을 얻소. 의식을 브라흐만이라고 명상하는 자는, 의식이 이르는 곳까지 자신이 원하는 대로 할 수 있다오. 의식을 브라흐만으로 명상하면 말이오."[27]

이름, 언어, 마음, 의지를 일으키는 토대는 의식이다. 위에서 사낫쿠마라는 의식을 '분별력' 혹은 '지혜'라는 뜻으로 쓴다. 의식은 대상을 밝혀 앎과 지혜를 가져오는 힘이기 때문이다. 인지 과학이 말하는 의식은 주로 인식작용이다. 일체유심조(一切唯心造)에서 마음(心)은 일차적으로 의도와 의지를, 궁극적으로는 의식을 가리킨다. 이렇게 다양한 의미 가운데 무엇이 우파니샤드가 말하는 의식일까?

사물을 드러내는 빛(앎)은 의식을 상징한다. 의식이 있어야 사물과 관념을 파악할 수 있기 때문이다. 의식을 토대로 지성도 지혜도 분별력도 작동한다. 브라흐만을 물질세계의 토대인 양자장에 비유하듯이, 정신세계의 토대인 의식에도 비유할 수 있다. 우파니샤드는 브라흐만이 실체(sat)이자 의식(cit)이라고 못박는다. 물질과 정신은 하나이며 그것을 움직이는 것이 의식, 즉 브라흐만이라는 비이원론[28]이다. 물론 이 의식은 개별 의식이 아니라 통합적인 근본(순수) 의식이다. 개별 의식으로 전화하는 아트만은 순수 의식인 브라흐만의 부분이기 때문이다. 의식은 그물코에 달린 구슬인 아트만을 움직여, 그물망 전체인 브라흐만을 흔든다. 의식은 전체성의 일부다.

의식이 물리적으로 작용하는 힘일까? 그저 뇌기능의 총체적 현상이 아닐까? 인지 과학의 미스터리인 의식을 두고 철학자 데이비드 차머스(David John Chalmers)는 "시간·공간·질량·전하 등과 같은 개념이 우주의 기본 요소이듯이, 의식도 환원 불가능한 기본 특성"이라고 말한다. 이 견해는 생명체뿐만 아니라 물질에도 의식이 있다는 범심론으로 들린다. 비이원론을 주장하는 우파니샤드는 대놓고 범심론을 표방하지 않는다. 정신과 물질 사이에서 균형을 잡을 뿐이다(유물론–유심론처럼 쌍을 이루는 견해 가운데, 우파니샤드가 어느 한 편만을 취한다는 생각은 죄다 오류다). 우파니샤드가 줄곧 말해온 것은 정신과 물질의 너머의 일자(一者)다. 일부 과학자들은 정보가 물질과 의식의 기반이라고 주장한다. 물리적이지도 정신적이지도 않은 정보에서 물질과 의식 모두가 산출된다는 뜻이다. 우파니샤드라면, 그것 (정보)이 곧 브라흐만이라고 말하리라.[29]

의식이라는 형이상학적 최고 목표에 도달한 사낫쿠마라는, 이제 그것을 얻는 법을 나라다에게 차례로 설명한다. 순수 의식보다 순수 의식에 도달하게 하는 집중이, 집중보다 지혜가, 지혜보다 힘이 더 위대하다고. 힘이 있으면 집중을 지속할 수 있고, 집중이 있으면 지혜를 얻을 수 있다. 목표를 위해 수단을 강조하는 이 가르침은 이윽고 삶과 목숨을 지탱하는 생물학적 토대로 옮겨간다. 생명을 유지하게 해주는 음식–물–열기(온기)에서 삶의 터전인 허공(공간)으로 이어지는 목록을 읊은 사낫쿠마라는 기억–희망–기(에너지)로 끝맺는다. 순수 의식에 도달하려면 심신을 잘 관리해야 한다는 실용 지침이다. 우파니샤드는 이원론을 배격하지만, 정신과 물질 가운데 어느 것도 무시하지 않는다. 진리는 영육 너머에 있지만, 인간은 몸과 마음에 반 발씩 디딘 채 진리로 올라선다.

심리학자 에이브러햄 매슬로(Abraham Harold Maslow)가 말하듯이 생리적 욕구가 충족되어야 안전의 욕구가, 그 뒤에 사랑과 소속의 요구, 마지막에 자기실현의 욕구가 차례로 몫을 요구한다. 하지만 사낫쿠마라는 생리적 욕구보다 인간적 욕구를 더 상위에 둔다. 자아 정체성을 구성하는 기억, 더 나은 '나'가 되리라는 희망, 그리고 몸과 마음을 채우는 의욕(기 : 에너지)이 먹고 마시는 것보다 우선한다. 인도에서는 사랑과 소속의 욕구(기억)와 자아실현의 욕구(희망)가 생의 의지(의욕)를 끌어낸다고 보기 때문이다. 때로 사람은 희망을 잃으면 스스로 목숨을 버린다. 사랑 받지 못한 사람은 온전한 인간으로 성숙하지 못한다. 영양을 충분하게 공급받고도 루마니아 고아들이 발달 장애를 입은 것을 보면,[30] 현대는 물질적 환경을 과대평가하는 것 같다. 인간은 보이는 물질보다 보이지 않는 믿음(가치) 덕분에 호모족의 정점에 설 수 있었다.

그림 11. 매슬로의 욕구 5단계

나라다는 기(에너지)라는 답에 만족하여 더 이상 '더한 것'을 묻지 않는다. 형이상학의 궁극인 의식과 물질의 궁극인 에너지에 도달했기 때문이다. 그는 의식과 에너지가 모두 브라흐만이라는 지식에 만족한 듯하다. 단지 지식을 얻은 것만으로 깨우침을 얻었다고 착각하는 나라다에게 사낫쿠마라는 다시 "이름부터 희망까지의 관념(혹은 마음 작용)들을 넘어 우주에 편재하는 브라흐만을 깨달아야 한다."라고 가르침을 준다. 관념 너머의 실체를 깨달은 자만이 '너머를 말하는 자'가 될 수 있다.

"진리 덕분에 그 너머(초월)를 말하는 자가, 바로 '너머를 말하는 자' 요."
"존귀하신 분이시여, 저는 진리 덕분에 그 너머를 말하고자 하나이다."
"그렇다면 진리를 알고자 해야 하오."
"존귀하신 분이시여, 저는 진리를 알고자 합니다."
"진실로 알 때 비로소 진리를 말하게 되오. 알지 못하면서 진리를 말할 수는 없다오. 알아야만 진리를 말하지요. 그러니 앎에 대해 알도록 하시오."
"존귀하신 분이시여, 앎에 대해 알고 싶습니다."
"진실로 생각(성찰)할 때 비로소 알게 되오. 생각하지 않고서 알 수는 없다오. 생각하고 나서야 알지요. 그러니 생각에 대해 알도록 하시오."
"존귀하신 분이시여, 생각에 대해 알고 싶습니다."
"진실로 믿을 때 비로소 생각하게 되오. 믿지 않으면서 생각할 수는 없다오. 믿고 나서야 생각하지요. 그러니 믿음에 대해 알도록 하시오."
"존귀하신 분이시여, 믿음에 대해 알고 싶습니다."
"진실로 충실할 때[31] 비로소 믿게 되오. 충실하지 않고서 알 수는 없다오. 충실해야 믿지요. 그러니 충실함에 대해 알도록 하시오."[32]

이제 나라다는 실제로 알기(깨닫기) 위해 가르침을 청한다. 진리를 생각

(성찰)해야 알 수 있고 알아야 말할 수 있다. 당연하다. 하지만 성찰이 믿음에서 나온다는 주장은 다분히 인도답다. 스승을 존경하기 때문에(스승에게 충실할 때) 스승의 가르침을 믿게 된다니? 스승의 가르침을 믿지 않으면 이성과 직관 사이에 놓인 협곡을 건너갈 수 없기 때문이다. 합리성을 강조하는 초기불교에서조차 스승에 대한 믿음을 도약의 발판으로 삼는다.

"존귀하신 분이시여, 충실함에 대해 알고 싶습니다."

"진실로 행해야 비로소 충실하게 되오. 행하지 않으면서 충실할 수는 없다오. 행해야 충실해지지요. 그러니 행함에 대해 알도록 하시오."

"존귀하신 분이시여, 행함에 대해 알고 싶습니다."

"진실로 즐거움을 얻을 때 비로소 행하게 되오. 즐겁지 않은데 행할 수는 없다오. 즐거워야 행하지요. 그러니 즐거움에 대해 알도록 하시오.

"존귀하신 분이시여, 즐거움에 대해 알고 싶습니다."

"진실로 무한함이 즐거움이오. 작은 것(유한함)에는 즐거움이 없다오. 무한함만이 즐거움이지요. 그러니 무한함에 대해 알도록 하시오."

"존귀하신 분이시여, 무한함에 대해 알고 싶습니다."

"다른 것을 보지 않고 다른 것을 듣지 않고 다른 것을 알지 않는 것, 그것이 무한함이오. 허나 다른 것을 보고 다른 것을 듣고 다른 것을 아는 것, 그것은 작은 것(유한함)이라오. 무한함이란 바로 불사(不死)요, 허나 유한함은 죽음이지요."

"존귀하신 분이시여, 그것은 어디에 자리하고 있습니까?"

"자신의 권능에, 아니면 권능에 자리한 것이 아닐지도 모르오. 소와 말을 이 세상에서는 권능(권한)이라고 하오. 코끼리, 황금, 노예, 아내, 농토와 집을 말이오. 나는 이런 것을 말하는 게 아니오. 서로가 서로 위에 자리 잡고 있다고 말하려는 것이 아니오. 무한함은 바로 아래요, 그것은 위요, 그것은 뒤요, 그것은 앞이요, 그것은 남이요, 그것은 북이라오. 실로 그것은 이 모든 것이오."[33]

즐거워야 열심히 행한다. "아는 것은 좋아하는 것만 못하고 좋아하는 것은 즐기는 것만 못하다."[34] 이 당연한 말 뒤에 무한함이 따라붙는다. 무궁무진한 재미가 있어야 즐길 수 있으니까. 그런데 뒤가 아리송하다. 다른 것을 보지 않고 듣지 않고 알지 않아야 무한하다니? 이 말은 다른 것과 아무 관련이 없어야 무한하다는 의미다. 다른 것에 의지하면 제한을 받기 때문에 유한하다. 오직 자신의 권능에만 의지하거나 그마저도 의지하지 않아야 무한하다. 유한함은 다른 것에 토대를 두기 때문에(서로가 서로 위에 자리잡고 있기 때문에) 유한하다. 무한함은 다른 것에 토대를 두지 않기 때문에 무한하다. 그래서 무한함이 자신의 권능에 자리한다고, 즉 자신만을 토대로 삼고 있다고 말한다.

나라다와 사낫쿠마라의 대화는 마침내 무한이라는 종착지에 이른다. 온 우주를 통틀어 무한한 것은 오직 브라흐만뿐이다. 그것은 실로 시방[35] 모든 것이다. 그것은 영원이라는 불사다.

> "이제 자의식에 대한 가르침이오. 나는 바로 아래요, 나는 위요, 나는 뒤요, 나는 앞이요, 나는 남이요, 나는 북이라오. 실로 내가 이 모든 것이오.
> 이제 아트만에 대한 가르침이오 아트만은 바로 아래요, 아트만은 위요, 아트만은 뒤요, 아트만은 앞이요, 아트만은 남이요, 아트만은 북이라오. 실로 아트만은 이 모든 것이오. 진정 그것을 보고 그것을 생각하고 그것을 아는 자는, 아트만 안에서 기뻐하고 아트만 안에서 즐기고 아트만 안에서 하나가 되고 아트만 안에서 희열을 누리지요. 그는 자기 자신의 왕이라오. 온 세상 속에서 그는 마음대로 하오. 허나 이와 다르게 아는(이를 알지 못하는) 자들은 다른 사람을 왕으로 삼지요. 그들은 소멸해가는 세상에 살게 되오. 이 모든 세계 속에서 마음대로 할 수 없게 된다오."[36]

이어서 자의식(에고)과 아트만이 브라흐만과 동일시된다. 아트만은 곧 브라흐만이다. 하지만 아트만의 껍데기에 지나지 않는 에고가 브라흐만과 같다니 뭔가 이상하다. 자기 자신(아트만)을 보지 못하는 사람에게는 에고가 제 세상의 전부라는 사실에서 이 뜬금없는 등치가 나온다. 물 밖에 드러난 빙산의 일부분(에고)만을 내 세상의 전부라고 아는 한계 때문이다. 에고이스트는 에고라는 바늘구멍으로만 세상을 본다. 에고만 알기에 자기 자신(세계)의 왕이 되지 못한다. 아트만을 모르는 자는 스스로의 주인이 되지 못하고 다른 사람의 지배를 받는다. 그리고 소멸해가는 물질적·현상적 세상에 갇힌다.

## 회전목마를 잘 타는 법

이처럼 보는 자(깨달은 자)는 죽음을 보지 않는다네
질병과 고통도 마찬가지
보는 자는 모든 것을 알고
모든 곳에서 모든 것을 얻는다네[37]

사낫쿠마라는 나라다에게 마지막 게송을 내린다. 이 게송을 이해하는 것은 우리 능력 밖이다. 에고를 초월하는 마지막 관문을 돌파해야 이 시의 경지에 이를 수 있기 때문이다. 삶의 모든 것에 싫증을 느낀 나머지 세상을 떠나 출가기에 들어야 한다. 학문에서 더는 의미를 찾지 못하자 나라다 성자는 환멸을 느낀다. 그러나 배우고 성찰하지 않으면 환멸을 느낄 기회조차 갖지 못한다. 추구한 것이 없으면 버릴 것도 없다. 세상이라는 놀이공원에서 회전목마(윤회)를 몇 번 타보지도 못한 어린(!) 영혼이 재미가 아닌 싫증을 느낄 이유가 없지 않은가. 놀이기구를 타는 동안 경험치를 최대로 뽑는 기술이 바로 '의미화'다. 지금 이 삶에서 경험에 가치를 부여하는 기술.

하늘 끝 브라흐만까지 닿은 목표를 사낫쿠마라는 땅으로 끌어내린다. 당장 먹고 마시지 못하면 깨달음을 얻기도 전에 죽어버릴 육체의 차원으로, 다시 육체를 보존하는 의식주의 차원으로. 아직 끝이 아니다. 실제로 사람을 움직이는 것은 과거의 기억과 미래의 희망, 그리고 그 둘에서 나오는 힘이다. 통시적 '나'가 어떤 사람이어야 한다는 믿음, 즉 서사적 자아의 필요를 인정하는 셈이다. 내가 생각하는 '나'가 되려고 우리는 끊임없이 노력한다. 의미화는 삶의 협소한 조건 속에서 자신을 격려하는 기억·희망·힘을 뽑아낸다. 지상의 삶을 지속하는 동안 일상을 생생하게, 노동을 의미 있게, 삶을 가치 있게 할 수 있도록.

STAGE
12

# 12

열두 번째 **이야기**

# 매 순간 신성한 삶

## 감정이 빚은 세상

생각과 감정이 지닌 에너지는 말과 행동으로 전해 져 현실이 된다. 둘 가운데 더 강력한 힘을 가진 것은 감정이다. 인간의 뇌에 논리적 사고가 탑재된 것은 진화의 역사에서 가장 최근의 일이기 때문이다. 우리를 움직이는 욕동은 여전히 본능적이고 감정적이다. 행동이라는 터빈 을 직접 물로 돌리는 수력발전이 감정회로라면, 물(감정)을 끓인 뒤 수증기 (생각)로 터빈을 돌리는 화력발전이 사고회로다. 비이성적인 욕망을 채우기 위해 이성적으로 생각한다는 뜻이기도 하다.

되풀이해서 말하지만 인간은 객관적 세계가 아니라 의미의 세계 속에서 산다. 5감에는 호불호와 가중치의 필터가 이미 씌어있다. 사고에는 감정이 정해둔 방향이 있고, 감정은 과거의 감정 습관이 파놓은 지형을 따라 흐른다.

그 지형이 정서다. 굳어진 감정 습관과 그 영향을 받는 사고 습관(무의식적 믿음)의 총합이 정서라고 할 수 있다. 무의식 깊숙하게 뿌리내린 정서가 업 또는 운명이 된다. 삶을 조각하는 것은 자신의 정서다. 감정이야말로 내 세상을 주조하는 에너지다. 수천 년 전 경전『베다』도 삶을 끌어가는 것이 가슴에서 나온 감정임을 밝히고 있다. 바람을 들어주는 것이 자신의 가슴에서 나온 열망임을.

> 가슴에서 나온 잘 다듬어진 찬가를 우리가 신께 부르기를!
> 신께서 이를 어찌 모르시겠는가(외면하시겠는가).[1]

기분에 따라 상황에 따라 감정은 오르내리지만, 개인의 정서는 고유한 색채를 지닌다. 정서가 곧 세상을 대하는 태도이자 인격이다. 커다란 불행이나 행복을 겪은 뒤 본래 정서 상태로 돌아가는 데는 몇 년 걸리지 않는다고 한다. 교통사고로 신체 일부를 잃거나 복권에 당첨되어도 이내 예전 상태로 되돌아간다는 뜻이다. 부유하거나 많이 배웠거나 재능이 뛰어나기 때문에 행복하거나 성공하는 것이 아니다. 저마다의 인격에 맞는 환경은 스스로 만들어 간다. 자기 수준대로 산다는 것은 밖으로 드러나지 않아도 늘 옳다. 행복하거나 불행하거나 모두. 행복과 불행에는 제각각 이유가 있지만 결정적으로는 자신의 인격이 원인이다. 과거와 달라지고 싶다면 생각과 감정부터 제어해야 한다.

의도를 모아 목표를 관철하는 기술은 앞서 몇 가지 말한 바가 있다. 하지만 확언이나 시각화 등에 감정이 실리지 않으면 아무 변화도 일어나지 않는다. 망치(감정)를 휘두르지 않으면서 칼(결과)을 담금질하는 단조 기술(의미화)

을 논할 수는 없지 않은가. 의미화에는 감정이 필수이고 의미화의 결과로 거두는 것 역시 감정이다. 물론 감정이 다 원하는 결과를 가져오지는 않는다. 다양한 주파수를 가진 갖가지 감정 가운데 높은 에너지를 지닌 감정만이 이미 고착된 감정 습관을 진동시켜 새로운 지형을 만들 수 있다. 마치 진동하는 소리굽쇠에 모래판을 가져다 대면 그 파형을 따라 모래가 재배열되는 것과 같다. 오랜 기간에 걸쳐 형성된 좌절, 슬픔, 분노 따위의 정서 지형을 바꾸려면 강력한 에너지를 지닌 사랑(자비)·헌신이 필요하다. 사랑의 가르침(박티 요가)에서 말하듯이, 에고를 지우는 것은 언제나 사랑이다.


## 일상 속 의례

'나'를 움직이는 것은 일차적으로 쾌락이다. 하지만 맛있다고 하루 열두 번 먹을 수는 없다. 육체적 쾌락보다 상위에 있는 즐거움은 관계다. 인간이라면 누구나 인정과 사랑을 갈구한다. 하지만 행복이 늘 쾌락이나 관계 따위의 외부 조건에 달려있을까? '나'로서 오롯이 즐거움을 느낄 수는 없을까? 삶이 외부 조건(카르마)에만 달려있다면, 해탈의 가능성은 없다. 인간은 조건지어졌지만 결정지어진 것은 아니다. 나만의 행복에는 두 가지가 있다. 첫 번째는 몰입이다. 일에 완전히 집중해서 그 외의 것은 지우는 것을 말한다. 두 번째는 높은 가치로 자기 삶을 끌어올리는 것이다. 나와 우리의 삶에 의미가 있어야 가치가 된다. 몰입은 경험적 자아를, 가치는 서사적 자아를 만족한다.

## 행위의 가르침

우파니샤드는 브라만(재가자) 전통 위에서 사문(출가자) 전통을 조화시키려고 시도한다. 하지만 무게중심은 내적 성찰(명상)에 쏠려 있다. 자기 자신을 들여다보는 것은 우주를 직관하는 것처럼 압도적 경험이기 때문이다. 사문(불교, 자이나교)의 기세가 한풀 꺾인 뒤『바가바드 기타』는 제의 전통을 행위의 가르침(카르마 요가)으로 재정비했다. 집을 떠나지 않고도 깨달을 수 있다는 가르침을 편 것이다. 일상을 의미있고 신성하게 만드는 방법으로『바가바드 기타』는 출가의 열기를 가라앉혔다.

내면으로 들어갈 만큼 성숙하지 못한 우리에게 행위의 가르침은 위로와 용기를 준다. 평범한 삶 속에서 해탈을 향해 나아가는 방법을 알려주기 때문이다. 오늘날 행위의 가르침은 개인의 일상 의례로 바뀌어 삶에 쉼표를 찍는다. 일상 의례는 의미와 깊이로 일상을 빛나게 하는 '행동'이다. 생활에 닻을 내린 일상 의례 하나만이라도 견고하다면 삶은 풍파에도 덜 흔들릴 것이다. 온전하게 삶에 뿌리내렸기(현존하기) 때문이다. 차를 마시거나 음악을 듣거나 산책을 하는 것처럼, 사소하지만 충만한 순간이 일상 의례가 된다.


## 루틴과 리추얼

서사적 자아는 삶을 한 편의 영화로 각색한다. '나'의 서사 속에서 모든 경험은 클라이맥스로 치닫기 위한 발판이다. 하지만 빛나는 순간은 인생에 여러 번 찾아오지 않는다. 그 순간만을 고대하며 산다면, 일상은 지루한 쳇바퀴거나 견디어야 하는 고문이 된다. 매 순간을 의미로 빛나게 하기도 어렵지만, 온전하게 경험하기는 더 어렵다. 그래서 일상을 지탱하는 일상 의례가 절실하다.

일상 의례, 즉 루틴과 리추얼은 어떤 '존재'가 되는 것이 아니라 그저 움직임 자체로 '존재하는' 것을 뜻한다. 루틴과 리추얼 모두 삶의 리듬을 만드는 행위라서 오늘날에는 별 차이 없이 쓰인다. 하지만 둘을 가르는 명백한 기준이 있다. 일상 의례에 의미를 부여하는 것이 루틴이라면, 신성함을 부여하는 것은 리추얼이다. 보통 루틴은 서사적 자아와, 리추얼은 경험적 자아와 연결된다. 서사적 자아가 의미를, 경험적 자아가 깊이를 요구하기 때문이다. 매일 하는 일을 의미 있다고 여기면 루틴이고, 신성하다고 여기면 리추얼이다.

## 일상에 의미를 담는 법

해치워야 하는 일, 딱히 의욕이 샘솟지 않는 일은 루틴이 될 수 없다. 운동, 공부, 독서 등은 습관이 될 뿐 루틴이 되기 어렵다. 루틴은 소소하지만 확실한 행복, 잔잔한 기쁨으로 감정을 고양하는 반복 행동이다. 물론 기쁨만으로는 충분하지 않다. 진정한 루틴은 의미를 중심으로 재구성된 행위이기 때문이다.

서사적 자아가 필요로 하는 가치를 자기 삶에서 추출하면 의미가 된다. 서사적 자아는 의미에 따라 삶을 재정렬한다. 의미는 서사적 자아가 실처럼 자아낸 자신의 이야기를 감는 실패다. 이렇게 과거에서 뽑아낸 의미를 미래에 적용하면 의미화다. 삶의 중심인 실패, 즉 핵심 가치를 중심으로 삶의 모든 행동이 돌아갈 때 의미화는 완결된다. 의미는 에고를 구축하고 확장한다.

의미 있는 행동을 규칙적으로 행하면 루틴이다. 루틴은 삶의 형식뿐만 아니라 나만의 시간을 만들어낸다. 습관처럼 과거를 반복하는 것이 아니라, 몸을 움직여 미래의 "시간에 질서를 부여한다."² 산책을 예로 들어보자. 그저 제 발로 걷는 행복을 만끽할 수 있기 때문에 저절로 형성된 습관일 것이다. 규칙적으로 행하는 습관은 생활의 틀을 잡아준다. 점심 후에 산책한다면, 그전에 오전 일과를 끝내고 제때 점심을 먹게 된다. 머리를 쉬게 하고 운동을 겸하는 것은 산책의 부수적 효과다. 하지만 습관이 루틴이 되려면 '삶의 목표로 나아가는 여정'이라는 의미를 산책에 덧씌워야 한다. 종교인이라면 신을 향해, 과학자라면 진리를 향해 나아가고 있다고 산책을 의미화한다. 삶이 의미로 충만할 때 성취가 따라온다.

성공이든 실패든 성취를 이룬 뒤에는 드디어 에고의 초월로 나아간다. 의미로 쌓아올린 세계를 스스로 무너뜨릴 때 '현실'을 떠날 준비가 끝난다.

## 리추얼, 신 없는 신성함

리추얼은 원래 종교 의례를 뜻한다(오늘날에도 힌두교도는 해 뜰 녘에 온 마음을 모아 목욕을 하고 신에게 향, 꽃, 밀크티 등을 바친다). 행위에 신성함의 아우라가 스며있어야 리추얼이다. 어떤 일이든 신성함의 깊이가 더해지면 리추얼이 된다.

경건함 덕분에 리추얼은 쉽게 몰입을 이끌어낸다. 성스러움이라는 감정 앞에서는 몸가짐을 가다듬고 집중하기 마련이다. 리추얼은 경험적 자아로서 살아가는 방법이다. 탈종교화된 리추얼은 에고가 신을 빙자할 수도 있다는 염려 없이 현존을 체험하게 한다.

사람이 진정 제사(의례)이니라.[3]

배고프고 목마르고 즐기지 않는 것, 그것이 (삶이라는 의례의) 재계(정화)다. 그 뒤 먹고 마시고 즐기는 것, 그것이 사전 의식이다. 그리고 웃고 먹고 성관계를 하는 것, 그것이 찬가 낭송이다. 또한 고행·보시·정직·비폭력(아힝사)·진실한 말, 그것이 (제사를 지내주는 대가로) 시주하는 것이다. 또한 "(소마를) 짜낼 것이다", "(소마를) 짜냈다"라고 말하는 것, 그것이 다시 태어남이다. 죽음은 실로 (제사를 끝내는) 목욕이니라.[4]


우파니샤드는 ① 재계(정화) ② 사전 의식 ③ 찬가 낭송 ④ 시주 ⑤ 소마 봉헌 ⑥ 목욕 순으로 거행되는 제사를 삶에 비유한다. 삶 전체를 신성한 의식으로 여기라는 지침이다.


## 에고의 구축 : 삶이라는 고통

### 재계(정화) : 인내와 절제

배고픔과 목마름 같은 고통을 견디고, 좋아하는 것을 즐기지 않고 자제하는 것은 욕망을 정화하는 과정이다. 견딤 자체가 정화 의례가 된다. 욕망은 필연적으로 고통을 불러온다. 끝나지 않는 즐거움은 없다. 인내와 절제만이 욕망을 가라앉힌다.

고통을 있는 그대로 받아들이지 않기 때문에 한 대의 화살에 두 번 맞는다. 피할 수 없는 고통을 맞은 뒤, 왜 이런 일이 일어났는지 분노하고 원망하면서 이차적 고통을 당하기 때문이다. 그저 묵묵히 견디는 것만으로도 고통은 몸집을 줄인다.

### 사전 의식 : 삶의 토대

먹고 마시고 즐기며, 우리는 살아간다. 삶의 토대는 의식주처럼 몸의 기본적인 요구와 안전·안정 등 마음의 기초적인 욕망이다. 두 토대가 충족되지 않으면, 인간이라도 동물의 수준으로 떨어진다.

### 찬가 낭송 : 삶의 기쁨

웃고(기뻐하고) 먹고(감각적 쾌락을 즐기고) 성관계를 하는 것(욕망을 채우는 것)은 삶이 주는 기쁨이다. 기쁨은 언제나 슬픔을 데려오지만 우리는 마약과도 같은 기쁨에 중독되어 있다. 늘 금단 현상에 시달릴 수밖에 없다. 모든 기쁨을 신(참나)에게 돌릴 때 기쁨은 비로소 슬픔 없는 희열이 된다. '나'를 주어로 단 기쁨은 인간의 것이고, 주어가 없는 희열은 신의 것이다. '나'를 지우면 성(聖)과 속(俗)의 경계 또한 지워져 삶 전체가 신성해진다.

## 에고의 확장

### 시주 : 나눔

희열에는 주어가 없다. 누구든 언제든 희열을 누려야 마땅하다. 에고의 이기적 기쁨을 넘어 모두를 기쁨의 주어로 허용한 사람에게는 고행(인내)·보시(베품)·정직·비폭력·진실된 말 등의 특징이 드러난다. '나'가 행했다고 여기지 않기 때문에 '나'가 베푼다고 생각하지 않는다. 행위의 가르침, 즉 리추얼이 수행인 이유는 행위의 주어인 에고를 삭제하기 때문이다. 리추얼은 에고의 팽창(자아 과대평가)을 저지한다. 오롯이 행위만 남김으로써, "자기거리(자기와의 거리)를, 자기 초월을 만들어낸다."**5**

## 에고의 초월

### 소마 봉헌(탄생)과 목욕(죽음)

베다 제사의 생명은 소마를 짜서 바치는 것이다. 그러므로 소마를 짜는 의례가 제사의 탄생이고, 제사를 마치고 하는 목욕은 제사의 죽음이다. 제사의 탄생과 죽음 사이를 메우는 것은 정해진 절차의 행동이다. 우리 삶도 태어남과 죽음 사이의 정해진 행동(운명)으로 메워진다. 장 폴 사르트르(Jean-Paul Sartre)는 삶이 B(Birth : 태어남)와 D(Death : 죽음) 사이의 C(Choice : 선택)라고 한다. 하지만 스스로 선택한다는 믿음은 에고의 오인이다. 참나는 이미 선택을 마쳤고, 그것이 운명이 된다. 태어남과 죽음 사이의 삶에 '나'는 없다. 인간은 자신의 의지가 얼마나 단단한지를 시험하며 에고를 구축해나간다. 그리고 자신의 의지가 얼마나 유연한지를 시험하며 에고를 확장한다. 마침내는 의지의 주인이 자신이 아니라 참나임을 인정하며 에고를 초월한다. 이로써 삶은 완전히 성화된다. 리추얼은 모든 것을 신의 안배로 받아들이는 것이다. 융이 말했듯이, "삶에 우연은 없다."

## 루틴에서 리추얼로

에고의 초월이라는 마지막 관문을 넘기 위해서는 같은 행위라도 루틴에서 리추얼로 발전해야 한다. 에고를 초월하기 위해서는 에고가 집착하는 의미를 부숴야 하기 때문이다. 리추얼로서의 산책은 알아차림의 수행이 된다. 의미와 목적은 잊힌다. 오직 참나에 머무는 순간만이 있다. 과거와 미래에 의미를 두는 서사적 자아가 현재만을 사는 경험적 자아에 완전히 자리를 내줄 때 깨달음은 완성된다. 습관은 과거, 루틴은 미래, 리추얼은 현재를 살아가는 방법이다. 매 순간 경험적 자아로서 존재할 수가 없어서 하나의 행동에 몰입하는 리추얼을 행한다. 로마의 시인 유베날리스(Decimus Junius Juvenalis)는 "삶에 머물기 위하여 삶의 의미를 포기하기"[6]라고 리추얼을 표현한다. 기껏 쌓아 올린 에고와 의미를 부순다고? 깨달음은 본질상 무너뜨리는 것이다. 쌓은 것이 없으면 깨달을 수도 없다.

# '나' 외에 어떤 신도 없다

—

마치는 **이야기**

# '나' 외에 어떤 신도 없다
## 의미로 직조되고 희열로 축성되는 삶을 위해

인도 비밀의 서로 알려진 우파니샤드는 신비의 아우라를 두르고 있는 탓에 숱한 오해를 낳았다. 다채로운 아우라를 지탱하기 위해서는 현실에 깊이 뿌리 내려야 한다는 사실을 간과했기 때문이다. 우파니샤드의 세계수는 천상(신비)에 뿌리를 두고 땅 위(현실)에 가지를 뻗는다. 불멸뿐만 아니라 잘 먹고 잘사는 문제를 우파니샤드가 논한다는 뜻이다(심지어 성생활까지!).

우파니샤드는 삶을 수렁에서 끌어낼 동아줄을 매기 위해 그것(실체, 신, 불멸, 지복 등)을 말뚝으로 삼는다. 뜬구름 같은 신비에 닿으려고 발을 깡충거리는 대신 아트만이라는 통로를 통해 흘러나오는 희열을 누리고자 했다. 우파니샤드에 따르면, 지금 이 순간이 불멸이고 희열이 신성이다.

**213**

## 우파니샤드의 정의

우파니샤드는 스승의 곁에 '가까이(upa) 다가가(ni) 앉다(sad)', 즉 스승이 직접 전수하는 비밀의 가르침이다. 위대한 인도철학자 샹카라는 어근 'sad'를 '파괴하다'로 해석한다. 무지의 파괴를 강조하여 우파니샤드를 지혜의 가르침으로 부각하기 위해서다. 우파니샤드는 단일한 텍스트가 아니라, 인류 최고(最古) 성전 『베다』(B.C. 1500년경)의 끝부분을 이루는 경전군을 통칭한다. 신비주의의 정점인 우파니샤드를 토대로 힌두의 철학과 종교가 발전했다.

## 『베다』의 끝이자 정수

인도－유럽인 일파(아리야)가 인도 땅에 들어섰을 때 그들이 낭송하던 경전 『베다』에는 앞부분만 있었다. 이후 토착민 문화(주술·주문, 대여신 숭배 등)와 인더스 문명(업, 윤회, 요가 등)의 영향 아래 네 개 ―『리그』(찬가)·『사마』(노래)·『야주르』(제식)·『아타르바』(주술)― 의 『베다』가 완성된다. 각 『베다』는 성립 순서대로 네 부분 ―기도문인 『상히타』, 제식을 설명하는 『브라흐마나』, 철학서인 『아란야카』와 우파니샤드 ― 으로 이루어져 있다. 『베다』의 앞부분(『상히타』와 『브라흐마나』)은 제사를 설명하기 때문에 제사 편(karma kāṇḍa)이라고 하는 반면, 뒷부분(『아란야카』와 우파니샤드[1])은 형이상학적이고 철학적인 논의를 담고 있기 때문에 지혜 편(jñana kāṇḍa)이라고 한다.

우파니샤드는 『베다』의 끝부분을 차지하고 있기 때문에 '베단타'[2]라고도 불린다. 우파니샤드는 가장 마지막에 완성되었지만, 『베다』의 결론이자 정수라고 여겨질 만큼 최고의 권위를 지닌다.

## 우파니샤드의 성립 연대

200개 이상의 우파니샤드 가운데 서기 이후의 경전은 특정 종파의 교리를 싣고 있다. 사제 계급의 공동 텍스트로서[3] 근본 경전의 지위를 차지한 우파니샤드로는 보통 서기 이전의 12개가 꼽힌다.[4] 이들 우파니샤드의 성립은 불교를 기준으로 네 시기로 나눈다.[5]

| 초기 | 불교 이전(B.C. 7~6세기) | 브리하다란야카, 찬도기야 |
|---|---|---|
| 중기 | 불교와 동시대(B.C. 6~5세기) | 타이티리야, 아이타레야, 카우쉬타키, 케나 |
| 후기 | 불교 이후(B.C. 몇 세기) | 카타, 이샤, 슈베타슈바타라, 문다카 |
| 말기 | 서기 직전 | 프라슈나, 만두키야 |

## 우파니샤드의 저자들

인더스강 유역을 거쳐 인도에 여러 차례 진출한 아리야인은 동쪽으로 나아가 마침내 갠지스강에 이르렀다. 아리야인이 처음 정착한 서북부 간다라 지역과는 달리, 후대에 개척된 동북부(코살라, 비데하 등)는 새로운 사상의 온상이 되었다. 아리야(브라만) 전통 위에서, 인더스 문명과 토착민 문화가 혼용되어[6] 우파니샤드를 낳았다. 우파니샤드에서 눈에 띄는 화자를 살펴보면 세 문화의 영향을 확인할 수 있다.

## 제사(공희종교)를 거부하는 새로운 사상가

인더스 문명의 물질적 자취는 스러졌지만, 정신적 영향은 종교사에 큰 발자취를 남겼다. 제물을 불에 바치는 공희종교를 거부하고 깨달음을 위한 수행을 인도 사상에 새겨넣었기 때문이다. 인더스 기원으로 추정되는 업(karma), 윤회, 고행(금욕), 해탈을 전하는 사문의 가르침이 우파니샤드의 핵심을 차지한다.

제사 기술로 재물을 갈취하는 브라만(사제) 계급에 염증을 느낀 크샤트리야(전사)와 바이샤(평민) 계급은 새로운 사상을 적극적으로 수용했다. 왕국과 도시의 성장 덕에 권력과 부를 거머쥔 왕과 거상(장자)이 신사상의 든든한 지원자였다. 결국 브라만도 선진 사상을 받아들일 수밖에 없었다. 그 결과가 우파니샤드다. 우파니샤드는 제물을 바치는 의례를 내면의 제사인 명상으로 바꿨다. 밖에서 안으로, 객관에서 주관으로 전환한 것이야말로 새로운 사상이 거둔 가장 실한 결실이다. 이로써 창조신을 칭송하던『베다』종교는 내면의 창조를 이끄는 우파니샤드 철학으로 탈바꿈했다.


## 크샤트리야 계급

실권을 잡은 크샤트리야 계급은 독자적인 수행 전통을 수립할 만큼 영적으로도 성장했다. 브라만교를 누르고 흥성한 불교와 자이나교는 크샤트리야가 창시한 종교다. 둘 다 인더스에 뿌리를 둔 사문 전통을 이어받았기 때문에 새로운 종교를 창시했다기보다는 옛 종교를 부흥했다는 표현이 더 어울린다.[7]

브라만 가우타마를 가르치면서 프라바하나왕은 "이 지혜는 님 이전에 브라만에게 간 적이 없습니다. 그래서 이 가르침은 온 세상에 오직 크샤트리야만의 것이었답니다."[8]라고 말한다. 이는 우파니샤드와 불교·자이나교의 공통 원형이 인더스에 있음을 암시한다. 불교는 우파니샤드의 영향을 받지 않았다. 우파니샤드와 뿌리를 공유했을 뿐이다.[9]

가르치는 것을 생업으로 삼는 브라만이 우파니샤드 속에서는 도리어 왕에게 가르침을 구한다. 이것도 크샤트리야의 성장을 보여주는 예다. 다만 경전의 편찬과 전승이 브라만 계급의 권한이라는 것을 고려해야 한다. 브라만을 가르치는 왕의 이야기가 크샤트리야 계급에서 인기를 누렸기 때문에 이렇게 발칙한 구절이 살아남지 않았을까? 크샤트리야의 후원을 받아야 브라만도 계급의 특권을 유지할 수 있었을 테니까.

## 여성

가부장제가 확고한 아리야인의 『베다』에서 여성의 목소리를 들을 기회는 드물다. 토착민 기원의 『아타르바 베다』에서 드물지 않게 여성 화자를 만날 뿐이다. 우파니샤드에서 두드러지는 여성 화자는 성자 가르기와 성자의 아내 마이트레이다. 이들의 등장만으로 여성의 지위가 향상되었다고 추측하기는 힘들다. 브라만 계층만의 특수한 사례로 보아야 한다. 하지만 우파니샤드가 사문 전통과 함께 토착민 문화를 수용했을 가능성도 있다. 세계 최초의 여성 성직자(비구니)와 현대까지 이어진 대여신 숭배[10]를 떠올리면 더욱 그렇다. 그렇지 않다면, 딸을 잉태하는 의례가 『베다』에 실릴 이유가 없지 않은가.

# 통합을 열망한 우파니샤드

## 아슈라마

사제(브라만) 전통과 사문 전통은 이미 우파니샤드 시대 이전에 혼융되어 아슈라마 시스템으로 정착되었다. 재가(브라만)와 출가(사문)의 삶은 네 단계 —① 학생기 ② 가장기 ③ 숲생활기 ④ 출가기— 로 합쳐진다. 명상이나 출가를 알지 못했던 아리야인이 사문 전통을 수용한 결과가 아슈라마다.

## 두 갈래 길

우파니샤드는 브라만(아리야) 전통 위에서 사문(인더스) 전통을 통합하려고 노력했다. 초기의 노력은 조상의 길과 신의 길로 정리된다. 조상의 길을 따르는 브라만(제사) 전통에 더해, 사문(수행) 전통이 신의 길로서 공인되었다. 공덕(제사)을 행한 사람은 사후에 달의 세계로 올라가 복을 누리다가 비로 지상에 내려와 인간으로 다시 태어난다(조상의 길). 수행을 한 사람은 빛이 되어 브라흐만으로 돌아간 뒤 다시는 태어나지 않는다(신의 길).

## 이 세상과 저 세상 모두

우파니샤드는 제사 전통과 수행 전통 양쪽에서 받아들인 소재를 다양하게 선보인다. 제사로 얻을 수 있는 부·권력, 건강·장수 등을 열거하면서도 명상의 드높은 경지(삼매)를 찬미했던 것이다. 우파니샤드에서는 영적 궁극(해탈)뿐만 아니라 현실적 추구도 중시한다. 현세와 내세, 세속(세간)과 탈속(출세간)은 균형을 이루어야 한다는 것이 우파니샤드의 견해다.

## 단일한 주제는 없다

다채로운 우파니샤드를 통합하는 주제는 잡아내기 어렵다. 형이상학적 논의라고 해서 실체(아트만·브라흐만)만 다루지도 않는다. 주요 우파니샤드를 근본 경전으로 삼았던 베단타 학파[11]는 우파니샤드에서 통합적 비전을 발견하려고 애썼다. 하지만 다수의 저자가 긴 세월 동안 완성한 우파니샤드에 통일성을 부여하는 것은 무리한 시도다. 샹카라는 '범아일여(梵我一如)'를 주제로 우파니샤드 전체를 꿰뚫으려고 했다. 그의 무리한 끼워맞추기는 오히려 우파니샤드의 원음을 죽이고 말았다. 깨달음만큼이나 행복을 갈망했던 '평범한' 목소리를. 우파니샤드가 철학서로만 간주되면서 경건한 기도들도 잊혔다.[12]

## 사상적 경향

에피소드를 모은 우파니샤드에서 하나의 주제를 발견하기는 어렵다. 하지만 큰 흐름을 세 가지로 정리할 수는 있다.

### 내면에 있는 초월

초월은 인간의 인식을 넘어서는 것을 말한다. 우파니샤드는 이 세계를 초월한 신성(브라흐만)을 언급한다. 우리는 브라흐만을 상상조차 할 수 없다. 인간의 지식이나 경험 밖에 그것이 있기 때문이다. 사건의 지평선 너머를 상상할 수 없는 블랙홀과 마찬가지다. 우파니샤드는 이 초월성(브라흐만)을 인간의 내면에 옮겨놓았다. 그것이 아트만이다. 초월성을 손상당하지 않고도 신성은 우리의 내면에 온전히 있다. 우주를 초월할 필요 없이 자신(에고)을 초월하는 것으로 해탈을 얻는다. '나(아트만)'가 브라흐만이니까(Aham brahmāsmi).

### 비이원론

아트만과 브라흐만은 다르지 않다는, 범아일여(梵我一如)로 대표되는 단일한 원리가 두드러진다. 우파니샤드는 다원적 세계 속에서 하나의 원리를 통찰하는 것을 진정한 지혜로 간주한다

### 범재신론(만유재신론)

브라흐만은 내면(아트만)과 외부 세계 안에 모두 있지만, 그 둘에 속하지는 않는다. 신을 세계 자체로 보는 범신론과는 다르다. 세계는 신이 아니기 때문이다. 내재적이면서도 초월적인 브라흐만을, 학자들은 범재신론의 범주에 넣는다.

우파니샤드는 이신론 또한 취하지 않는다. 브라흐만은 지금 이 순간에도 뭇 존재를 존재하게 하는 장(場)이자, 에너지이자, 의식이다. 하지만 그것, 무속성 브라흐만이 신은 아니다. 초기 우파니샤드는 대개 무신론적이다.

인도 유신론은 신으로 하강한 브라흐만을 숭배한다. 초기 우파니샤드에도 이런 성향이 미미하게나마 드러난다. 『베다』의 일신적 경향[13]이 비이원론에 덧씌워진 결과다. 토착 신앙도 유신론적 경향에 힘을 보탰다. 이 흐름의 끝에『바가바드 기타』의 박티 요가(사랑의 가르침)[14]가 있다.


세 경향과는 별개로, 일관성 없는 우파니샤드를 하나로 꿰어 보배로 엮어낼 실이 있다. 그 실은 바로 제사 전통에서 내려온 '반두(bandhu : 연결)'다. 인간은 언제나 저 너머의 것을 자신과 연결하려고 든다. 그래야 삶을 더 높은 곳으로 끌어올릴 수 있기 때문이다.

# 우파니샤드의 신비 : 연결

오 주여, 나 그대에게 들어가기를, 이루어지이다!
오 주여, 그대가 내게 들어오기를, 이루어지이다![15]

『베다』의 제의는 우주를 재현하는 제사를 지냄으로써 우주를 제어할 수 있다고 믿는 종교적 행위다. 『베다』의 의례적 세계관은 소우주(인간)와 대우주, 부분과 전체를 잇는 '숨은 연결(bandhu)'에 의지한다. 불변의 섭리(리타)와 제식 행위가 연결되어 있기 때문에, 제사가 성취를 가져온다는 믿음이다. 숨은 연결은 제사를 매개로 인간과 대우주를 이어, 인간의 행위가 곧 우주의 움직임이 되도록 일치시킨다. 이 비밀스러운 연결에 따른 상응이 상동성을 끌어낸다. 상호 관계에 있는 입자들이 상상조차 할 수 없는 방식으로 서로 연결되어(비국소성) 있다고 말하는 양자물리학의 시대에, 숨은 연결이 새삼스럽지는 않다.

『베다』의 상응 개념은 우파니샤드에도 영향을 끼쳤다. 이미지(꽃 등)나 소리(옴 등)를 이용한 상징적 명상은 대상과 신성을 연결하는 제식 전통에서 왔다. 우파니샤드라는 단어 자체에 '연결' 혹은 '상동'이라는 뜻이 있다.[16] 우파니샤드는 비밀스러운 연결을 통해 내면의 세계가 외부 세계와 상응한다고 말한다. 이 신비는 비밀에 부쳐진다. 다만 종교 의례가 내면의 제사인 명상으로 바뀌면서, 숨은 연결이 심리적 기법으로 변모했을 따름이다. 제사를 명상으로 전환함으로써 우파니샤드는 외부 세계에 있었던 초월성을 내면으로 가져왔다. 제사가 아니라 인간의 마음속에서 신성한 연결을 발견한 것이다.

우파니샤드는 궁극의 신비를 가리켜 보인다. 하지만 '나(에고)'로서는 그 비밀에 영원히 다가갈 수 없다. 실체(진리)가 내면에도 저 너머에도 '있다'라고 밝힐 뿐, 우파니샤드의 성자들은 말을 아낀다.

> 알지 못하노라, 그것을 어떻게 말해야 할지.
> 우리는 잘 모르노라.[17]

나(아트만)와 세계(브라흐만)를 잇는 연결이, "내가 브라흐만이다."라는 위대한 말로 선언될 따름이다. Tat tvam asi!

## 우파니샤드의 한계

자격(인격)이 없는 사람에게 가르침을 베풀지 말라고 경전은 늘 경고한다. 우파니샤드가 비밀에 부쳐진 이유는, 자기 세계를 창조하고 진리(브라흐만)와 상호작용하라는 가르침을, 뭐든 원하는 대로 이루라는 자기계발적 망상으로 오인하기 쉽기 때문이다. 그러나 인격이 모자라는 사람이 아니라 천민에게 이 경전을 가르치지 말라는 법이 생겼을 때, 가르침을 배우는 것이 자격이 아니라 신분에 따라 결정되었을 때, 비밀의 가르침을 배우는 것이 계급의 특권으로 변질되었다. 이성을 딛지 않으면 진리로 도약할 수 없으며 그 간극이 신비(마야)라는 가르침은 반이성적인 것만을 신비주의라고 오도하는 사이비로 바뀌었다.

당대에 우파니샤드는 브라만 엘리트만의 지침으로 남았다. 시대를 이끈 것은 사문의 종교였다. 하지만 이 경전을 기반으로 힌두 이데올로기가 시대별로 층을 쌓아올리자, 누구도 우파니샤드에 이견을 달지 못하게 되었다. 치열하게 시대를 고민한 철학서는 신성함을 갑옷처럼 두른 불가침의 성전으로 탈바꿈한다.

# 미주

## INTRODUCTION 의미의 탐색

1   화엄경이 '마음'이라고 뭉뚱그린 것은 절대 주체를 말한다. 주체와 객체로 분리되지 않는 순수의식이다.; "진정한 주체는 결코 대상이 될 수 없다." 샹카라
라다크리슈난 지음, 이거룡 옮김, 『인도철학사 4』, 한길사, 1999, p. 184.

2   화엄경 십현연기문 인다라망 경계문: 연기의 전일성을 설명하는 열 가지 가운데 네 번째. 모든 것이 중중무진(重重無盡)하고 상즉상입(相卽相入)한다는 것을 신들의 왕 제석천의 그물에 비유한다.

3   조지프 캠벨 지음, 노혜숙 옮김, 『블리스, 내 인생의 신화를 찾아서』, 아니마, 2014, p. 36.

4   Non-player character. 시스템의 설정대로, 고정된 역할만 하는 캐릭터를 말한다.

5   에너지의 갑작스러운 범람을 막기 위해 세 개의 관문(그란티)이 차크라(인격의 수준을 7단계로 나눈 시스템)를 막고 있다.
    1. 브라흐마(뿌리 차크라) 관문: 게으름을 극복하고, 자기를 육체와 동일시하지 않아야 열린다.
    2. 비슈누(심장 차크라) 관문: 야망, 욕심 등을 극복하고, 자신에게 잘못한 이를 용서해야 열린다.
    3. 루드라(미간 차크라) 관문: 지성과 에고에 집착하지 않아야 열린다.

6   상윳따 니까야, S22 : 151.

7   힌두교는 사제(브라만), 전사(크샤트리야), 평민(바이샤), 노예(슈드라)로 이루어진 사성 계급을 토대로 한다.

8   아슈라마의 첫 번째 시기인 학생기

9   사티야카마는 아버지가 누군지 모르는 하녀의 아들이다. 당연히 부계 가문의 성이 없는 아들에게, 어머니는 자신의 이름을 따르라고 말한다. '~(아버지 이름)의 아들'이라는 뜻의 단어를 흔히 이름이나 성처럼 쓰기 때문이다.

10  가우타마 가문에 속한 하리드루마트의 아들이라는 뜻

11 스승에게 제사용 장작을 들고 가서 제자로 받아달라고 청하는 절차를 말한다.

12 『찬도기야 우파니샤드』(4. 4)

13 아버지의 신분이 높으면, 어머니의 신분이 낮더라도 아버지 계급으로 인정받을 수 있다. 하지만 노예계급의 여인이 낳은 자식은 아버지가 누구든 노예가 된다. 아버지를 알지 못해 어머니의 계급을 따랐기 때문에, 사티야카마의 신분은 높아 봐야 평민(바이샤)이다. 그래도 소년은 노예가 아니라서 브라만의 제자가 될 수 있었을까? 드문 일이기는 하지만, (신분을 버리고 출가하지 않고도) 브라만의 제자가 된 천민이 존재하기는 한다.

14 샹카라, 『우파데샤 사하스리』, 운문 편(15. 5) 참조

15 푸코가 언급한 파르헤지아(진실을 말하는 용기)는 위험을 무릅쓰고 진실을 밝히는 것을 말한다. 권력에 굴하지 않고 용기있게 발언하는 것이다. 자기 자신을 향하는 진실함과 파르헤지아는 차이가 크다.

16 『문다카 우파니샤드』(3. 1. 6)

17 힌두 수행의 대세인 신애(박티 : 신에게 사랑과 헌신을 바치는 수행법)는 이 어려운 도약을 가능하게 한다. 하지만 뗏목을 타는 여타 수행과는 달리, 박티는 맨몸으로 헤엄쳐서 강을 건넌다. 감정의 둑을 무너뜨리는 방법은 대승불교에서도 곧잘 사용한다.

18 그림자는 내면에 가둬둔 '또 다른 나'이다. 사회적·윤리적 제약 때문에 억압해온 비도덕적 욕망이 그림자로 나타난다. 하지만 그림자가 음습한 욕망만을 상징하는 것은 아니다. 자아의 열등한 측면 역시 그림자에 속하기 때문에 그림자를 동화하면 새로운 능력을 얻을 수 있다.

19 무의식의 수준을 반영하는 영혼의 반려가 심혼이다. 그 혹은 그녀는 헬레네(미숙한 심혼)처럼 트로이를 파멸로 이끌거나, 베아트리체(성숙한 심혼)처럼 단테를 천상으로 이끈다. 내면 깊은 곳에 자리한 원형이기 때문에, 열애가 아니면 밖으로 드러나기 어렵다. 사회적 성취와 정신 연령은 심혼의 성숙과 별 관련이 없다. 깨달음의 여정을 안내하는 것이 심혼이기 때문에, 신과의 사랑(남녀 관계)으로 비유되는 신비적 합일 전통이 어느 종교에나 있다.

20 상윳따 니까야(1. 62). 리처드 곰브리치 지음, 송남주 옮김, 『곰브리치의 불교 강의』, 불광출판사, 2018, p. 143에서 재인용.

21 『바가바드 기타』의 박티 요가가 대표적인 수영법이다.

22 『바가바드 기타』(8. 25)

23 『바가바드 기타』(8. 24)

24 15세 지학(志學 : 학문에 뜻을 둠), 30세 이립(而立 : 스스로 섬), 40세 불혹(不惑 : 미혹되지 않음), 50세 지천명(知天命 : 하늘의 명을 앎), 60세 이순(耳順 : 무엇을 들어도 편안함), 70세 종심(從心 : 마음 가는 대로 해도 법도를 벗어나지 않음)

## Stage 01 땅에서와 같이 하늘에서도

1 옛 인도의 모든 것이 그렇듯이, 아리야인이 누구인지는 확실하지 않다. 우랄산맥 동쪽의 북부 초원 신타시타(Sintashta) 문화에 뿌리를 둔 이주민이라고 추정할 뿐이다. 말과 수레를 타고 가축 떼를 몰며 동진한 이 유목민 집단은 나치의 믿음처럼 '순수'하지 않았다. 언어와 의례를 공유하는 집단이었을 뿐이다. 데이비드 앤서니(David W. anthony)에 따르면, 인도-유럽인의 확산은 침략보다는 프랜차이즈 방식을 따랐다고 한다. 인도의 검은 신·영웅·성자는 비아리야계에 기원을 두었지만 엄연히 아리야였다.

2 농노를 비롯해, 육체노동에 종사하는 특수 노동자를 포함한다. 특히 힌두교에서 불결하게 여기는 직종(세탁, 피혁, 제화, 청소 등)에 종사한다.

3 『리그 베다』(2. 21. 6)

4 사제에게 사례를 약속하고 제사를 의뢰하는 제주

5 소마 방울을 의미하는 '인두'로 원뜻은 '빛나는 물방울'이다. 아리야인은 신성한 약초 소마를 돌로 으깬 뒤 모직 체에 거른 즙을 제사에 바쳤다. 조로아스터교의 경전인 『아베스타』 속 음료, '하오마'와 기원이 같다.

6 『리그 베다』(9. 112. 1, 3, 4)

7 산스크리트어 '야마'에서 한자어 '염라'로 음차되었다.

8 『리그 베다』(10. 58. 1)

9 『바가바드 기타』(9. 20)

10 『리그 베다』(2. 11. 11~12). 김영 지음, 『여섯 가지 키워드로 읽는 인도신화 강의』, 북튜브, 2022, p. 59에서 재인용.

11 브라이언 무라레스쿠 지음, 박중서 옮김, 『불멸의 열쇠』, 흐름출판, 2022, p. 33.

12 오계 가운데 마지막 계율에서 정신을 혼미하게 하는 약물을 모두 금지한다.

13 사마타(집중)와 위빠사나(통찰)가 양대 수행법이지만, 초기불교는 일상 속 알아차림인 위빠사나를 더 중시한다.

14 고성제 : 괴로움이라는 성스러운 진리

15  2022년 9월, 나사는 소형 우주선을 소행성에 충돌시키는 쌍소행성 궤도 수정 실험 (DART : Double Asteroid Redirection Test)에 성공했다.

16  『이샤 우파니샤드』 17

## Stage 02  우파니샤드의 전환

1  군대를 딸려 숫말 한 마리를 풀어준 뒤, 만 일 년 안에 그 말을 데려와 제물로 바치는 제사. 말이 자유롭게 돌아다닌 곳은 그 말을 놓아준 왕의 영토로 선언되기 때문에 패왕만이 지낼 수 있는 제사다. 이 제사를 백 번 지내면 신들의 왕 인드라를 능가하는 힘을 얻는다고 한다.

2  모든(비슈바) 사람(나라)의 집에 불이 있으므로, 이 불을 '바이슈바나라'라고 한다.

3  동서남북 각 정 방위 사이의 방위로 북동, 북서, 남동, 남서를 말한다.

4  샹카라에 따르면, 남중할 때까지 태양이 떠오르는 부위는 말 배꼽 위쪽 부분, 지는 부위는 말 배꼽 아래쪽 부분이다.

5  『브리하다란야카 우파니샤드』(1. 1. 1)

6  『리그』(찬가)・『사마』(노래)・『야주르』(제사법)・『아타르바』(주술), 이 네 개의 『베다』는 각각 네 부분 —『상히타』(찬가집),『브라흐마나』(제식서),『아란야카』・우파니샤드(철학서)— 으로 나뉜다.

7  우파니샤드의 영향력은 당대보다는 후대에 지대했다. 후대의 철학자들이 우파니샤드를 자기 학설의 토대로 삼았기 때문이다. 성자이자 철학인 샹카라, 라마누자의 명성을 업고 우파니샤드는 최고의 권위를 군렸다. 인도 철학자들은 우파니샤드를 저마다 자기 학설로 꿰어맞추려고 했다. 하지만 우파니샤드는 성립 시기만큼이나 다양한 교설을 담고 있다. 샹카라가 시도했던 일관성(一以貫之)은 처음부터 불가능했다.

8  오리엔탈리즘 탓에 인도에는 수행 전통만 있는 것처럼 여겨지곤 한다. 붓다 이전부터 인도에서는 부와 권력을 다루는 정치학과 통치술이 발전했다. 수학과 천문학도 마찬가지다.

9  스승이 성스러운 실을 몸에 둘러주며, 제자로 받는 우파나야나 의식을 말한다.

10  『찬도기야 우파니샤드』(4. 4. 5)

11  『찬도기야 우파니샤드』(4. 7)

12  물자체를 말한 칸트, 의식만이 실체라고 주장한 유식불교(유상유식・무상유식을 구분), 세계의 실체성을 부인한 베단타 철학 모두 5감 너머의 실체에 대해서는 견해

가 갈린다. 현실이 인식에 갇혀있다는 것, 즉 인식 가능한 현상계를 세계 자체로 착각하는 무지를 지적하는 것이 더 중요하다. 그런 맥락에서 붓다는 10무기(세계는 영원한가 등)를 언급하는 것을 삼갔다. 세계의 실체성을 부정하는 것은 인지의 한계를 허물기 위한 수행법으로 보아야 한다.

13 외부 대상을 인지하는 눈·귀·코 등의 감각기관

14 스바얌부. 스스로 존재하는 지고의 자재자

15 『카타 우파니샤드』(2. 1)

16 켄 윌버 지음, 박정숙 옮김, 『의식의 스펙트럼』, 범양사, 2006, p. 66.

17 『이샤 우파니샤드』 6

18 『카타 우파니샤드』(2. 4. 14)


## Stage 03 새롭고 오래된 가르침

1 초기 서구학자들은 제식주의에 저항했다는 공통점 때문에 불교가 우파니샤드의 영향을 받았다고 단정지었다. 초기 우파니샤드의 성립 연대가 붓다의 생몰 연대보다 앞서기 때문이다. 그러나 우파니샤드에서 불교의 근원을 찾으려 했던 노력은 허사로 돌아갔다. 영원한 아트만(우파니샤드의 주제)에서 무아설(불교의 핵심 교리)을 뽑아내는 것은 물에서 우유를 추출하는 것이나 마찬가지다. 오늘날에는 불교와 우파니샤드의 공통 시원을 인더스 문명으로 추정한다. 인더스의 유산을 가장 많이 간직한 종파는 자이나교다. 불교는 인더스 전통 위에 브라만 전통을 일부 수용하고 혁신했다.

2 『리그 베다』(10. 136. 2). 인도 중세의 주석가 사야나에 따르면 무니는 고행의 힘으로 신과 같은 힘을 얻는다고 한다.

3 인도 무신론자는 신의 존재를 부인하지 않는다. 인간과 똑같이 신도 윤회 속 존재라고 여길 뿐이다. 그들에게 해탈(구원)은 신이 아니라 자기 자신에게 달렸다. 무신론이기보다는 비(非)신론에 가깝다.

4 이 전통을 가장 충실하게 계승한 것이 자이나교이며 브라만교를 일부 수용한 것이 불교다. 후대의 힌두 경전 『바가바드 기타』는 브라만교를 토대로 사문 전통을 통합하려 했다. 하지만 A.D. 8~9세기의 성자 샹카라는 여전히 사제 전통(Pravṛtti dharma)과 사문(Nivṛtti dharma) 전통을 구별한다.

5 최고(最古)의 우파니샤드(『브리하다란야카』, 『찬도기야』)는 B.C. 6~7세기에 속하므로 불교·자이나교보다 조금 앞선다. 『아이타레야』, 『타이티리야』, 『카우쉬타키

우파니샤드』는 B.C. 5~6세기에 속하므로, 불교·자이나교와 동시대이다. 외도적 성격이 강한 초기 상키야 철학도 우파니샤드와 시대가 겹친다.

6  『브리하다란야카 우파니샤드』(4. 1. 1)

7  『디가 니까야(Digha-Nikāya)』 제27경 「악간냐 숫따(Agga ñña-sutta)」 참조.

8  인도의 가르침은 전통을 중시했을 뿐, 시대에 호응하지 않는 사상이 아니었다. 브라만 계급이 제사만을 중시하면서 타락할 때 사문의 가르침이 일어났고, 지나치게 현학적으로 사상이 흐를 때 대중적인 대승불교와 힌두교가 일어났다. 중관학파는 부파불교의 논설을 혁파했고, 유식학파는 논설로 흐르는 불교에 새로운 수행법을 받아들였다. 유식의 관념론이 사상계를 휩쓸자 현실과의 균형을 위해 베단타가 일어났다. 적어도 불교가 인도에서 사라지는 날까지 인도의 사상은 시대정신을 구현하는 가르침이었다.

9  '바자슈라바스의 아들'이라는 뜻. 바자슈라바스는 '곡식을 베풀어 명성을 얻은 자(바자 vāja: 곡식 + 슈라바스 śravas: 명성)'를 말한다.

10  『카타 우파니샤드』(1. 1)

11  『아타르바 베다』(5.18. 5~6)

12  사제에게 바치던 존경이 증오로 바뀐 예는 많다. 하지만 증오가 폭발하는 계기와 방식은 문화마다 다르다. 인도에서는 증오가 불교와 자이나교의 종교 혁명으로 터졌다. 우파니샤드가 브라만 엘리트 내부의 찻잔 속 혁명에 불과했다면 사문의 종교가 일으킨 혁명은 종교의 무게중심을 바꾸었다. 이제 종교는 밖에서 신을 찾지 않고 인간의 내면에서 적정을 찾게 되었다. 종교사적 의의를 따지면 우파니샤드는 불교·자이나교와 다르지 않다. 초월적 신을 인간 내면으로도 가져왔다는 점, 그리고 외적 행위(제사)보다 내적 성찰(명상)로 종교의 중심을 바꾸었다는 점이 그러하다. 붓다와 마하비라(자이나교의 창시자)가 제도 밖의 출가자였기 때문에 사회혁명은 일어날 수 없었다고 비판하기도 한다. 그러나 인도에서는 모든 것이 종교 안에서 발생한다. 인도의 사회혁명이 실패한 것은 불교·자이나교가 흔든 계급 질서를 힌두교가 서둘러 봉합했기 때문이다. 종교에서 시작해서 종교로 끝난 개혁의 한계다.

13  '글라바'가 이름이다. '마이트레야'는 '미트라'의 후손이라는 뜻이다.

14  송아지가 어미를 찾을 때 내는 소리로 제사에서 주문처럼 쓰인다. 『찬도기야 우파니샤드』(1. 13. 2)에 따르면, '힝'은 조물주를 뜻한다고 한다.

15  브라흐만(진리, 실체)을 상징하는 신성한 소리

16  모든 곡식을 자라게 하는 태양

17  『찬도기야 우파니샤드』(1. 12)

18 『브리하다란야 우파니샤드』(1. 3. 28)

19 우파니샤드의 업 사상은 초기 자이나교 경전의 교리와 일치한다.

20 아리야가 동진하면서 새로 개척한 땅으로 당연히 새로운 사상의 중심지였다.

21 10파다. 1파다는 콩 12개가량이므로, 편의상 1파다를 12돈(1돈 = 3. 75g, 10돈 = 1량)으로 옮겼다.

22 리타바가의 아들이라는 뜻

23 『브리하다란야카 우파니샤드』(3. 2. 13)

24 『찬도기야 우파니샤드』(5. 3. 7)

25 『찬도기야 우파니샤드』(5. 3. 7)

26 '신의 길', '빛의 길'로도 불리는 해탈 경로.『찬도기야 우파니샤드』(8. 6. 5~6), 『브리하다란야카 우파니샤드』(6. 2. 15) 참조

27 『문다카 우파니샤드』(1. 2. 10~11)

28 칼 야스퍼스(Karl Jaspers)가 제안한 개념으로서 B.C. 8~3세기를 말한다. 붓다, 공자, 소크라테스 등이 이 시대에 출현하여 사상의 주춧돌을 놓았다.

29 『슈베타슈바타라 우파니샤드』(1. 1)

30 제8식 알라야식


## Stage 04 닿을 수 없는 실체

1 『베다』에는 프라자파티, 히란야가르바 등 다수의 창조신이 등장한다. 후대에는 창조신조차 하나의 원리에 포섭되었다.

2 『찬도기야 우파니샤드』(3. 14. 1)

3 우파니샤드, 『바가바드 기타』와 더불어 베단타 학파의 3대 경전이다. 바다라야나 성자가 지은 것으로 알려져 있다. 범아일여가 이 경전의 주제다.

4 『브라흐마(베단타) 수트라』(1. 1. 2)

5 구나(guṇa)

6 『슈베타슈바타라 우파니샤드』(6. 16)

7 『브리하다란야카 우파니샤드』(3. 6. 1)

8 백조를 타고 다니는 신 브라흐마는 실권에서 멀어진 뒷방 늙은이(데우스 오티오수스: 은퇴한 신)다. 지금은 인도 전역에서 단 한 개의 사원만이 그를 섬긴다.

9  『브리하다란야카 우파니샤드』(3. 8. 3)

10  『브리하다란야카 우파니샤드』(3. 8. 8)

11  『케나 우파니샤드』(1. 3)

12  중국 철학에서도 만물을 현시된 '명(明)'과 현시되지 않은 '신(神)'으로 나눈다. 명은 인식 가능한 현상이나 사물, 신은 초월적이고 본질적인 힘 또는 원리다.

13  A.D. 8~9세기의 인도 철학자 샹카라는 노란 태양 속에 있는 자가 '히란야가르바(황금의 자궁)'라고 하는 파악할 수 없는 것이라고 말한다. 이 자궁은 원자(물질)를 낳는 용광로인 핵융합에 비유할 수 있다.

14  『브리하다란야카 우파니샤드』(2. 3)

15  인간을 기준으로 사고한 그리스 철학자들. "인간은 만물의 척도이다."라고 한 프로타고라스(Protagoras)가 대표적이다.

16  '기(氣)'로 번역된 프라나는 원래 호흡을 뜻한다.

17  샹카라에 따르면, 미세신(미세한 몸)이 오른쪽 눈에 머문다고 한다.

18  『브리하다란야카 우파니샤드』(2. 3. 5)

19  "은유적으로 말하자면 물질은 정신의 창조(담론 영역에서 관찰자의 존재 방식)이며, 정신은 바로 정신이 창조하는 물질의 창조라는 발견에 이르는 길이었다. 이러한 점은 역설이 아니라, 인지영역에 있는 우리 존재의 표현이며 이 영역 안에서 인지의 내용은 인지 그 자체이다. 그 이상 말해질 수 있는 것은 아무것도 없다." 움베르토 R. 마뚜라나, 프란시스코 J. 바렐라 지음, 정현주 옮김, 『자기 생성과 인지』, 갈무리, 2023, p. 29.

20  초끈이론에서 주장하는 아주 미세하게 말려있는(콤팩트화) 추가 차원. 우리가 경험하는 4차원 시공간에서는 이런 차원을 관찰할 수 없다.

21  『브리하다란야카 우파니샤드』(2. 4. 6, 12)

22  스승에게 헌신하는 사티야카마를 흡족하게 여긴 바람의 신이 황소의 몸에 들어가 가르침을 주었다고 한다.

23  죽은 뒤 신들이 세상에 간다는 뜻. 인도의 천국은 각각의 신이 다스리는 33계로 나뉜다.

24  샹카라는 자리(āyatana)를 마음이라고 해석한다. 마음에서 5감을 음미하기 때문이다.

25  브라흐만을 알게 되면, 감관이 제어되어 미소 띤 얼굴을 지니게 된다고 샹카라는 말한다.

26  샹카라에 따르면, 반복 어구는 상황이 종결되었다는 표시라고 한다.

27  『찬도기야 우파니샤드』(4. 4. 5), (4. 5~9)

28 라다크리슈난은 'sat'의 다의성이 경전 해석에 혼란을 초래한다고 지적한다. sat은 불멸의 '실체'뿐만 아니라, 모든 '존재'를 뜻하기 때문이다.

29 초끈이론에서는 물질의 상태나 진동을 나타내는 최소 에너지 단위를 끊임없이 진동하는 끈으로 본다.

30 초기불교가 단호하게 아무것도 없다고 말할 때, 힌두교는 브라흐만이 있다고 자신 있게 답한다.

31 『타이티리야 우파니샤드』(3. 1~6)

32 노자는 도(道)를 기(氣)의 개념으로 설명한다. '에너지의 흐름'을 우주의 본성으로 여긴 것이다. 브라흐만을 에너지(氣)라고 가정한다면, 『반야심경』의 '불생불멸 부증불감(不生不滅 不增不減)'은 에너지 보존 법칙으로 이해할 수 있다.

33 『브리하다란야카 우파니샤드』(2. 1. 20)

34 『브리하다란야카 우파니샤드』(2. 5. 15)

35 인도에서 신성한 나무로 여겨지는 보리수 또는 성무화과

36 『카타 우파니샤드』(2. 6. 1)

37 지성에서 영혼이, 영혼에서 물질이 순차적으로 유출되었다고 주장하는 플로티노스(Plotinos)의 유출론을 인도 상키야 철학의 전변설과 비교해보라.

38 『문다카 우파니샤드』(2. 1. 1)

39 『리그 베다』(10. 90. 1~3)

40 『이샤 우파니샤드』5

41 『문다카 우파니샤드』(1. 1. 4)

42 이 분류는 불이론 철학자 샹카라의 견해를 따른다.

43 마르쿠스 가브리엘 지음, 김희상 옮김, 『왜 세계는 존재하지 않는가』, 열린책들, 2017.

44 『대반열반경』에서 논한 여래장이 대표적이다.


## Stage 05 진리에 다가가는 법

1 『케나 우파니샤드』(1. 5)

2 천문학자 칼 세이건(Carl Sagan)이 자신의 저서 『코스모스Cosmos』에서 언급한 풍선형 생명체를 말한다.

3 『타이티리야 우파니샤드』(2. 1. 2)

4 대중적인 표현에서 긍정의 방법이 즐겨 쓰인다. 이해하기 쉽기 때문이다. 예를 들면, 요한1서(4 : 8) "하나님은 사랑이시기 때문입니다."와 같은 표현이 그렇다.

5 위 디오니시우스(Pseudo-Dionysius)와 아퀴나스(Thomas Aquinas) 역시 부정의 방법을 사용한다. 부정 신학(Apophatic Theology)에서는 "신은 무한하다."라고 하지 않고, "신은 유한하지 않다."라고 표현한다. 진리는 이성과 언어 너머에 있기 때문이다.

6 『타이티리야 우파니샤드』(2. 9. 1)

7 'na iti(~이 아닌)'가 연음 법칙에 따라 'neti'로 줄어든다.

8 라다크리슈난 지음, 이거룡 옮김, 『인도철학사 1』, 한길사, 1996, p. 251.

9 '실체 중의 실체' 혹은 '진리 중의 진리'로 번역된다.

10 『브리하다란야카 우파니샤드』(2. 3. 6)

11 수학자 쿠르트 괴델(Kurt Godel)의 불완전성 정리에 따르면, 1) 증명할 수는 없지만 참인 명제가 항상 존재하고, 2) 수학적 시스템에 모순이 없어도 그 시스템 내에서 모순 없음 자체를 증명할 수는 없다. 다시 말해, 진리(일관된 체계)는 모순으로만 표현할 수 있다. 모순이 없으면 필연적으로 불안정해진다고도 볼 수 있다.

12 제자로 받아들여 주기를 청할 때, 스승이 될 사람에게 들고 가는 제사용 장작으로 신성한 불의 연료다.

13 네 아슈라마 가운데 학생기에 머물며, 스승을 섬기고 금욕했다는 뜻이다.

14 『찬도기야 우파니샤드』(8. 7)

15 선종 『무문관』의 다섯 번째 공안인 향엄상수(香嚴上樹).
"사람이 나무에 올라가 입으로만 나뭇가지를 물고, 손으로 가지를 잡지 않고 발로도 가지를 딛지 않았다. 이때 나무 밑에서 어떤 사람이 (달마가) 서쪽으로 온 까닭을 묻는다. 대답하지 않으면 무례를 범하고, 대답하면 목숨을 잃는다. 어떻게 해야 하는가?"

16 사전적으로 아데샤는 명령, 지시, 가르침, 충고, 예언 등을 뜻한다. 우파니샤드에서 이 단어는 브라흐만과의 신비적 동일시를 뜻하는 등치, 동치, 치환, 대체 등의 의미로 쓰인다.

17 『찬도기야 우파니샤드』(3. 5. 1)

18 네 아슈라마 가운데 첫 번째인 학생기

19 『베다』를 배우지 않고, 태생으로만 브라만이 될 수 없다는 뜻

20 『찬도기야 우파니샤드』(6. 1)

21 『찬도기야 우파니샤드』(6. 1)

22 우파니샤드는 씨앗 안에 나무가 잠재되어 있듯이, 브라흐만 안에 모든 현상과 결과가 이미 포함되어 있다고 주장한다. 하지만 원인 속에 결과가 잠재되어 있다는 인중유과론(因中有果論)과 잠재되어 있지 않다는 인중무과론(因中無果論)으로 우파니샤드를 관통할 수는 없다. "인과관계는 단지 경험의 한 양태에 지나지 않는다." (라다크리슈난 지음, 이거룡 옮김, 『인도철학사 3』, 한길사, 1999, p. 161). 샹카라는 원인과 결과가 동일한 실체의 두 단계라고 말한다(『브라흐마 수트라』 2. 1. 17 주석).

23 『베다』의 여섯 부속 학문 가운데, 문법을 연구하는 학파

24 『타이티리야 우파니샤드』(3. 1)

25 『찬도기야 우파니샤드』(6. 12)

26 『찬도기야 우파니샤드』(6. 13)

27 『카타 우파니샤드』(1. 3. 3)

28 『브리하다란야카 우파니샤드』(1. 4. 5)

29 『브리하다란야카 우파니샤드』(1. 4. 10)

30 라다크리슈난 지음, 이거룡 옮김, 『인도철학사 1』, 한길사, 2014, p. 239.

31 '봉사하다', '숭배하다', '다가가다' 등을 뜻하는 동사 '우파스(upās)'에서 파생했다.

32 『찬도기야 우파니샤드』(3. 5. 1)

33 『찬도기야 우파니샤드』(3. 18. 1)

34 『케나 우파니샤드』(4. 5)

35 『카타 우파니샤드』(2. 3. 12)

36 『상윳따 니까야』(1. 62) 게송

37 『문다카 우파니샤드』(2. 2. 3)


## Stage 06 존재의 희열

1 일상 속 몰입과 명상 속 삼매는 물론 다르다. 외부 세계에서 일어나는 몰입은 다른 대상과 환경을 지움으로써 오롯이 한 대상에 집중한다. 반면 내면 세계에서 일어나는 삼매는 몰입이 이끌어내는 일시적인 평온뿐만 아니라 지속적인 정신 상태(지혜)로도 이어진다.

2 철학적 사고 실험. 분리되어 통 속에 담긴 뇌에 전기신호를 보내면, 뇌가 그 자극을 진짜 세계에 대한 경험으로 받아들이는지를 다룬다.

3  데이비드 흄(David Hume)은 자아가 사유의 주체가 아니라 인상(impression)과 관념(idea)으로 이루어진 지각의 다발일 뿐이라 주장했다. 불교와 비슷한 견해다.

4  지관(止觀) 가운데, 위빠사나(止 : 통찰 수행)가 아니라, 사마타(觀 : 집중 수행) 삼매를 말한다. 사마타 삼매는 집중 가운데, 위빠사나 삼매는 알아차림 가운데 선정을 이룬 것을 말한다. 사마타 명상과 위빠사나 명상 모두 삼매를 유도하지만, 서로 보완적 관계에 있다.

5  『카타 우파니샤드』(2. 3. 10)

6  『브라흐마 수트라』(1. 4. 23~27)

7  『브라흐마 수트라』(2. 1. 14)

8  『타이티리야 우파니샤드』(2. 1. 1)

9  『타이티리야 우파니샤드』(2. 1. 2)

10  라다크리슈난 지음, 이거룡 옮김, 『인도철학사 4』, 한길사, 1999, p. 299.

11  『문다카 우파니샤드』(3. 2. 9)

12  『브리하다란카 우파니샤드』(1. 4. 10)
   '이 브라흐만'은 '이 몸에 있는 브라흐만'을 뜻한다. 샹카라에 따르면, 몸속 브라흐만은 낮은 브라흐만(apara brahman), 즉 유속성 브라흐만을 말한다.

13  『리그 베다』 4권의 만트라(찬가)를 지은 성자. (4. 1~41), (4. 45~48) 구절이 그의 작품이라고 한다.

14  대홍수에서 살아남아 인류의 조상이 된 왕이자 성자

15  『브리하다란카 우파니샤드』(1. 4. 10)

16  『이샤 우파니샤드』 16

17  비슈누파에서 유일신으로 모시는 신. 『바가바드 기타』의 주(主) 크리슈나는 이 신의 여덟 번째 화신이다.

18  『슈베타슈바타라 우파니샤드』(4. 9)

19  『문다카 우파니샤드』(2. 2. 3)

20  불교 4 선정에서 말하는 희열(pīti)이 아니다. 브라흐만의 희열은 불교에서 말하는 열반의 환희와 유사하다.

21  『브리하다란야카 우파니샤드』(4. 3. 32)

## Stage 07 죽음 너머

1 한병철 지음, 전대호 옮김, 『리추얼의 종말』, 김영사, 2021.

2 침대 밑에 시신을 묻었던 메소포타미아의 관습만큼이나 현대 '죽음의 종말'도 기괴하다.

3 샹카라에 따르면 경맥의 출구라고 한다.

4 습기(習氣)를 말한다. 무의식적 행동 양식이라고 할 수 있다.

5 『브리하다란야카 우파니샤드』(4. 4. 2)
"때로는 사람이 죽은 순간에 영혼은 생령(生靈)들을 거두어들여서, 그들 모두를……다른 몸으로 옮겨간다고 말해지기도 한다. 이러한 견해는 후대의 교의들에서 링가샤리라(微細身)의 개념으로 발전하였으며, 이것은 신지학자들에 의하여 서구의 독자들에게는 영체(靈體, astral-body)로 잘 알려지게 되었다. 이 미세신은 마음과 품성을 실어나르는 수레 역할을 하며 육신의 죽음으로 소멸되지 않는다. 그것은 다음 생을 통하여 유지되는 형체를 부여하여, 새로운 육신의 토대가 된다." 라다크리슈난 지음, 이거룡 옮김, 『인도철학사 1』, 한길사, 1999, p. 346.

6 애니메이션 <공각기동대> 주제가 중

7 라다크리슈난 지음, 이거룡 옮김, 『인도철학사 2』, 한길사, 1996, p. 258.

8 『브리하다란야카 우파니샤드』(4. 4. 5)

9 『마이트리 우파니샤드』(6. 34)

10 손님을 환대하는 것은 전 세계 공통 관습이다. 고대 그리스에서 환대(제노니아)는 신성한 의무였기 때문에, 손님을 제대로 대접하지 않으면 신의 저주를 받는다고 믿었다. 인도에서도 "손님은 신이다."라고 강조한다.

11 발 씻을 물, 꿀과 우유를 섞은 음료 등 손님 접대를 위해 필요한 것(아르기야)

12 산스크리트어 '야마'를 음차한 것이 '염라'이다. 염라는 태양신 비바스바트의 아들이다. 최초로 죽은 필멸자이기 때문에 그는 저승의 왕이 되었다.

13 『카타 우파니샤드』(1. 1. 7~9)

14 고타마의 후손이라는 뜻으로 이름이 아니라 성이다.

15 『베다』에서는 신성한 불을 피워 제사를 지내면 그 공덕으로 천상에 갈 수 있다고 한다. 나치케타스는 그 제사법을 묻고 있다.

16 『카타 우파니샤드』(1. 1. 10~13)

17 제사의 종류에 따라 제단의 모양도 달라진다. 제단을 쌓을 때는 보통 구운 흙벽돌을 사용한다.

18 샹카라에 따르면, 세 번 불을 피운 것은 이 제사를 알고 연구하고 실행하는 것을 말한다. 또한 아버지·어머니·스승 혹은 『베다』·경전(스므리티)·훌륭한 사람과 교유해야 세 번 관계를 맺은 것이다. 마지막으로 제사, 연구, 보시를 모두 행해야 세 번 행위를 행한 것이다.

19 『카타 우파니샤드』(1. 1. 14~19)

20 5감(시각, 청각, 후각, 미각, 촉각)과 의근(마음)

21 『카타 우파니샤드』(1. 1. 20~29)

22 인도에서는 삶의 시기(아슈라마)별로 인생의 목표를 부과한다. 학생기에는 배움을, 가장기에는 부와 권력·쾌락을, 숲생활기와 출가기에는 해탈을, 그리고 전 생애 동안 법도(다르마)를 추구한다.

23 스스로(아트만)가 그것(브라흐만)과 다르지 않다는 것(梵我一如)을 깨달은 스승

24 물질적 토대

25 『베다』의 제사로 얻을 수 있는 현세적 보상을 열거했다.

26 샹카라에 따르면 나치케타스에게 해탈의 자격이 있다는 뜻이다.

27 『카타 우파니샤드』(1. 2. 1~13)

28 브라흐마차리야(brahmacarya). 금욕하며 스승 밑에서 배우는 학생기를 말한다. 브라흐만(해탈)에 이르기 위해 수행하는 것을 뜻하기도 한다.

29 '옴'이 가리키는 것은 한정적(유속성) 브라흐만이다.

30 으뜸가는 토대는 '한정적 브라흐만', 최고의 토대는 '지고의 브라흐만'을 말한다. 샹카라는 규정지을 수 없는 지고의 브라흐만을 무속성 브라흐만으로 규정하고 한정되는 현상계의 브라흐만(신)을 유속성 브라흐만으로 구분한다.

31 중성 명사 브라흐만은 초월적 존재 '그것'을 뜻한다. 남성 명사 브라흐마는 여러 신 가운데 창조를 담당한 남신을 의미한다. 여기서 조물주는 일개 신인 브라흐마를 말한다.

32 인도에서는 신마다 다른 세상(천국)을 다스리는데, 청정한 성자는 창조신 브라흐마가 다스리는 천계(범천계)에 간다고 한다.

33 『카타 우파니샤드』(1. 2. 14~17)

34 『타이티리야 우파니샤드』(3. 1~6)

35 『바가바드 기타』(2. 20)

36 "이것은 태어나지 않고 항구하며 영원한 옛것이니 몸이 죽어도 죽지 않는다."
『바가바드 기타』(2. 20)

37 『카타 우파니샤드』(1. 2. 18~22)

38 『카타 우파니샤드』(1. 2. 23~25)

39 『카타 우파니샤드』(2. 1. 2)


## Stage 08 '나'라는 현상

1  라다크리슈난 지음, 이거룡 옮김, 『인도철학사 1』, 한길사, 1999, p. 351.
   "마음은 의식보다 넓은 개념이다. 의식은 단지 정신 작용의 한 측면, 즉 정신 세계 전체가 아니라 그것의 한 상태에 불과하다는 것은 심오한 진리이다. 서양사상은 상당한 시간이 경과한 후에야 이러한 사실을 인식하게 된다."

2  보이지 않는 고릴라 실험은 무주의맹(inattention blindness)을 증명하는 인지 실험이다. 실험 참가자들은 짧은 비디오를 보며 흰 유니폼 팀이 농구공을 몇 번 주고받는지 세어보라는 과제를 받았다. 이들 대부분은 고릴라 의상을 입은 사람이 9초간 화면 중앙을 지나가는 것을 보지 못했다.

3  『브리하다란야카 우파니샤드』(1. 5. 3)

4  『아이타레야 우파니샤드』(3. 2)

5  안토니오 다마지오 지음, 임지원, 고현석 옮김, 『느낌의 진화』, 아르테, 2019, p. 307.

6  『바가바드 기타』(18. 30~2)

7  더 나아가 우파니샤드는 마음(개별 의식)과 근본의식(아트만)을 명확하게 구별한다. 내 마음 혹은 의식이 곧 아트만은 아니다.

8  '나(아항)'에 '(~하는) 것(카라)'이 붙어서 생긴 단어. '아항카라'는 '나라는 것', 다시 말해 자의식(에고)을 가리킨다.

9  산스크리트어의 1인칭 단수 'aham'은 어근 'as(to be : 있다)'에서 파생되었다. '나(ego)'라는 존재를 뜻한다.

10 '제사(야즈냐)에 대해 말하는 자(발키야)'라는 뜻이다. 우파니샤드에는 '야즈냐발키야'라는 이름의 동명이인 성자가 여럿 등장한다. 여기서는 브라흐마의 아들을 지칭한다고 한다.

11 『브리하다란야카 우파니샤드』(4. 1)

12 『브리하다란야카 우파니샤드』(1. 4. 1~3)

13 『브리하다란야카 우파니샤드』(2. 4. 5)

14 상윳따 니까야 말리까 경(S 3 : 8)

"진심으로 사방을 찾아보아도 나 자신보다 사랑스러운 자는 볼 수 없도다.
이처럼 누구에게나 자신이 사랑스럽기 마련이니, 자신을 사랑하는 자는 남을 해치지 말라."

15  안토니오 다마지오 지음, 임지원 옮김, 『스피노자의 뇌』, 사이언스북스, 2007, p. 249.

16  인지 과학에서 정의하는 '스키마'는 세상을 이해하는 인지적 구조이자 행동을 산출하는 패턴이다.

17  샹카라와 달리 라마누자는 개별적 영혼(jiva)을 아트만의 일부로 간주한다. 지바는 아트만의 속성이자 일부지만, 개별적인 실재성을 지닌다.

18  대승불교의 진아(眞我)는 공성(무아)을 바탕으로 하는 참나 개념이다. 진아는 아트만처럼 영원한 본질이 아니라 '나'가 없는 참된 깨달음의 경지를 뜻한다.

19  『밀린다팡하(Milinda-pañha)』, "밀린다 왕의 물음"이라는 뜻이다. 한역으로는 『나선비구경(那先比丘經)』이라고 한다. B.C. 2세기경 서북 인도를 지배한 박트리아의 왕 메난드로스 1세 소테르(Menander I the Savior, B.C. 165~130?)와 인도 고승 나가세나(Nagasena)의 대론을 담았다.

20  5가지 구성요소. 색(色: 물질·육체), 수(受: 감수작용), 상(想: 표상작용), 행(行: 마음작용·의지), 식(識: 인식·판단)을 말한다.

21  『밀린다팡하』(S. i. 135)

22  『카타 우파니샤드』(1. 3. 3~9)

23  마크 시더리츠, 에반 톰슨, 단 자하비 지음, 이산 동광, 김태수 옮김, 『자아와 무아』, 씨아이알, 2022, p. 9.


## Stage 09  비밀의 가르침

1  제자로서 스승에게 가까이 다가가 가르침을 받고 싶다는 의미다.

2  제자로 삼아달라며 가르기야가 왕에게 몸을 숙였기 때문이다.

3  히타. 제방의 수로를 뜻함

4  나디

5  『브리하다란야카 우파니샤드』(2.1.14~19)

6  심장은 전기신호(전하)를 생성하여 심장 근육의 수축과 이완을 조율한다. 양자 정보처리 관점에서 보면, 심장이라는 장기가 인체 전하망의 중심이 아닐 이유도 없다.

7  『마이트리 우파니샤드』(6. 19)

8  불교에서는 의식 상태(명상 단계)를 욕계·색계·무색계·열반(깨달은 상태)으로 구분한다.

9  모든(비슈바→바이슈바) 사람(나라)에게 있는 각성 상태

10 찬도기야 우파니샤드(5. 18. 2) 참조.
   머리(천상), 태양(눈), 바람(숨), 허공(몸통), 물(오줌보), 땅(발), 3가지 불(심장·마음·입)을 말한다고 한다.

11 5가지 감각기관(시각, 청각, 후각, 미각, 촉각)과 5가지 행동기관(발성, 손, 발, 배설, 생식), 5가지 숨, 마음(마나스), 지성(붓디), 자의식(아항카라), 그리고 의식

12 19가지 입(수단)으로 물질세계의 대상을 지각한다는 뜻이다.

13 열기, 에너지를 뜻한다.

14 19가지 수단을 쓰는 것은 바이슈바나라와 같다. 단지 꿈속에서는 비현실적인 대상만 경험할 뿐이다.

15 지성, 지혜를 뜻한다.

16 샹카라에 따르면, 꿈꾸는 상태(내부인식)도 깨어있는 상태(외부 인식)도 아니라는 뜻이다.

17 『만두키야 우파니샤드』(2~7)

18 『바가바드 기타』(2. 69)

19 『찬도기야 우파니샤드』(8.7.4~5)

20 육체적 욕망만을 채우려고 드는 미숙한 의식 상태다.

21 향, 화환, 곡식 등을 말한다.

22 『찬도기야 우파니샤드』(8. 8. 1~5)

23 스승에게 제사용 장작을 들고 가서 제자로 받아달라고 청하는 것

24 인드라의 별칭인 마가완. '선물(재산)을 주는 자', '풍요롭게 베풀어주는 자'를 의미

25 『찬도기야 우파니샤드』(8. 9. 1~3)

26 『찬도기야 우파니샤드』(8. 9. 3)

27 『찬도기야 우파니샤드』(8. 10. 1~3)

28 『찬도기야 우파니샤드』(8. 10. 3)

29 『찬도기야 우파니샤드』(8. 11. 1~3)

30 『찬도기야 우파니샤드』(8. 11. 3)

31 창조신 브라흐마가 다스리는 천국

32 『찬도기야 우파니샤드』(8. 12. 4~5)

33 『문다카 우파니샤드』(3. 1. 1~2)

34 『만두키야 우파니샤드』2

35 브라흐마나 시대까지 아트만은 주로 육체적·생리적 개념으로 해석되었다. "아트 만이 음식을 소화한다."가 그 예이다.

36 고빈드 찬드라 판데 지음, 정준영 옮김, 『불교의 기원』, 민족사, 2019, p. 371.

37 라다크리슈난 지음, 이거룡 옮김, 『인도철학사 1』, 한길사, 2014, p. 224.

38 『문다카 우파니샤드』(3. 2. 8)

39 인드라의 그물(Indrajāla)은 『아타르바 베다』(8. 8. 6), (8. 8. 8), (10. 2. 31)에 최초로 언급 된 포획 무기다.
"이 장대한 세계는 위대하고 강대한 인드라의 그물이로다." 『아타르바 베다』(10. 2. 31). 이 그물은 화엄경에서 연기와 중중무진(重重無盡)을 상징한다. 현대 물리학이 말하는 양자장에 비유할 수 있다.

40 『브리하다란야카 우파니샤드』(5. 1. 1)

41 『슈베타슈바타라 우파니샤드』(3. 1)

42 15~16세기 인도의 시인 카비르. 박티 운동에 큰 영향을 미쳤다.


## Stage 10 내면의 창조

1 야차. 본문에서는 혼, 귀신이라는 뜻으로 쓰인다.

2 『케나 우파니샤드』(3. 1~12)

3 『케나 우파니샤드』(4. 1~4)

4 각각 내면아이, 그림자, 심혼을 말한다.

5 제사를 지내던 브라만과 요가에 몰두하던 무니는 상대의 가르침을 받아들였다. 그 결과가 우파니샤드다.

6 초기 불교(청정도론)의 명상 도구. 다양한 종류의 원반(카시나)을 표상으로 취하여 명상에 든다.

7 옴과 같은 음절, 탓잘란 같은 단어 혹은 기하학적 도형 얀트라(yantra)에 마음을 모으 고 명상한다. 초기불교에서 사용했던 표상(카시나)이나 대승불교의 염불도 마찬가

지로 명상도구다. 5감 가운데 우위를 점하는 시각이나 청각을 이용하면 쉽게 삼매에 들 수 있다.

8 『카타 우파니샤드』(2. 3. 11)

9 인도의 성자 파탄잘리(기원후 4~5세기?)는『요가 수트라』를 지어, 요가를 8단계(8지)로 정리했다.

10 『마이트리 우파니샤드』(6. 25)

11 『마이트리 우파니샤드』(6. 18)

12 『마이트리 우파니샤드』(6. 20)

13 『마이트리 우파니샤드』(6. 21)

14 『마이트리 우파니샤드』(6. 20)

15 『슈베타슈바타라 우파니샤드』(2. 10)

16 『슈베타슈바타라 우파니샤드』(2. 8)

17 『슈베타슈바타라 우파니샤드』(2. 9)

18 네『베다』가운데 찬가에 운율을 붙여 노래로 만든 것

19 제사에 주문으로 쓰이는 소리

20 『찬도기야 우파니샤드』(2. 3. 1~2)

21 얀트라(yantra) : 명상할 때 사용하는 기하학적 도형

22 물론 일상 속 집중(몰입)과 명상 속 삼매는 다르다. 위빠사나(통찰) 삼매와 사마타(집중) 삼매 역시 다르다.

23 『타이티리야 우파니샤드』(1. 5. 1)

24 비야흐리티

25 각『베다』의 네 부분 가운데, 두 번째인 제식서. 주로 제사의 절차와 규칙을 다룬다. 의례와 찬가의 해석을 덧붙여, 제식에 의미를 부여한다.

26 『찬도기야 우파니샤드』(3. 14. 1)

27 가르기야 가문 발라카의 아들 드립타. 샹카라에 따르면, '드립타'는 거만하다는 뜻이라고 한다.

28 anūcāna :『베다』에 능통한 학자

29 오늘날의 바라나시(Varanasi, Benares)

30 『브리하다란야카 우파니샤드』(2. 1. 1~13)

31 자연을 해의 신, 달의 신으로 신격화하는 것은 가장 쉬운 의미화다. 자연종교의 시원이기도 하다. 그러나 우파니샤드의 의미화는 해·달 같은 무생물을 신격화하여 만물에 신성함을 부여한다. 우파니샤드 이전에 이미 인도에서는 무신론이 만개했다.

32 마루트의 숫자는 7에서 180까지 여러 가지로 언급된다. 인드라가 아니라 루드라(쉬바)를 따르는 신들로 묘사되기도 한다.

33 『타이티리야 우파니샤드』(1. 4. 3)

34 앞서 나온 '수바하'와 같다. 스바하(svāhā)가 불교를 타고 우리나라에도 전해져, '사바하'가 되었다. 『천수경』 속 "수리수리 마하수리 수수리 사바하"의 맨끝 단어다.

35 『아타르바 베다』의 주술과는 궤를 달리한다.

36 『타이티리야 우파니샤드』(1. 4. 1)

37 김영 지음, 『여섯 가지 키워드로 읽는 인도신화 강의』, 북튜브, 2022, pp. 184~185.

38 『브리하다란야카 우파니샤드』(1. 4. 3)

39 『타이티리야 우파니샤드』(1. 10. 1)

40 『브리하다란야카 우파니샤드』(6. 3. 5)


## Stage 11 의미로 쌓아 올린 세계

1 즈냐나 요가

2 카르마 요가

3 창조주 브라흐마의 마음에서 태어났다는 아들 열 가운데 하나. 신들의 소식을 인간들에게, 인간들의 소식을 신들에게 전해주는 천계 성자다. 인도 류트인 비나를 만들었다고 한다. 대학자이면서도 나라다는 사낫쿠마라에게 겸손하게 가르침을 구한다.

4 신의 제자로서 영원히 다섯 살에 머물렀다는 성자. 샹카라는 그를 '요가수행자의 왕'으로 칭한다. 학문보다는 요가(수행)에 통달한 스승이다.

5 네 『베다』 가운데, 가장 오래된 찬가집

6 네 『베다』 가운데, 제식을 모은 것

7 네 『베다』 가운데 하나. 『리그 베다』의 찬가에 멜로디를 붙여 노래로 만든 것

8 마지막으로 편입된 『베다』. 주술을 모은 것으로, 토착신앙에 기원을 둔다.

9 비슈누신의 일곱 번째 화신인 라마왕의 일대기를 담은 서사시. 아내 시타를 납치한 나찰왕 라와나를 라마가 무찌르는 이야기다.

10 힌두 백과사전으로 불리는 방대한 서사시. 전부 한 여인과 결혼한 오형제가 왕권을 두고 사촌들과 골육상쟁을 벌이는 이야기가 주된 줄거리다. 이 서사시의 일부인 『바가바드 기타』에서는 비슈누신의 여덟 번째 화신인 크리슈나가 가르침을 내린다.

11 '옛이야기'라는 뜻의 후대 경전군. 갖가지 힌두 신화와 교리를 담고 있다.

12 어원을 기록한 니룩타를 말한다. 어원을 통해 신의 내력을 밝혔기 때문이다.

13 베다에 부속된 학문(베당가)을 말한다. 음성학, 운율학, 문법학, 어원학, 의례학, 천문학(점성술), 모두 여섯 분야다.

14 천상에서 신을 섬기는 예술가, 즉 간다르바(음악가)와 압사라스(기녀)를 말한다. 건달의 어원이 간다르바다.

15 샹카라에 따르면 왕이 자기 영토를 다스리듯 이름이 가리키는 대상을 원하는 대로 할 수 있다고 한다.

16 『찬도기야 우파니샤드』(7.1.1)~(7.2.2)

17 본질을 두고 벌어진 논쟁은 현대에도 재현되었다. 과학지식이 실제 구조(실체)를 반영한다는 구조 리얼리즘과 맥락에 따라 능동적으로 형성된다는 구성주의가 맞선다.

18 한스 게오르크 가다머(Hans Georg Gadamer)가 자신의 책 『진리와 방법Wahrheit und Methode』에서 제시한 명제

19 후에 중관 학파에서 두 가지 지식을 각각 속제(俗諦)와 진제(眞諦)로 명명했다. 샹카라도 이 구분을 받아들여 자신의 학설을 전개한다.

20 시고 떫은 맛의 아말라카(아라) 열매. 비타민 C가 풍부하다. 저민 것을 소금에 절인 뒤 말려서 먹는다.

21 긴 육면체 모양의 악샤(벨레릭) 열매. 중요한 약제다.

22 '만트라(찬가)'라는 이름이 모든 찬가를 지칭하고, 만트라 속에서 모든 제식이 다 언급된다는 의미다.

23 행위(제사)에 따라 얻게 되는 내세를 뜻한다.

24 『찬도기야 우파니샤드』(7.2.2)~(7.4.3)

25 선천적 시각장애인이 시력을 회복하면, 시각 정보를 처리하는 데 어려움을 겪는다. 눈에 보이는 여러 경계 가운데, 어디부터 어디까지가 땅이고 하늘인지 구별하지 못한다고 한다.

26 "나는 의식이 근본이고, 물질은 의식으로부터 파생되어 나온 것이라고 생각한다." 막스 플랑크

27 『찬도기야 우파니샤드』(7.4.3)~(7.5.3)

28 인간의 의식(정신)과 육체와의 관계(심신 문제)에 대해서도, 인도철학은 대체로 일원론으로 수렴한다. 물론 상키야처럼 정신(푸루샤)과 물질(프라크리티)의 이원론을 주장하는 학파도 있다.

29 "모든 물질은 오로지 어떤 힘 덕분에 생겨나고 존재한다.……우리는 이 힘의 배후에 의식과 지성을 지닌 마음이 존재함을 가정해야 한다. 이 마음이야말로 모든 물질의 모태다." 막스 플랑크

30 독재자 니콜라에 차우셰스쿠(Nicolae Ceauşescu) 치하 1980~1990년대까지 루마니아 고아원에서 관찰된 비극

31 샹카라에 따르면, 스승을 섬기는 것 등을 말한다.

32 『찬도기야 우파니샤드』(7. 16~20)

33 찬도기야 우파니샤드(7. 20. 1) ~ (7. 25. 1)

34 "知之者不如好之者, 好之者不如樂之者(아는 사람은 좋아하는 사람만 못하고, 좋아하는 사람은 즐기는 사람만 못하다)" 공자 지음, 『논어』, 옹야 편 18.

35 사방과 사우, 그리고 상하를 합쳐 10 방위

36 『찬도기야 우파니샤드』(7. 25)

37 『찬도기야 우파니샤드』(7. 26)


## Stage 12 매 순간 신성한 삶

1 『리그 베다』(2. 35. 2)

2 한병철 지음, 전대호 옮김, 『리추얼의 종말』, 김영사, 2021, pp. 9~11.

3 『찬도기야 우파니샤드』(3. 16. 1)

4 『찬도기야 우파니샤드』(3. 17. 1 ~ 5)

5 한병철 지음, 전대호 옮김, 『리추얼의 종말』, 김영사, 2021, pp. 15 ~16.

6 한병철 지음, 전대호 옮김, 『리추얼의 종말』, 김영사, 2021, p. 74.


## Conclusion '나' 외에 어떤 신도 없다

1 아란야카와 우파니샤드는 성립 시기와 내용이 비슷하여 굳이 구별하지 않는다. 다스굽타는 주제 차이에도 불구하고 브라흐마나 · 아란야카 · 우파니샤드가 앞선 문헌의 부록으로 순차 발전했다고 본다.

2 베다(Veda) + 안타(anta : 끝) = 베단타(Vedānta)
   베단타는 우파니샤드의 이명이자, 우파니샤드를 소의 경전으로 하는 베단타 학파
   의 이름이기도 하다.

3 서기 이전 각 우파니샤드의 이름은 학파의 이름을 따른 경우가 많다. 이는 우파니샤
   드가 해당 학파의 견해를 드러낸다는 것을 명시한다. 근본 경전의 지위를 누리고 있
   지만, 각 우파니샤드는 그 경전을 편찬한 학파의 영향을 보인다.

4 성자이자 철학자인 샹카라는 이 가운데 11개 우파니샤드에 주석을 달았다.
   우파니샤드의 언어는 베다어보다 고전 산스크리트어에 가깝다.

5 순환적 시간관을 가진 인도에서 연도를 추정하는 것은 불가능에 가깝다. 불교 사료
   를 기준으로 연대를 가늠할 뿐이다. 하지만 붓다의 열반을 B.C. 483년으로 확정할 수
   없다는 것이 또 다른 문제다.

6 토착민 기원의 경전『아타르바』가『베다』에 편입되고 드라비다어에서 온 권설음
   이 산스크리트어에 들어간 것도 융합의 결과다.

7 그러나 불교를 사문 전통의 재현이라고 볼 수는 없다. 원형에 가까운 자이나교와는
   달리 불교는 사문 전통을 바탕으로 브라만 전통을 일부 수용했기 때문이다.

8 『찬도기야 우파니샤드』(5. 3. 7)

9 초기 상키야와 요가 역시 이 뿌리를 공유한다.

10 대여신을 모시는 샥티파는 힌두교 3대 종파에 속하며 힌두교의 기층적 성격을 대변
   한다.

11 샹카라, 라마누자, 마드바 등의 철학자가 발전시킨 인도 학파. 정통 6파 철학에 속한다.

12 한정불이론 철학자 라마누자(Ramanuja)는 우파니샤드의 유신론적 측면을 되살리
   려고 노력했다. 하지만 그는 철학과 종교, 어느 쪽도 만족시키지 못했다.

13 막스 뮐러가 주장한 교체신교(kathenotheism).『베다』의 만신전 속에서, 한 신을 최고
   신이자 유일신처럼 숭배하는 경향을 말한다. 이를 다신교에서 일신교로 옮겨가는
   중간 단계로 간주하는 것은, 진화론적이고 기독교적인 오류다.

14 '박티'는 신에 대한 사랑이다. 신에게 헌신을 바치는 것으로 에고를 극복하는 신앙
   의 길을 뜻한다. 감정으로 신을 경험하는 것을 중시한다.

15 『타이티리야 우파니샤드』(1. 4. 3)

16 Patrick Olivelle, *The Early Upanishads: Annotated Text and Translation*, Oxford University
   Press, 1998, p. 24.

17 『케나 우파니샤드』(1. 3)

# 참고문헌

**▎ 번역 원본**

Radhakrishnan, S. *The Principal Upaniṣads*. Noida: Happer Collins Publishers, 2015.

Olivelle, Patrick. *The Early Upanishads: Annotated Text and Translation*. New York: Oxford University Press, 1998.


**▎ 원문 사이트**

"Cambridge Digital Library." Sanskrit Manuscripts. Accessed December 26, 2024. https://cudl.lib.cam.ac.uk/collections/sanskrit

"Digital Sanskrit Buddhist Canon(DSBC)." Accessed December 26, 2024. https://www.dsbcproject.org.

"Sanskrit Documents Collection." Accessed December 26, 2024. https://sanskritdocuments.org.

"BuddhaNet." Accessed December 26, 2024. http://www.buddhanet.net.


**▎ 1차 자료**

Radhakrishnan, S. *The Bhagavadgita*. Noida: Happer Collins Publishers, 2014.

Wilson. H. H. *Ṛgveda Saṃhitā*, vol. 1 ~ 4. Delhi: Parimal Publications, 2005.

Witney, Willam Dwight. *Atharva Veda Saṃhitā*, Vol. 2. Delhi: Motilal Banarsidass
Publishers, 2001.

샹카라. 『천 가지 가르침』. 이종철 역. 서울: 소명출판, 2006.


## 2차 자료

Bühler, G. *The Laws of Manu*. Delhi: Sri Satguru Publications, 2001.

Dallapiccola, Anna L. *Dictionary of Hindu Lore and Legend*. London: Thames &
Hudson, 2002.

Dandekar, Ramchandra Narayan. *Insights into Hinduism*. Delhi: Ajanta Publications,
1979.

Dasgupta, Surendranath. *A History of Indian Philosophy*, vol. 1. Delhi: Motilal
Banarsidass Publishers, 2006.

Deussen, Paul. *The philosophy of the Upanishads*. New York: Cosimo Classics,
2009.

Griffith, Ralph T. H. *The Hymns of the Ṛgveda*. Delhi: Motilal Banarsidass
Publishers, 2004.

Keith, Arthur Berriedale. *The religion and philosophy of the Veda and Upanishads*.
Delhi: Motilal Banarsidass, 1970.

Majumdar, R. C. *Ancient India*. Delhi: Motilal Banarsidass, 1977.

Walker, Benjamin. *Hindu World: An Encyclopedic Survey of Hinduism*. New
Delhi: Rupa, 2005.

Witz, G. Klaus. *The Supreme Wisdom of The Upaniṣads*. Delhi: Motilal Banarsidass
Publishers, 1998.

가다머, 한스 게오르크.『진리와 방법』, 제2권. 임홍배 역. 파주: 문학동네, 2012.

가브리엘, 마르쿠스.『왜 세계는 존재하지 않는가』. 김희상 역. 파주: 열린책들, 2017.

_____.『나는 뇌가 아니다: 칸트, 다윈, 프로이트, 신경과학을 횡단하는 21세기를 위한 정신 철학』. 전대호 역. 파주: 열린책들, 2018.

곰브리치, 리처드 F.『곰브리치의 불교 강의: 붓다 사유의 기원과 위대한 독창성』. 송남주 역. 서울: 불광출판사, 2018.

길희성.『(범한대역) 바가바드 기타』. 서울: 서울대학교출판문화원, 2010.

김영.『여섯 가지 키워드로 읽는 인도신화 강의』. 서울: 북튜브, 2022.

_____.『바가와드 기타 강의』. 서울: 북튜브, 2023.

김재현.『위-디오니시우스의 신비신학』. 서울: 키아츠, 2022.

김진영.『인도철학의 완전한 행복』. 서울: 커뮤니케이션북스, 2022.

노자.『노자 도덕경과 왕필의 주』. 김학목 역. 서울: 홍익출판사, 2012.

다마지오, 안토니오.『느낌의 진화: 생명과 문화를 만든 놀라운 순서』. 임지원, 고현석, 박한선 역. 파주: 아르테, 2019.

_____.『스피노자의 뇌: 기쁨, 슬픔, 느낌의 뇌과학』. 임지원 역. 서울: 사이언스북스, 2007.

무라레스쿠, 브라이언.『불멸의 열쇠: 역사에 지워진 신화적이고 종교적인 이야기』. 박중서 역. 서울: 흐름출판, 2022.

민태영, 박석근, 이윤선.『경전 속 불교식물』. 파주: 이담Books, 2011.

박효엽.『베단따의 힘: 왜 인도를 대표하는 사상은 베단따인가』. 서울: 씨아이알, 2020.

_____.『처음 읽는 우파니샤드』, 서울: 웅진지식하우스, 2007.

붓다고사.『청정도론』. 제1권. 대림 역. 서울: 초기불전연구원, 2004.

_____.『청정도론』. 제2권. 대림 역. 울산: 초기불전연구원, 2005.

샹까라,『브라흐마 수뜨라 주석』. 제1권. 박효엽 역. 서울: 세창, 2016.

세이건, 칼.『코스모스』. 홍승수 역. 서울: 사이언스북스, 2015.

쇼펜하우어, 아르투어.『의지와 표상으로서의 세계』. 이서규 역. 서울: 세창, 2024.

시더리츠, 마크; 톰슨, 에반; 자하비, 단.『자아와 무아: 분석철학과 현상학 그리고 인도철학으로부터의 사색』. 이산동광, 김태수 역. 서울: 씨아이알, 2022.

오토, 루돌프.『동서 신비주의: 에크하르트와 샹카라』. 김현덕 역. 서울: 다르샤나, 2023.

장자,『장자』. 안동림 역. 서울: 현암사, 2010.

캠벨, 조지프『블리스, 내 인생의 신화를 찾아서』. 노혜숙 역. 고양: 아니마, 2014.

켄 윌버,『의식의 스펙트럼』, 박정숙 역. 고양: 범양사, 2006.

콜러, 존 M.『인도사상사 : 인도의 종교와 철학의 역사』. 허우성 역. 서울: 운주사, 2023.

틸리, 프랭크.『틸리 서양철학사』. 김기찬 역. 파주: 현대지성, 2020.

파폴라, 아스코.『힌두이즘의 원류: 초기 아리아인과 인더스 문명』. 김현준, 최지연 역. 서울: 한국외국어대학교 지식문화출판콘텐츠원, 2020.

플러드, 가빈.『힌두교: 사상에서 실천까지』. 이기연 역. 부산: 산지니, 2008.

피터슨, 조던 B.『의미의 지도: 인생의 본질을 잃어버린 시대에 삶의 의미를 찾아서』. 김진주 역. 서울: 앵글북스, 2022.

하라리, 유발.『사피엔스: 유인원에서 사이보그까지, 인간 역사의 대담하고 위대한 질문』. 조현욱 역. 파주: 김영사, 2015.

한병철.『리추얼의 종말』. 전대호 역. 파주: 김영사, 2021.

헉슬리, 올더스.『영원의 철학』. 조옥경 역. 파주: 김영사, 2014.

# 산스크리트 개정 표기원칙

## 1. 표기의 큰 원칙

### 1) 단모음과 장모음을 구별하지 않음

산스크리트의 단모음과 장모음을 구별하여 한글로 표기하지 않는다. 단모음과 장모음 모두 a/ā는 '아'로, i/ī는 '이'로, u/ū는 '우'로, ṛ/ṝ는 '리'로 표기한다.

### 2) 된소리와 거센소리를 구별하지 않음

산스크리트의 된소리(ㄲ, ㅃ, ㅉ, ㄸ 등)와 거센소리(ㅋ, ㅍ, ㅊ, ㅌ 등)를 구별하여 한글로 표기하지 않는다. 따라서 같은 발음 위치를 갖는 그룹의 첫 번째, 두 번째 자음은 한글 표기가 같다. 예를 들면 k와 kh는 'ㅋ'로, c와 ch는 'ㅊ'로 표기한다.

### 3) 목청소리(h)를 표기하지 않음

kh, ch, th, dh, bh 등 목청소리를 가진 산스크리트 자음의 h 음가를 한글로 표기하지 않는다. 따라서 같은 발음 위치를 갖는 그룹의 세 번째, 네 번째 자음은 한글 표기가 같다. 예를 들면 g와 gh는 'ㄱ'로, j와 jh는 'ㅈ'로 표기한다.

## 2. 산스크리트 음역표

| 발음 위치 | 모음 | 자음 | | | | | | | |
| --- | --- | --- | --- | --- | --- | --- | --- | --- | --- |
| | | 안울림소리(무성음) | | | 울림소리(유성음) | | | | |
| | | 치찰음 | -ㅎ | +ㅎ | -ㅎ | +ㅎ | 콧소리 | 반모음 | 기음 |
| 여린입천장 /목구멍 | a/ā 아 | | k ㅋ | kh ㅋ | g ㄱ | gh ㄱ | ṅ ㅇ | | h ㅎ |
| 센입천장 | i/ī 이 | ś 샤/쉬/슈 | c ㅊ | ch ㅊ | j ㅈ | jh ㅈ | ñ ㄴ | y | |
| 입천장 | ṛ/ṝ 리 | ṣ 샤/쉬/슈 | ṭ ㅌ | ṭh ㅌ | ḍ ㄷ | ḍh ㄷ | ṇ ㄴ | r ㄹ | |
| 윗앞니 뒤 | | s ㅅ | t ㅌ | th ㅌ | d ㄷ | dh ㄷ | n ㄴ | l (ㄹ)ㄹ | |
| 입술 | u/ū 우 | | p ㅍ | ph ㅍ | b ㅂ | bh ㅂ | m ㅁ | v ㅂ | |

인도 비밀의 서: 우파니샤드

## 3. 모음

### 1) a / ā

단모음과 장모음 모두 '아'로 표기한다.

### 2) i / ī

단모음과 장모음 모두 '이'로 표기한다.

### 3) u / ū

단모음과 장모음 모두 '우'로 표기한다.

### 4) ṛ / ṝ

단모음과 장모음 모두 '리'로 표기한다.

> **보기** ṛṣi 리쉬,  nirṝti 니리티

자음 뒤에 올 때는 앞에 '으' 모음을 넣어 '으 + 리'로 표기한다.

> **보기** mṛti 므리티,  kṛṣṇa 크리슈나

### 5) ḷ

아주 드물게 쓰이는 모음 ḷ는 '(받침 ㄹ)리'로 표기한다.

### 6) 이중모음

o는 '오'로, au는 '아우'로, e는 '에'로, ai는 '아이'로 표기한다.

> **보기** odana 오다나,  auṣadhi 아우샤디,  eka 에카,  aiśvarya 아이슈바리야

## 4. 자음

### 1) ñ

뒤에 a/ā가 올 때는 '냐'로, i/ī가 올 때는 '니'로, u/ū가 올 때는 '뉴'로 표기한다.

> **보기** jñāna 즈냐나,  jñīpsā 즈닙사

앞 음절의 받침이 될 때는 'ㄴ'으로 표기한다.

> **보기** kāñcana 칸차나

### 2) y

뒤에 a/ā가 올 때는 '야'로, i/ī가 올 때는 '이'로, u/ū가 올 때는 '유'로 표기한다.

> **보기** Agastiya 아가스티야,  nāyikā 나이카,  mayūkha 마유카

(앞 음절의) 받침으로 표기하지 않는 자음이 y 앞에 올 때, y 뒤에 a/ā가 올 때는 '이야'
로, i/ī가 올 때는 '이이'로, u/ū가 올 때는 '이유'로 표기한다.

> **보기** vindhya 윈디야,　ārya 아리야,　niryūha 니리유하

3) **v**

인도 본토에서 '으' 혹은 '워'에 가깝게 발음하지만, 한글로는 'ㅂ' 음가를 넣어서 표기
한다. v가 a/ā 앞에 올 때는 '바'로, i/ī 앞에 올 때는 '비'로, u/ū 앞에 올 때는 '부'로, r̥/r̥̄와
자음 앞에 올 때는 '브'로 표기하기로 한다.

> **보기** Bhagavad gītā 바가바드 기타,　vibhakti 비박티,　vr̥tra 브리트라,　Vraja 브라자

4) **치찰음**

(1) **s**

'ㅅ'으로 표기한다.

> **보기** Saṃskr̥ta 상스크리타

(2) **ś / ṣ**

ś와 ṣ를 구별하지 않고, ś/ṣ가 a/ā와 ya 앞에 올 때는 모두 '샤'로, i/ī 앞에 올 때는 '쉬'로,
e 앞에 올 때는 '셰'로, o 앞에 올 때는 '쇼'로, u/ū와 자음 앞에 올 때는 '슈'로 표기한다.

> **보기** Piśāca 피샤차,　Puruṣa 푸루샤,　vaiśya 바이샤
> Śiva 쉬바,　ṣiṅga 쉼가
> Vaiśeṣika 바이셰쉬카
> aśoka 아쇼카 나무
> śukra 슈크라,　ṣu 슈
> Śri 슈리,　Kr̥ṣṇa 크리슈나

5) **h**

'ㅎ'으로 표기한다. 단, 계급을 가리키는 brāhman의 경우, 예외적으로 'ㅎ' 음가를 탈
락시켜 '브라흐만'이 아닌 '브라만'으로 표기한다.

6) **모음 없이 자음이 겹칠 때**

(1) **받침으로 표기되는 자음과 그렇지 않은 자음**

자음이 모음 없이 잇달아 올 때(y가 잇달아 오는 경우는 제외), 첫 자음을 7종성(ㄱ, ㄴ,
ㄹ, ㅁ, ㅂ, ㅅ, ㅇ) 가운데 하나로 바꾸어 표기할 수 있는 경우에만 앞 음절의 받침으로
표기하고, 나머지 자음은 모두 그 자음 뒤에 '으' 모음을 넣어 표기한다. 단어 맨 끝에
오는 자음도 '으' 모음을 넣어 표기한다.

> **보기** bhakti 박티, brahman 브라흐만, mānas 마나스

(2) 사이시옷

자음이 모음 없이 잇달아 올 때, 앞 음절의 받침에 'ㅅ' 음가로 들어가는 자음은 사이시옷으로 보아 표기하지 않을 수도 있다.

> **보기** Tilottama 틸로타마(또는 틸롯타마), Aśvatthāman 아슈와타만(또는 아슈왓타만)
> śraddhā 슈라다(또는 슈랏다)

## 5. 표기가 바뀌는 음가

### 1) 아누스와라(ṃ)

그룹에 속한 자음이 아누스와라 뒤에 올 때는, 해당 그룹의 콧소리로 아누스와라를 표기한다.

| 그룹 | 구성 자음 | 콧소리 |
|------|-----------|--------|
| k | k, kh, g, gh, ṅ | ṅ |
| c | c, ch, j, jh, ñ | ñ |
| ṭ | ṭ, ṭh, ḍ, ḍh, ṇ | ṇ |
| t | t, th, d, dh, n | n |
| p | p, ph, b, bh, m | m |

그룹에 속한 자음이 아누스와라 뒤에 오지 않을 때는, 'ㅇ' 받침으로 아누스와라를 표기한다.

> **보기** vaṃśa 왕샤, saṃyama 상야마

### 2) 위사르가(ḥ)

단어 맨끝에 위사르가가 오면, 바로 앞 모음을 'ㅎ' 뒤에 붙여 표기한다.

> **보기** Ātmānaḥ 아트마나하, muniḥ 무니히, bhānuḥ 바누후

단어 중간에 위사르가가 오면, 음가를 표기하지 않는다.

> **보기** duḥkha 두카

인도 비밀의 서
# 우파니샤드

**초판 인쇄** 2025년 2월 5일
**초판 발행** 2025년 2월 10일

**옮긴이** 김영
**펴낸이** 김성배

**책임편집** 최장미
**디자인** 송성용
**제작** 김문갑

**발행처** 도서출판 씨아이알
**출판등록** 제2-3285호(2001년 3월 19일)
**주소** (04626) 서울특별시 중구 필동로8길 43(예장동 1-151)
**전화** (02) 2275-8603(대표) | **팩스** (02) 2265-9394
**홈페이지** www.circom.co.kr

ISBN 979-11-6856-318-6 (93150)